孙蕾 著

JiGou TouZiZhe
CanYu GongSi ZhiLi
FaLü WenTi YanJiu

机构投资者参与公司治理法律问题研究

人民出版社

序

20世纪80年代以来，机构投资者凭借所持股份的投票权参与公司治理活动的风气渐起。1992年11月至1993年12月，美国的机构投资者在13个月内帮助国际知名大公司美国运通公司、伯顿公司、通用汽车公司、IBM公司、柯达公司以及西屋公司等成功地撤换了CEO，被认为是机构投资者以股权之"手"参与公司治理的标志性事件。类似的情况在股份相对集中的德国和日本也有发生。机构投资者的介入对英美的外部人治理模式和德日的内部人治理模式产生了重大的影响，这些治理模式差异较大的国家，都先后出台了相应的政策和措施，鼓励机构投资者参与公司治理。

机构投资者参与公司治理的理论产生的历史虽然并不悠久，但近些年来却一直保持着迅猛的发展态势，并且仍旧有加速发展的趋势。这表明，随着公司股权资产的增加，参与公司治理的角色日益多元化，而其中机构投资者的地位和其自身的投资策略也在发生着变化。机构投资者理论在我国尚处于起步阶段，相较于其他发达国家来说，远为不如。这对于我国公司治理和小投资者的发展等，都是极为不利的，它制约了公司尤其是上市公司的发展，由于这类大企业对于经济发展的重要性，这也可能会间接地对我国经济的发展造成阻碍。因此，必须对机构投资者参与公司治理制度进行理论上和实践上的双重考察与研究，以期对之进行一个较为系统的总结，为公司治理与经济发展提供理论依据与实践参考。

然而，国内外学者对机构投资者参与公司治理的理论研究，却主要集中于经济学和管理学领域，在法学领域，研究成果极为贫乏，这当然不是一个好现象。机构投资者涉及许多方面，每一个方面，不论是主体资格，还是权利义务、参与程序等，都需要法律对之作出明确而具体的规范，否则就极容易引起纠纷，造成公司治理的困难。同时需要明确的是，尽管我们现在鼓励机构投资者参与公司治理，但这并不意味着机构投资者就应该作为公司的绝对领导者，可以对公司的一切事务随心所欲地任意为之，它同样需要受到一定的法律限制，这就需要我们法学学者对其进行研究。在实践中，我国在机构投资者参与公司治理方面也存在着欠缺之处，如政府对机构投资者功能的定位偏差，法律制度约束不够健全，机构投资者自身公司治理结构不够完善，以及机构投资者自身所表现出的理性不足与积极性欠缺等，这些也都有待完善。

  以上理论与实践方面的欠缺，正是本书所要面对和解决的，这也是笔者写作这本书的初衷之所在。需要指出的是，本书所讨论的问题，实在是太过庞杂，所可参考之资料又相对较少，做此研究可谓是自讨苦吃。或许正因为存在困难，所以才激起了笔者深入探究的兴趣。"明知山有虎，偏向虎山行"，这也是每一个在学术与科研道路上努力登攀的身影的最好写照。愿笔者在本书里所做的研究，能够对机构投资者参与公司治理以及机构投资者利益和功能的发挥有所助益，也愿更多的法学学者能够加入这一领域的研究行列，共同促进我国在此领域研究的进步，为完善我国公司与金融法律、完善我国市场经济和法治经济贡献自己的一份心力。

目 录

导 论 ………………………………………………………… 1
 一、研究背景与意义 ……………………………………… 1
 二、国内外研究现状 ……………………………………… 3
 三、主要内容及重点、难点 …………………………… 28
 四、主要研究方法 ……………………………………… 32

第一章 机构投资者参与公司治理的现实基础 ……………… 33
 第一节 国外机构投资者的发展及其积极主义的兴起 …… 35
  一、美国机构投资者的发展壮大 ……………………… 36
  二、美国机构投资者积极主义的兴起 ………………… 41
 第二节 我国机构投资者及其积极主义的发展 …………… 44
  一、我国机构投资者的发展状况 ……………………… 44
  二、我国机构投资者对公司治理的积极参与 ………… 59

第二章 机构投资者参与公司治理的制度基础 ……………… 65
 第一节 美国机构投资者积极参与公司治理的制度基础 …… 65
 第二节 我国机构投资者参与公司治理的制度基础 ……… 69

第三章 机构投资者对公司治理的影响 ……………………… 78
 第一节 公司治理的目的 ………………………………… 81
 第二节 公司治理的主要模式 …………………………… 88

一、英美公司治理模式 ………………………………… 88
　　二、德日公司治理模式 ………………………………… 91
　　三、韩国、东南亚地区家族公司治理模式 …………… 95
　第三节　机构投资者促使公司治理模式变迁 …………… 97

第四章　机构投资者参与公司治理的法律途径 ………… 101
　第一节　征集代理投票权 ………………………………… 101
　　一、代理投票权与征集代理投票权 …………………… 105
　　二、美国机构投资者征集代理投票权的实践 ………… 108
　　三、我国机构投资者征集代理投票权的选择 ………… 110
　第二节　股东提案权 ……………………………………… 112
　　一、美国股东提案制度的法律规定 …………………… 113
　　二、美国股东提案制度的实践 ………………………… 115
　　三、我国股东提案制度的现状及缺陷 ………………… 119
　　四、完善我国股东提案制度的几点建议 ……………… 123
　第三节　董事提名制度 …………………………………… 126
　　一、美国的董事提名制度 ……………………………… 126
　　二、我国董事提名制度的问题现状及完善建议 ……… 129
　第四节　公司归入权的行使 ……………………………… 135
　第五节　机构投资者提起股东诉讼 ……………………… 151
　　一、股东直接诉讼 ……………………………………… 152
　　二、股东代表诉讼 ……………………………………… 155
　第六节　机构投资者行使其他股东权 …………………… 161
　　一、知情权 ……………………………………………… 162
　　二、临时股东大会召集权 ……………………………… 165

第五章　机构投资者参与公司治理的非法律途径 ……… 167
　　一、机构投资者与公司管理层磋商 …………………… 167
　　二、机构投资者公开发表意见 ………………………… 169
　　三、机构投资者发表公司治理准则 …………………… 172
　　四、机构投资者的组织行动与联合行动 ……………… 173

第六章　机构投资者正确参与公司治理的法律保障 …………… 177
　第一节　机构投资者信义义务的内容 …………………………… 177
　第二节　美国机构投资者信义义务的立法经验 ………………… 182
　　一、美国机构投资者概括的信义义务 …………………………… 182
　　二、美国机构投资者具体的信义义务 …………………………… 185
　第三节　我国机构投资者信义义务的立法状况及完善 ………… 187

参考文献 ……………………………………………………………… 190

后　记 ………………………………………………………………… 202

导 论

一、研究背景与意义

作为股东积极主义主要体现的机构投资者参与公司治理已经是全世界范围内公司治理的一个发展趋势。机构投资者参与公司治理的研究来源于资本市场上机构投资者不断壮大的现实土壤。机构投资者的发展历史不长，但近三十年来尤其是近几年其发展速度在加快。随着股权资产日益增多，机构投资者自身的投资行为策略不得不发生变化。与持股较少的早期相比，机构投资者再也不能方便自如地以卖出股票方式表达对公司经营绩效和治理问题的不满，传统的积极挑选、消极管理的股票投资策略受到挑战。由于拥有的金融资产增多，机构投资者即使使用分散式的组合投资策略，持有的入选组合的每一公司股票通常都不会太少，一旦对某公司有异议，想要在市场上售出该公司股票就会遭遇障碍。撇开因抛单较大不容易找到接盘和难觅合适的再投资对象不说，仅是大量抛单引起的股价下跌所导致的投资损失就会让机构投资者难以承受，机构投资者往往被迫选择套牢，从减少投资损失的角度出发，就有可能积极探寻参与公司治理的有效方式。20世纪80年代以来，机构投资者凭借所持股份的投票权参与公司治理活动的风气渐起。1992年11月至1993年12月，美国的机构投资者在13个月内帮助国际知名大公司美国运通公司、伯顿公司、通用汽车公司、IBM公司、柯达公司以及西屋公司等成功地撤换了CEO，被认为是机构投资者以股权之"手"参与公司治理的标志性事件。类似的情况在股份相对集中的德国和日本也有发生。机构投资者的介入对英美的外部人治理模式和德日的内部人治理模式产生了重大的影响，这些治理模式差异较大的国家，都先后出台了相应的政策和措施，鼓励机构投资者参与公治理。

　　从我国机构投资者发展的过程看，基本上是伴随着相关的政策、法律体系的不断完善而产生发展起来的。我国的证券市场形成于 20 世纪 90 年代初期，那个时期，除了证券公司之外，基本不存在真正意义上的机构投资者。1997 年 11 月，随着我国第一个全国性的基金管理法规——《证券投资基金管理暂行办法》的颁布，我国的基金业迎来了全面发展的崭新历史阶段，以证券投资基金为代表的机构投资者作为一种新兴力量开始正式登上中国资本市场的历史舞台。2000 年，管理层又明确提出要超常规发展机构投资者，并作为我国证券市场的一条重要战略决策，相继出台一系列培育和发展机构投资者的政策措施。2001 年 12 月，财政部、劳动和社会保障部发布《全国社会保障基金投资管理暂行办法》，允许社会保障基金投资入市，由此拉开了我国养老基金进入资本市场的序幕。同时，我国证券行业对外开放进一步深化，2002 年 11 月 7 日，中国证监会与人民银行联合发布《合格境外机构投资者境内证券投资管理暂行办法》，正式引入 QFII 制度，中外合资证券公司和基金管理公司开始出现。2004 年 1 月 31 日，国务院发布了《关于推进资本市场改革开放和稳定发展的若干意见》（以下简称"国九条"），提出继续大力发展证券投资基金，支持保险资金以多种方式直接投资资本市场，逐步提高社会保障基金、企业补充养老基金、商业保险资金等投入资本市场的资金比例，要培养一批诚信、守法、专业的机构投资者，使基金管理公司和保险公司为主的机构投资者成为资本市场的主导力量。"国九条"为培育和发展机构投资者提出了政策，指明了方向，这标志着我国机构投资者进入了一个加速发展的新阶段。2004 年 10 月，中国保监会、中国证监会联合发布《保险机构投资者股票投资管理暂行办法》，允许保险资金直接入市买卖股票。11 月《关于企业年金基金证券投资有关问题的通知》的出台，连同早些时候出台的《企业年金基金管理试行办法》，为企业年金进入资本市场作出了重要的制度安排，标志着企业年金即将开启入市阀门。截至 2005 年 11 月，我国基金管理公司数量达到 52 家，证券投资基金资产总规模达 5008.2 亿份。批准合格境外机构投资者 32 家，累计获批外汇投资额度 54.95 亿美元。全国社会保障基金持有股票资产市值 205.2 亿元，入市规模较 2004 年年底增长了 65%。

保险资金已间接入市1060亿元，直接入市金额已达135.7亿元。企业年金入市工作已进入实质性操作阶段，初步形成了以证券投资基金、QFII、保险、社保基金、企业年金等为主体的多元化的机构投资者格局。可以预料，在未来一段时期内，中国证券市场将进入机构投资时代。

总体而言，在我国，基金在一些涉及企业经营和投融资决策的关键问题上逐渐取得了话语权。即使有些影响力还不大，但都是我国机构投资者在参与公司治理的进程中日益成熟的开端。市场存在"股权割裂、一股独大"的现状，规范上市公司行为必须作出制度上的安排，而不能仅仅依靠上市公司的自律，从而引发管理层对机构投资者参与公司治理问题的高度关注，推动了加强社会公众股股东权益保护的各项重要政策措施的出台。机构投资者参与公司治理意识逐渐强化，而且在公司治理问题中，基金具有良好的组织性、判断力和研究水平，机构投资者以专家的眼光——加以辨析，通过基金来维护中小股东的权益，是一条可以进行探讨的途径。

本书的研究不仅可以为我国机构投资者参与公司治理提供法律理论上的支持，而且可以为完善我国机构投资者参与公司治理的相关法律制度建言献策，最终使我国机构投资者在参与公司治理方面得到法律上的保障和规制，发挥机构投资者在公司治理上的积极作用。

二、国内外研究现状

在全球层面上，机构投资者发展的历史非常短。自20世纪80年代以来，机构投资者的发展壮大使美、英等发达国家上市公司股权高度分散的状况发生了改变，进而使机构投资者要求积极参与公司的治理。而我国机构投资者的发展目前尚处于起步阶段。

目前，国内外学者对机构投资者参与公司治理的研究，主要集中在经济学和管理学领域，法学领域的研究成果较为贫乏。综观当前的研究文献，学界对机构投资者参与公司治理的研究主要集中在以下几个方面。

（一）机构投资者的概念

机构投资者是相对于个人投资者而言的，而至于何为机构投资者以及机构投资者的外延有多大，学者们却存在不同意见，至今仍没有统一明确的概念。概括起来，主要存在以下几种关于机构投资者的定义：

第一，按照相关规范性法律文件界定机构投资者，即机构投资者就是由2002年11月中国人民银行和中国证监会联合发布的《合格境外机构投资者境内证券投资管理暂行办法》规定的，符合有关条件，经中国证监会批准投资于中国证券市场，并取得国家外汇管理局额度批准的中国境外基金管理机构、保险公司、证券公司以及其他资产管理机构。该观点直接把合格境外机构投资者转化成机构投资者，在理论上难以让人信服。因为，从字面上看，合格境外机构投资者只能是机构投资者的一个组成部分，与机构投资者是特殊和一般的关系，在逻辑上不能用特殊取代一般。即使合格境外机构投资者与机构投资者具有相似性，但要按照合格境外机构投资者来接替机构投资者，还必须给出另外的理由。此外，于2006年9月1日施行的《关于实施〈合格境外机构投资者境内证券投资管理办法〉有关问题的通知》（证监基金字〔2006〕176号）将合格境外机构投资者增加到五类，即境外合格的基金管理机构、保险公司、证券公司、商业银行和其他机构投资者（如养老基金、慈善基金会、捐赠基金、信托公司、政府投资管理公司等）。

第二，从投资者资金量的大小来界定机构投资者，认为机构投资者是资金量大到其交易行为足以影响一段时期某只股票价格的投资者，其中包括个人大户。[1] 该观点将部分个人投资者视为机构投资者，不仅在字面意义上不符合机构投资者的要求，而且在实践中会造成机构投资者的混乱，给我国机构投资者的发展造成人为困难。

第三，是对机构投资者的较宽泛认识，除金融金融机构外，凡是能够投资于证券等金融工具的法人和组织，不管它的主营业务是什么，都是机构投资者。如机构投资者是"指进行金融意义上的投资行为的非个人化、职业化和社会化的团体或机构，它包括用自有资金或通过各种金融工具所筹资金并在金融市场对债权性工具或股权性工具进行投资的非个人化机构"。[2] 所以，从机构投资者的身份或组织结构看，我国机构投资者是与个人投资者相对应的一类投资者即法人投资者，具体体现是开设股票账户的

---

[1] 赵涛、赵祖玄：《信息不对称与机构操纵》，《经济研究》2002年第7期。
[2] 王志强：《轮机构投资者的法律及经济特征》，《投资与证券》2002年第4期。

法人，主要包括以下三类：(1) 按照《证券法》和相关法规，有明确的法律规定的从事股票交易的证券公司和证券投资基金管理公司。(2) 按照《证券法》和相关法规，可以参加股票交易，但操作受到限制的"三类企业"，即国有企业、国有控股公司和上市公司。我国《证券法》第八十三条规定，"国有企业和国有资产控股的企业买卖上市交易的股票，必须遵守国家有关规定。"(3) 对能否参与股票交易以及参与股票交易的方式上缺乏明确法律规定或权利义务不具体的法人，如"三资"企业、私营企业、未上市的非国有控股的股份制企业、社团法人等等。[①]该观点把非金融意义上的一般法人投资者也纳入机构投资者的范围，与发达国家的机构投资者仅限于金融机构明显不同。笔者认为，此观点也值得商榷。尽管非金融法人也可以投资于证券等金融产品，而且其交易特点和金融机构投资于证券等金融产品的交易特点相同，但是，(金融)机构投资者和(非金融)一般法人投资者在投资目标、投资对象以及资金来源等方面都具有很大的不同。在投资目标方面，机构投资者投资证券等金融产品的主要目的是为了获取收益，其直接目的不是为了控制目标企业；一般法人投资者投资的最终目的虽然也是为了获取最大化的收益，但其投资的直接目的是为了获取目标公司的控制权。在投资对象方面，机构投资者以投资于证券等金融产品为主，不仅投资股权性证券，还投资债权性证券和各种期货及其他金融衍生产品，也就是说，机构投资者既可以作为股东，也可以作为债权人；而一般法人投资者以投资实业为主，主要是以股东的身份出现。此外，机构投资者既可以利用自由资金也可以利用筹集资金并主要利用筹集资金进行分散投资，而一般法人投资者主要利用自由资金进行集中投资。

第四，还有学者把机构投资者限于"以信托关系为基础的募集公共资金从事金融产投资活动的金融中介机构"，而不包括"自有资金投资者"。[②]这是一种狭义的机构投资者。该观点也值得商榷。因为，虽然金融中介结构主要是利用募集的资金进行投资，但它既有自有资金，也有募集的资金，这两类资金在现实中很难被明确分开。即使是金融中介机构进行的证

[①] 贺显南：《中外机构投资者比较及启示》，《南方金融》2003年第3期。
[②] 吴琼：《机构投资者参与公司治理的法律问题研究》，中国政法大学硕士学位论文，2011年。

券投资，也可能既有自有资金又有募集的资金，尽管募集资金占主要地位。所以，把自有资金排除在外，实在没有必要。

（二）机构投资者的种类

1. 证券投资基金

证券投资基金于1868年在英国首先出现，是18世纪末19世纪初产业革命推动的产物，后来在美国兴盛，现在已在全世界盛行。证券投资基金在不同的国家和地区存在不同的称谓，在英国和我国香港地区被称为"单位信托投资基金"，在美国被称为"共同基金"，在日本则被称为"证券投资信托基金"。[①] 20世纪60年代以来，一些发展中国家也逐渐运用证券投资基金吸收国内外资金，促进本国经济的发展。随着我国金融市场的改革和发展，证券投资基金于20世纪80年代末在我国出现，并从90年代开始得到较快的发展。在已经被废止的《证券投资基金暂行管理办法》（1997年）第二条将证券投资基金定义为"是指一种利益共享、风险共担的集合证券投资方式，即通过发行基金单位，集中投资者的资金，由基金托管人托管，由基金管理人管理和运用资金，从事股票、债券等金融工具投资"，而我国的《证券投资基金法》（2003年颁布，2012年修订）并没有对"证券投资基金"作明确定义，只是在第二条中规定"在中华人民共和国境内，公开或者非公开募集资金设立证券投资基金，由基金管理人管理，基金托管人托管，为基金份额持有人的利益，进行证券投资活动，适用本法"。

2. 证券公司

证券公司是指证券经营公司，即经主管机关批准并到有关工商行政管理局领取营业执照后专门从事证券经营业务的金融机构。证券公司具有证券交易所的会员资格，可以承销发行、自营买卖或自营兼代理买卖证券。证券公司在不同的国家或地区也有着不同的称谓，在美国被称为投资银行（Investment Bank）或者证券经纪商（Broker－Dealer），在英国被称作商人银行（Merchant Bank），在以德国为代表的欧洲大陆投资银行仅是全能银行（Universal Bank）的一个部门，在以日本为代表的东亚则被称作证

[①] 刘振亚主编：《美国股票市场》，经济科学出版社2001年版。

券公司（Securities Company）。证券公司的传统业务是从事证券承销及证券交易中介业务和以自有资金从事证券买卖交易，其现代投资银行业务还包括证券投资咨询、与证券交易有关的财务咨询、证券资产管理、资产证券化和风险资本管理、公司理财咨询等。证券公司一方面通过自有资金进行证券交易介入证券市场，另一方面通过代理客户买卖证券介入证券市场。

3. 社会保障基金

社会保障基金是根据国家有关法律、法规和政策的规定，为实施社会保障制度而建立起来的专款专用的资金。社会保障基金一般按照不同的项目分别设立，如社会保险基金、社会救济基金、社会福利基金等。其中社会保险基金是社会保障基金中最重要的组成部分。目前，我国的社会保险基金分为养老保险基金、失业保险基金、医疗保险基金、工伤保险基金和生育保险基金，其中养老保险基金数额最大，在整个社会保障基金中占有重要地位。社会保障基金具有强制性、基本保障性、保障对象的特定性、统筹的互济性和保值增值性等特点。

4. 保险公司

保险公司是依照一定的法律、法规的规定，收取投保人支付的一定的保险费，并约定在出现特定的人身状况或者特定的事故发生而导致财产损失时给付保险受益人一定数额之保险金的特殊金融机构。保险公司收取保险费，并由保险费聚集形成保险基金。保险公司可以用保险基金进行运营获取收益，但是，由于保险公司具有保障投保人利益的功能，所以保险基金的运营要兼顾收益性和安全性。人身保险基金更应如此。因此，保险公司一般多投资于国债、存款等稳健而风险较小的金融工具。保险公司也可以进入证券市场，但其在投资比例等方面一般要受到国家的严格限制，股份资产一般仅占保险公司总资产的很小一部分。

5. 商业银行

银行可以分为多种，如中央银行、商业银行、投资银行、政策性银行、储蓄所、信用社等。不同的银行在目的、作用、功能、操作、经营范围、经营科目、服务对象、对风险的容忍度等方面都有很大区别，甚至完全不同。商业银行的主要业务范围包括吸收公众、企业及机构的存款、发放贷款、票据贴现及中间业务等。最初使用"商业银行"这个概念,是因为这类银行在发展初期,只承接"商业"短期放贷业务。人们将这种以吸收短期存款、发放短期商业贷款为基本业务的银行,称为商业银行。但是,商业银行发展到今天,与其当时因发放基于商业行为的自偿性贷款从而获得"商业银行"的称谓相比,已相去甚远。特别是第二次世界大战以来,随着社会经济的发展,银行业竞争的加剧,商业银行的业务范围不断扩大,逐渐成为多功能、综合性的"金融百货公司",从而使其具有信用中介、支付中介、信用创造、金融服务、经济调节等多种功能。

6. 其他金融机构或资产管理机构

除了上述机构投资者外,私募基金、教育和慈善基金、信托公司、财务公司等也能成为证券市场上的机构投资者。

(三)机构投资者的特征

机构投资者就是替小的个人投资者进行投资理财的专业机构,发挥着"信息中介、风险中介、监督中介、期限中介、规模中介及交易中介"的作用[①],从而具有以下法律特征:

第一,机构投资者属于非个人化的金融机构。机构投资者首先是一种机构组织,并非个人。但是,机构投资者的非个人化也不意味着机构投资者都是法人,如契约型基金就不具有法人资格。但在现实中,证券市场上的机构投资者绝大多数都具有法人资格,并且具有法人资格的机构投资者对其内部投资人而言具有有限责任性,更能有效保护作为机构投资者资金来源的社会公众的投资利益,更受社会公众的青睐。

第二,机构投资者具有双重委托代理关系。在一般情况下,机构投资者不仅与其个人投资者之间具有委托代理关系,而且与其所投目标公司之间也存在委托代理关系,从而使其具有代人理财的双重委托代理身份。一方面,机构投资者所使用的资金一般也是筹集个人投资的资金,其收益也归个人投资者分享。机构投资者要么按照公司法设立,并用股东或债权人的资金进行投资,要么利用信托原理通过发行受益凭证或通过契约募集资金进行投资,此时投资者和个人投资者之间是一种委托关系。其实质就是

---

① 程驰光:《轮机构投资者的性质与特征》,《武汉金融》2002年第4期。

社会公众将资金委托给机构投资者进行运营管理。基于此，机构投资者在投资过程中一般要遵守诚信原则、勤勉原则和审慎原则，以使个人投资者的投资回报得到实现。① 另一方面，机构投资者以买入股票或债券的方式在将其筹集的资金委托给上市公司进行经营，以获取收益。这是第二层委托关系。所以，相对于个人投资者而言，机构投资者的所有权和经营权是分离的，在个人投资者和上市公司之间存在一个机构投资者，这样就多一层委托代理关系。②

第三，机构投资者投资的规模化和投资管理的专业化。机构投资者一般是通过筹集资金进行金融投资。无论是基金还是券商的自营或委托理财，都发挥着规模经济的功能。规模经济可以降低投资者的平均成本。并且，机构投资者集中中小投资者的资金，形成一定规模后还可投资于小投资者不能投资的不易分割的大型资产。机构投资者的资金实力一般较为雄厚，在信息搜集分析、上市公司研究、投资决策运作、投资理财方式等方面都由专门的部门进行，并由证券投资专家进行专业化管理。而个人投资者由于资金有限且高度分散，同时绝大部分都是小户投资者，他们一般缺乏足够时间去搜集相关信息、分析证券市场行情并判断走势，同时，也缺少足够的资料数据去分析上市公司经营情况。所以，从理论上讲，机构投资者获取信息和处理信息的能力相对较强，具有专家理财、投资经验丰富、信息资料充分、投资手段先进等优点，其投资行为相对理性化，投资规模相对较大，投资周期相对较长，从而有利于证券市场的健康稳定发展。

第四，机构投资者主要投资股权性或债券性金融产品，且股权投资方向上具有收益性和非控股性。机构投资者既可以股权的方式投资，也可以债权的方式投资，从而依法享有公司的股东和债权人应当的各项权利。当机构投资者以股权的方式投资时，它就应当享有公司法以及公司章程所规定的各项股东权利。但在现实中，机构投资者一般较为关注投资收益，而对所投公司的控制则不是其最终目的。机构投资者一般作为投资代理中

---

① 程驰光：《轮机构投资者的性质与特征》，《武汉金融》2002年第4期。
② 王志强：《轮机构投资者的法律及经济特征》，《投资与证券》2002年第4期。

介,需要定期将投资收益分配给委托人。机构投资者要满足委托人的收益要求以及其他诸如资产安全性和流动性等要求,使得机构投资者一般不追求股份的投机性、不偏好股权的支配性。机构投资者凭借人才、网络和资金实力的优势,力求通过组合投资和长期投资,在一个长周期中获得稳定均衡的收益。

第五,机构投资者具有投资结构组合化和投资行为规范化的特征。证券市场是一个风险较高的市场,机构投资者入市资金越多,承受的风险就越大。为了尽可能降低风险,机构投资者在投资过程中会进行合理投资组合。机构投资者庞大的资金、专业化的管理和多方位的市场研究,也为建立有效的投资组合提供了可能。个人投资者由于自身的条件所限,难以进行投资组合,相对来说,承担的风险也较高。并且,机构投资者是一个具有独立法人地位的经济实体,投资行为受到多方面的监管,相对来说,也就较为规范。一方面,为了保证证券交易的"公开、公平、公正"原则,维护社会稳定,保障资金安全,国家和政府制定了一系列的法律、法规来规范和监督机构投资者的投资行为。另一方面,投资机构本身通过自律管理,从各个方面规范自己的投资行为,保护客户的利益,维护自己在社会上的信誉。

(四)机构投资者是否应参与公司治理

对于机构投资者是否应参与公司的治理问题,学界主要存在肯定和否定两种观点:

第一,肯定的观点[①]。该观点认为,理想的公司治理体制是大股东行使控制权,同时又有完善的体制保障中小股东的利益。在这种情况下,机构投资者的特点决定了其应参与公司治理。机构投资者具有其他股东所不具备的优势,他解决了小股东不具有的规模效益,同时又消除了大股东和内部人控制所缺乏的外部独立性和公开性。也就是说,机构投资者拥有小股东所不具备的规模优势,同时又克服了大股东内部控制的缺陷,成为企业外部治理结构中与小股东、内部大股东三足鼎立的一方。

---

① 如:唐正清、顾慈阳的《机构投资者参与公司治理:理论分析、经验总结与对策建议》等。

在一般情况下，当公司的经营出现问题时，投资者有两种选择：一是抛售股票，引起股价大跌；二是参与公司治理，转向长期投资，保护投资权益。个体股东可以迅速抛售股票，但对于持股量较大的机构投资者而言，很难在短时间内以合适的价格处理掉所持股票。同时，机构投资者也意识到，如果公司经营状况不好的情况成为公共信息时，他们抛售股票的能力就会下降，因为其他投资者也会这么做。这时，机构投资者作为公司股东的利益与作为证券投资者的利益是一致的，这种利益的一致性促使机构投资者参与公司治理。从长远来看，更多的投资者采取长期投资策略，监督企业运行，对公司的治理发挥积极作用。对于长线投资的机构投资者来说，对持股企业实施事前监督和问题监督的主动治理，其收益要远远好于事后"用脚投票"的被动治理。

第二，否定的观点[①]。该观点认为，机构投资者在发挥监督作用的同时也存在监督成本，所以机构投资者可能只关心自己的利益，而不关心其他的投资者、公司员工和管理层的利益，他们可能让公司投资一些高风险的项目获利，却可能使债权人、员工等其他利益相关者受到侵害，即使机构投资者实行积极主义的策略，机构管理人员的行为取向也并不一定符合机构投资者股东的利益。

机构投资者与公司之间存在业务联系，使他们不愿意限制管理层的自由裁量权，所以机构投资者不会对公司行使有效监督。如果机构投资者积极参与公司治理则会失去与所投资公司的其他业务，从而可能使其他业务的损失超过积极主义的收益，保险公司和私人年金基金都存在这样的问题。

机构投资者的委托人和代理人的双重身份之间存在利益冲突，是机构投资者积极主义的障碍。机构投资者是公司的主要股东，应作为股东利益的代表，有必要对公司的治理进行干预以纠正不规范的管理活动，但其作为基金的信托人，主要职责是维护对基金进行投资的所有者的利益。为了保障基金收益人的最大利益回报，机构投资者必将从事抛售不良股份的短期行为。另一方面，由于基金业务市场竞争激烈以及对基金业绩的短期考

[①] 如 John Pound：*Proxy Contests and the Efficiency of Shareholder Oversight*，等等。

核办法，使基金经理人对积极主义变得冷漠，从而过分追求短期的盈利，导致基金经理的投资行为扭曲。所以，尽管机构投资者在公司治理中能扮演重要角色，但从法律上赋予其干预公司的义务也许是不恰当的，因为他们也是代理人，首要的职责是对其投资者负责，而不是被投资的公司。

并且，机构投资者往往还受到一些与经济目标不一致的政治、社会和宗教方面的压力，机构投资者的积极主义可能会引起政治反响，并在某些方面受到法律的限制；对公司的治理活动也会加大其投资组合的风险并影响其资产的流动性。

（五）机构投资者参与公司治理的动因

国内外学者[①]把机构投资者参与公司治理的动因主要归结为以下五个方面：

第一，代理成本和机构投资者的逐利偏好。所有权和经营权分离的公司，由于信息不对称和契约不完备等原因，股东对经理人员的行为决策并不十分清楚，经理人的行为选择往往会偏离股东的目标，甚至会损害股东的利益，这就产生了代理成本，为了最大化股东的利益和公司的利益，知情的机构投资者会对经理的不利决策采取积极行动。机构投资者对获取收益有着较强的偏好，减少代理成本是增加收益的手段之一，当他们决定是否采取积极行动之前，要进行周密的成本收益分析，当监督收益超过监督成本时，机构投资者就有监督的积极性。机构投资者在参与公司治理过程中积累了一些可以复制的经验和其他专业知识，可以大大减少监督成本，积极行动带来的股票市场价值的持续增长所获得长远收益机会超过成本。

第二，资金优势和信息优势。机构投资者参与公司治理存在两个显著的优点：一是机构投资者集中了大量自然人的资金，具有资金优势；二是机构投资者是一个专家群体，利用各种先进渠道收集信息，具有专业优势和信息优势。股东监督产生的成本本该由股东自己承担，监督带来的收益却是在所有股东间按持股比例进行分配，小股东由于无法承受监督成本，

---

① 如王建辉：《机构投资者参与公司治理的动因分析》；Bernard Black：*Shareholder Activism and Corporate Governance in the United States*；Bushee B J.：*The Influence of Institutional Investors on Myopic R&D Investment Behavior*；等等。

他们大多会"搭便车"。随着机构投资者持股比例的上升，其作为大股东监督经理人的能力和动力越来越强。当股权分散时，机构投资者作为积极股东可能起到监督经理人的作用；当股权集中时，机构投资者作为积极股东可以成为制衡控股股东的力量，从而可以防止控股股东侵夺小股东利益行为的发生。并且，随着机构投资者掌握的金融资产和持有的股份越来越多，"华尔街之脚"行走得不那么方便，机构投资者只好选择参与公司治理。

第三，机构投资者自身的发展。机构投资者具有决策者的属性，具有理性经济人特征，追求收益最大化，追求满意投资组合，倾向于在公司治理中采取积极行为。纵观机构投资者的发展历程，其投资模式可分为四个阶段：一是价差发展阶段，即投资者主要通过判断证券的市场价格波动趋势，采取"逢低吸收，逢高出货"的技术路线进行投资，这是一种典型的短期投机行为。二是价差创造阶段，即机构投资者主动出击令证券价格产生价差，并利用价差获利。在该阶段，机构投资者拥有较大的资金规模，集中投资几只股票可能会对股票价格产生显著影响。三是价值发现阶段，即当资本市场发展到一定程度，机构投资者的资金规模达到一定程度，并且监管机制较完善时，机构投资者制造价差"诱杀"其他投资者的手段较难实现。于是，机构投资者提出"价值"型投资理念，即购买那些价值被低估的企业股票，采取长期持有的方式，从长期持股中获利。四是价值创造阶段。在目前全球资金过剩的情况下仅仅通过价值发现投资获利越来越困难，信息透明度的提高、各机构投资者价值发现的能力增强，很难找到一只价值被人工低估的股票。为了获得更多收益，机构投资者必将运用掌握的资金、信息和能力，积极参与到所投资公司的治理中去。

第四，政府管制放松。逐渐放松对金融市场和金融机构的管制极大地促进了机构投资者直接参与公司治理的行为方式。

第五，企业伦理和社会责任。公司治理需要服从企业的社会责任，而机构投资者赖以生存的基础是其受托人身份，对委托人的资金负有勤勉义务，投资组合不仅代表某个公司的利益，而且代表各个利益相关者的利益，作为有能力进行监督的大股东，积极行动就是应尽的义务和责任。机构投资者持股比例与公司社会责任综合绩效成正比，而且，长期机构投资者与员工方面的社会责任比与社会和环境方面的社会责任相关性更显著。

(六)机构投资者参与公司治理的方式和手段

机构投资者参与公司治理的方式和手段主要有代理投票权活动、股东提案、反征集活动以及法律诉讼等前台行动,还有与管理人员私下协商或者给他们写信等非正式表达自己意见的幕后行动。[①]

第一,反对或接受董事会决定或经理提案的代理投票权活动是一种最基本最主要的直接参与公司治理的方式,是股东实施监督的一种基本机制。积极的机构投资者直接参与董事会活动,当他们投资的公司绩效较低时,就联合其他股东采取"不投票"的方式反对董事会作出的不满意的决定,迫使董事会按照股东利益作出决策。这种低成本无约束地参与活动可以施加压力让董事会解雇 CEO 等具体措施有效控制不正常的营业收入,改善公司的运营绩效,提升股价,以致影响公司的市场价值。

第二,股东提案方式是较常用的看得见的积极行动手段。实证结果表明,投票结果和股票市场的反应取决于建议本身和建议者的身份,由个体股东提出的建议争取的选票少而且对股票价格的影响也很小;相反,由机构投资者提出的建议获得更多的投票而且对股价有负面影响。

第三,并购过程中机构投资者经常采取反征集活动反对管理层的反并购提议。反征集活动由外部股东利用各种资源组织其他股东,设置一个门槛,不让管理人员通过那些不利于股东利益的建议。有学者利用大量的案例检验了机构投资者利用反征集活动反对经理人反并购建构建议的原因和结果,表明尽管存在大量经理人的反并购提议,但是反征集活动发生的相对较少,即使发生了反征集活动,失败多成功少。如果反征集活动失败了,该公司的股票价格会下降,如果反征集活动成功了,该公司的股价会上升,结果表明反征集活动是代表股东利益的,因为策略原因,机构投资者很难发起成功的反征集活动。

第四,法律诉讼是一种成本最高、使用频率较低的积极行动,这种方

[①] 如梁能:《公司治理结构:中国的实践与美国的经验》;李健:《公司治理论》;Pound J.: *Shareholder Activism and share values*; *The Causes and Consequences of Countersolicitations against Management Antitakeover Proposals*; Gillan S L., Starks L T.: *Corporate Governance Proposals and Shareholder Activism*; *The Role of Institutional Investors*; 等等。

式的监督效果很好。在不得已的情况下，机构投资者也乐意利用法律手段维护自己的权益。研究结果表明，首席原告为机构投资者的集体行动案件比首席原告为个体的集体行动案件被撤回的可能性小而且能获得更多的金钱赔偿，而且，案件胜诉以后，首席原告是机构投资者的被告公司比首席原告是个体的被告公司经理更有效的董事会独立性改善。

第五，机构投资者与管理人员的私下协商等非正式的影响方式使用频率高、成本低，但影响力度不大。研究发现，机构投资者主要通过两种方式影响管理层，一是根据外部顾问提供的信息，告诉管理层股票市场的期望和股票市场的当前趋势，二是机构投资者根据期望形式和获得的信息来建议管理层更新季度财务数据。这种高度依赖外部顾问、过分强调财务报告和接下来的预测调整，不注重信息质量、忽视长期规划的方式可能对上市公司的管理造成负面影响。

（七）机构投资者参与公司治理的绩效

目前，学者对机构投资者能否有效改善公司的治理产生了很大的分歧，[①] 主要存在以下几种观点：

第一种观点：机构股东积极主义有效监督论。该观点认为机构投资者会积极参与到公司治理中去，解决分散持股的大型公司中存在的激励和控制问题，也就是说，机构投资者有动力去监督公司管理。因为，改善公司业绩是一种公共物品，作为公共物品的最大消费者，大股东能够获得较多的公司业绩改善带来的收益，所以它们会保证公共物品的供给。并且，机构投资者也有能力监督公司的管理。机构投资者相对于个人投资者而言，它们具有信息优势，有足够的经济实力雇佣金融分析师搜集信息和加工信息，使它们在较为充分地掌握信息的基础上作出决策，而且，机构投资者还拥有投票权带来的影响力，它们在监督公司管理方面的信誉和影响力不断增强，使得它们有足够的能力监督公司管理。机构投资者除了有足够的动力和能力监督公司管理外，其确实能够有效监督公司管理并提高公司业

[①] 如李冬昕、李心丹：《股东积极主义行为与公司绩效：基于金融危机视角的分析》；孙容、刘殿国：《股东积极主义对中国上市公司治理及绩效影响的实证分析》；M. M. Cornet, A. J. Marcus：*The Impact of Institutional Ownership on Corporate Operating Performance*；M. P. Smith：*Shareholder Activism by Institutional Investors：Evidence from CALPERS*；等等。

绩。机构投资者在公司的巨大投资以及它们的信托责任使它们有强烈的动力去监督经理的行为，这种监督会提高公司的管理效率和决策质量。并且，机构投资者对上市公司进行质量研究已选择有效率的公司投资，这使得有限的资金得到了最大限度的利用。此外，机构投资者与小股东相比有更多的专业技术和知识，而且规模经济使机构投资者只需要花较低的监督成本，于是机构投资者持股比例的增加可以降低代理问题，提高公司业绩。

  第二种观点：机构投资者积极主义无效论。一方面，机构投资者没有监督公司的动力，当公司业绩不佳时，它们会选择抛售持有的股票，而不会花资源去监督公司管理和提高公司业绩，因为：第一，机构投资者的目标短视、利益冲突、成本和收益分析等因素使机构投资者被称为消极、短期投资者，没有监督公司的动力。对于机构投资者而言，它们的目标是保持所持股票的流动性并希望获得短期收益，这比监督公司的管理以期获得更高的长期收益更重要。这种短期主义导致他们对信息的过度反应和过度交易，不能有效监督公司经理的行为；公司机构投资者与公司的商业联系也会阻碍他们积极、有效地监督公司。第二，众多委托人对机构投资者的作用有不同的要求和期望。造成他们之间的目标冲突，这会影响机构投资者在公司治理问题中发挥作用。政府作为机构投资者的委托人之一迫使机构投资者投资于当地社区，支持当地公司以及创造就业岗位，这种政治压力会限制机构投资者在监督公司中发挥的作用。第三，许多政策和法规限制了机构投资者的行为，从而影响了机构投资者监督公司管理的动力。政策和法规限制了机构投资者持有的股份数和他们共同行动的自由，导致机构投资者监督公司经理行为的动力减弱，影响了他们充分发挥监督作用。

  另一方面，机构投资者不能有效监督公司管理并提高公司业绩。机构投资者积极主义对目标公司的政策、运营状况以及价值几乎没有影响。股东积极主义不是一种低成本、有效影响公司决策的方式，股东积极主义作为一种公司内部控制机制不能使经理以公司价值最大化为目标，并且，机构投资者持股水平低，在股东积极主义方面投入的资金相当少。

  第三种观点：机构投资者积极主义损害公司论。一方面，机构投资者积极主义的动机并非价值最大化。公共养老金改变公司投资战略是出于政治目的和社会目标，大部分机构投资者自身也存在代理问题和控制问题，公共养老金经理积极行为并不是为了追求股东价值最大化，而是期望以此获得公共影响力来提升自己的社会地位。

另一方面，机构投资者会损害公司的绩效。机构投资者既没有技能也没有经验，不能改善公司管理和经理的决策。机构投资者关注短期收益会损害公司的长期价值。机构投资者积极主义追求的是机构投资者管理者的私利，他们发现与目标公司经理双方合作可以互利，这种合作削弱了机构投资者监督公司带来的正面价值效应，机构投资者与公司价值存在负相关关系。公共养老金经理主要追求政治和社会目标，而不是股东价值最大化，这种从政治目的出发对公司施加的影响会降低公司绩效。

(八) 美国机构投资者积极参与公司治理的经验[①]

1. 影响美国机构投资者积极参与公司治理的因素

首先，机构投资者实力增强，持股比例上升。一方面这为机构投资者提供了参与公司治理的经济动机，使其参与具有了现实性。另一方面，这种大量持股大大降低了机构投资者所持股票的流动性。在大量持股的情况下，机构投资者难以在短期内卖出所持有的某家公司的股票，因为市场容量有限，大量抛售某种股票会引起股价下跌，使机构投资者承受巨大损失，而且唯一可能的买者是其他的机构投资者，他们可能也评估了任何坏的信息而不愿意购买。

其次，出于规模效应的考虑，机构投资者也愿意参与公司治理。在参与公司治理总成本一定的情况下，持有一个公司的股票数越多、持股份额越高，每股治理成本越低，投资者从参与公司治理中获取净收益的可能性就越大。而且，机构投资者通常同时持有众多公司的股份，这种"知识分享"进一步减少了机构投资者参与公司治理的单位成本，使其参与公司活动的总收益大于成本。

复次，美国法律和政府政策也促进机构投资者积极参与公司治理。从

[①] 参见梁能:《公司治理：中国的实践与美国的经验》；何自力:《论机构投资者在美国公司治理中的作用》；John Haberstroh: *Activist Institutional Investors, Shareholder Primacy, and the HP-Compaq Merger*; Robert Romano: *Less is More: Making Institutional Investor Activism a Valuable Mechanism of Corporate Governance*; 等等。

20世纪80年代开始,美国证券监管当局(SEC)和美国劳工部(DOL)即着手研究机构投资者如何在公司治理中发挥作用,以在主要所有者缺失的情况下继续保证上市公司的质量。1988年美国劳工部发表Avon Letter规定,养老金基金经理必须慎重行使受托人义务,应该把代理投票权作为一种资产,如果忽视代理投票权将引发司法风险。1994年美国劳工部进一步表明立场,认为私人养老基金要积极参与考量和影响被投资公司的管理层。根据美国劳工部的要求,美国所有养老金基金都先后制定了代理投票表决的政策,并从80年代起积极参与上市公司的股东大会,行使表决权。而SEC也于2002年增订《1940年投资公司法》30b1—4规则和《1940年投资顾问法》206(4)—(6)规则,同时修订《1940年投资顾问法》204—234,以在法律上要求和规范机构投资者参与公司治理。此外,SEC也在技术上帮助机构投资者低成本实施股东权利。2005年11月,SEC允许上市公司使用互联网为公司股东提供投票材料,并积极鼓励投资者使用电子投票平台进行投票。同时,SEC允许机构投资者将其投票报告通过互联网而非纸张的形式披露给基金持有人。

再次,指数化投资战略也是机构投资者积极参与公司治理的重要原因。指数基金是一种以拟合目标指数、跟踪目标指数变化为原则,实现与市场同步成长的基金品种。指数基金的投资采取拟合目标指数收益率的投资策略,分散投资于目标指数的成分股,力求股票组合的收益率拟合该目标指数所代表的资本市场的平均收益率。指数化的投资策略使机构投资者不能自由出售业绩较差公司的股票,从而不得不积极参与公司事务,包括迫使经理改变战略或迫使董事会改变管理层。持股指数化程度高是机构投资者尤其是公共养老基金积极参与公司治理的重要原因。同时,公共养老基金在积极行动中所表现出来的注重公开宣传的特征(如公布公司治理准则和目标公司名单等)可以看成是指数化投资战略价值最大化整体策略的一部分。

最后,除上述因素之外,人口老龄化也迫使养老基金尤其是公共养老基金积极参与公司治理。随着美国人口的老龄化,养老基金尤其是公共养老基金的支付压力日益沉重,因此提高养老基金投资回报率以应付未来债务变得日益重要。养老计划的成员和政府开始进行"负责任地投资"以寻求更好的收益。正如前文所述，美国劳工部认定年金基金受托人的信托责任要求受托人行使在其控制下的股票的投票权，劳工部社会保障局更以书信的方式要求受制于联邦法律的雇员福利基金的理事们为了基金受益人的利益参与其所投资的公司的股东大会投票。在克林顿时期劳工部还敦促雇主发起的年金基金拟定行使其代理权的程序，并对他们在公司治理问题及投票代理权的法律程序上提供咨询。

2. 美国机构投资者积极参与公司治理的方式

第一，提出股东议案。

股东议案是美国证券交易委员会根据《1934年证券交易法》设置的一种公司治理制度，是由股东提出的要求管理者采取某些特定行动的简明报告。20世纪80年代末大型机构投资者开始提交有关议案，此时尽管管理层反对，但有关公司治理的股东议案开始获得显著的支持。1992年美国证券交易委员会在代理表决规则方面放松了有关股东之间沟通信息披露的规定，显著降低了机构投资者提交股东议案的成本和潜在的法律责任，在这之后，机构投资者更是频繁地提出股东议案。据美国投资者责任研究中心的报告，从1987年到1994年仅公共养老基金就提出463项代理表决提议书以期改变公司的治理状况，占所有股东议案的23%。股东议案是否通过与目标公司的机构持股水平有关，一般情况下，机构持股水平高的企业，股东议案通过的可能要大一些。当然，股东议案仅仅是建议性的，也就是说，即使某项建议获得了大多数的赞成票，经营者也没有义务采取行动。但是，如果股东议案获得的支持率较高，目标公司的管理层就不得不考虑或采纳其中的某些建议。

第二，征集委托投票权。

提出股东议案大多只是机构投资者行动的第一步，要使递交的提案被通过，真正在公司经营管理中发挥作用，随后征集委托投票权尤为重要。委托投票权是一种股东对现任董事、经理或股东提出的议案进行投票表决的机制，其作用是保证由于种种原因不能出席股东大会的股东能够行使自己的权利。正如前文所述，自80年代后期美国在政策上逐渐支持机构投资者行使委托投票权。比如1992年，SEC放宽代理权征集（proxy solicitation）的限制，股东们在代理权征集过程中可以更容易地进行彼此间的协商而不必向 SEC 提出申请。机构投资者参与征集委托投票权并不一定要取得对目标公司的完全控制，征集行动本身有时就能实现机构投资者所希望的改变。研究表明，不论委托投票权的征集是否完全成功，都不同程度地影响和改善了公司治理。

第三，私下协商。

私下协商即以非公开的方式就公司存在的问题与公司经营者协商讨论。从 20 世纪 90 年代开始，机构投资者更倾向于采取这种方式参与公司治理。与提出议案等公开方式相比，非公开方式在节约成本、争取时间和避免股价波动等方面的好处是不言而喻的。而且因为说服其他机构采取共同的投票战略非常困难，积极的机构投资者更愿意采用直接协商的方式。并且随着机构投资者力量的壮大及其提案通过率不断提高，公司经营者实际上已很难忽视机构投资者的要求。尽管征集委托投票权等公开方式仍是不可或缺的，但这种私下协商的方式可避免昂贵的投票大战，只有在这一方式被证明为无效后，机构投资者才开始采取其他公开方式。

第四，定期公布目标公司名单。

定期在主要媒体上公布目标公司名单，以引起公众对相关企业和治理问题的关注，向管理层施加无形压力，这是大的机构投资者所青睐和普遍采用的参与公司治理的方式。从 1987 年起，美国加州公共雇员退休基金（California Public Employees' Retirement System，以下简称 CalPERS）就开始通过在其持有的公司股票中确定业绩最差的 10 家企业（financial underperformers）并在媒体上定期公开以向公司管理层施加压力，同时 CalPERS 的人员会要求与这些公司的管理层会晤讨论公司业绩和股东价值问题。美国机构投资者委员会（Council of Institutional Investors，以下简称 CII）也从 1993 年起公开类似的名单，并明确表示意在机构投资者委员会的成员对于业绩差的公司考虑采取联合行动。除了上述方式之外，机构投资者可能也会通过在公司的董事会中派驻代表或者提出公开批评等方式参与公司的治理。

3. 美国机构投资者积极参与公司治理的影响

尽管在美国，机构投资者如火如荼地发展着，但是美国学术界对于机构投资者参与公司治理的影响的争论却从未停止过。对于机构投资者积极参与公司治理的影响存在两种截然不同的观点。

第一，机构投资者参与公司治理的优势和正效应。一部分学者认为机构投资者积极参与公司，存在很多优势，因此也产生了许多正效应。首先，机构投资者具有无可比拟的信息优势。一般的机构投资者内部都设有专门的部门收集和整理专门信息，然后在此基础上作出相应的投资决策。由于这方面的信息优势，机构投资者一般对基础公司的经营业务及相关发展了如指掌，积极参与公司治理可以避免一般投资者非专业化、盲目性的缺点。其次，机构投资者一般都是由高层次人才构成，这些精英人才有着充分的资本运营的知识和经验，由他们参与公司治理，可以在资本运营等方面给企业的发展带来新的机遇。同时，机构投资者还具有明显的规模优势。不少学者根据调查研究，对机构投资者积极参与公司治理的影响也给出了肯定的答案。根据1994年Wilshire & Associates对CalPERS积极参与公司治理的42家企业的跟踪调查显示，这42家企业在CalPERS参与公司治理的5年期间，公司绩效显著提升。2001年Wilshire & Associates更新了研究数据，但是结果相似。在2001年的另一项研究中，Gary L. Caton等学者也得出相似的结论。

对股东积极主义持肯定态度的学者认为，机构投资者积极参与公司治理，首先，可以提升公司的绩效。与个人相比，机构投资者似乎能够更有效地监控公司的业绩。以参与公司治理为导向的机构投资者不会是上市公司的小股东，通常能进入大股东的行列。这样就能形成上市公司股权的相对集中进而构成一般法人大股东、机构投资者和管理者互相监督制衡的局面，从而有利于企业绩效的提升。其次，肯定者认为机构投资者积极参与公司治理可以优化资源配置。机构投资者利用自有或筹集的规模巨大的资金进行有效的投资组合，选择具有成长性和发展潜力的上市公司，达到了资金利用的优化；而且机构投资者能利用自己的人才优势对上市公司经营者形成有效的约束，在机构投资者向上市公司派驻代理人的情况下，充分体现了人力资源的优化配置；另外，机构投资者作为上市公司的一个股东监督者，可以通过各种利益均衡、约束机制，使公司内部各类资源达到最优的配置。

同时，肯定者认为机构投资者积极参与公司治理可以保护中小投资者的利益。机构投资者集合的是中小投资者的资金,其积极参与公司治理以追求长期、稳定、更高回报的过程就是保护这些中小投资者利益的过程,更重要的是,机构投资者积极参与公司治理,追求长期收益,倡导理性投资,保持市场稳定,降低市场风险,都将保护众多中小投资者的利益免受操纵者及内幕人的吞噬。此外,肯定者认为机构投资者还有稳定市场的作用。尽管就这点,理论和实践中的争论较多。但是肯定者认为随着机构投资者自身实力的发展,机构投资者的投资意愿发生了变化,更愿意进行长期投资并积极参与公司治理,这在客观上就降低了机构投资者所持股票的周转率,稳定了市场。

第二,机构投资者积极参与公司治理消极障碍。另一部分学者则对机构投资者积极参与公司治理的作用持否定态度,他们认为机构投资者对公司治理的影响甚小,甚至几乎不产生影响。比如 Roberta Romano 在对机构投资者的股东议案做了一番详细的研究之后说:"尽管机构投资者积极主义得到了迅速的发展,而且评论家也给予了很高的评价,但经验主义研究发现积极主义行为对目标公司的表现几乎没有任何影响。很少有研究发现积极影响的证据,甚至有的研究发现积极主义对公司的股价有很大的负面影响。"尽管有上述争论,但是机构投资者积极参与公司治理有其不可避免的缺陷和弊端,这也是我们必须正视的。

首先是短期主义。机构投资者积极参与公司治理的一个前提是将他们的角色从以往单纯的金融投资者转变为股东。但是有些学者认为机构投资者始终视自己为纯粹投资者而不是股东,因为他们的目的就是为客户管理资产,从交易股票中获得最大收益。因此对于积极机构投资者持长期投资观点的看法,不仅和投资界普遍的短期主义观点相左,同时也受到投资文化理念及那些积极机构投资者的言论的挑战。机构投资者并不是通过维护其作为股东的利益而获得投资界的领导地位,而是通过股票价值的短期提升。机构投资者的管理者也是依靠其季度的表现和个体投资者对短期盈利的热情而获得报酬的。短期主义和股东利益优先也就作为机构投资者的目标,和其他机构一样,他们也是根据其提高的股票价值衡量成功。在这样的环境中,致力于长期的利益是与投资文化理念相违背的。

其次是免费搭车问题。免费搭车的问题是指,当一个机构投资者监督及干预公司,他需要承担监督及干预所产生的成本,而其他所有股东将能分享监督干预公司所产生的效益,从而造成该机构投资者的实际收益低于其他投资该公司的机构投资者(至少在短期内)。如果该基金经理管理的是客户的资产,在竞争日益激烈的资产管理市场中,他将可能因回报低于同行而面临失去客户的风险。因此,基金经理们缺乏采取积极行动的动力。这里所谓的免费搭车是一个典型的"公共产品困境"(public goodsdilemma),即个体与集体之间在利益与成本上的冲突。当然如果能促进机构投资者之间的合作,使他们在公司治理中采取一致行动,从而减少免费搭车的行为。然而根据学者的研究机构投资者能否采取一致行动取决于机构投资者的数量。一家公司的股东中机构投资者的数量越多,他们一致行动的可能性越低。机构投资者数量越少,但共同持有的股权比例越高,则他们建立联盟的可能性越高。机构投资者数量的日益增加也降低了他们合作采取公司治理行动的可能性。

  再次是代理问题。由于机构投资者资产的受益人与受托人之间是委托代理关系,机构投资者本身存在代理问题。以养老基金为例,代理问题存在于从最终受益人到基金经理之间的各层关系之中。一般而言,雇员是养老基金的最终受益人,养老基金的受托人拥有对基金合法的控制权。受托人往往是支持养老金的公司的董事。有些情况下,受托人(董事)与最终受益人(雇员)之间会产生分歧,因为受托人(董事)希望最大限度地使养老基金增值以减少公司缴纳的数量或将养老金的盈余用于提高公司的盈利。受托人可以与外部的基金经理签订资产管理合约,委托基金经理进行投资。代理问题会在受托人与外部基金管理机构之间产生。因为受托人的目标是使基金最大限度增加长期的基金价值,而基金管理机构的目标是在短期的基金管理业绩评价中超越竞争者。由此可见,在养老基金管理的安排中,存在双重的委托代理关系,因而产生双重的代理问题。可见,基金管理机构与最终受益人的目标函数是难以一致的。Keasey等人进一步指出,如果基金管理机构承担监督或干预公司的成本,而最终受益人获得收益,上述代理问题将变得尤为严重。Keasey比较了基金管理机构干预公司的成本与收益,认为基金管理机构所获收益难以超过成本,因此,进一步证明他们缺乏积极运行的动力。

最后是法律规定的限制。虽然自20世纪80年代以来为了促进经济发展，美国普遍放松了对金融市场和金融机构的管制，致力于推动机构投资者对公司治理的参与，但是长期形成的管制不可能彻底消除。例如，美国的投资组合原则（Portfolio Rule）、反网络化原则（Anti－networking Rule）和其他分散化的法规使它们无法系统地持有具备影响力的股份。比如，拥有最多资金的银行被禁止持有股票或在全国范围内经营；共同基金一般来说不能拥有导致控制权的股票份额；保险公司只能把它们投资组合的一部分投资于任何一家公司的股票；养老基金受到的限制虽然较少，但它们也被分散化了，证券法规使它们难以联合经营以产生影响（美国证券法规定，持有一公司股票数量超过10%者，被认定为内幕人士，其交易需接受证券监管当局的监督）；私人养老基金则处于管理层的控制之下；等等。

（九）我国机构投资者积极参与公司治理的问题与对策[①]

1. 我国机构投资者积极参与公司治理存在的问题

我国的机构投资者不仅有美国机构投资者的缺陷，诸如短期主义、代理问题、免费搭车问题，同时还有自己的特殊问题存在。

第一，政府对机构投资者功能的定位偏差。在西方市场经济的资本市场中，政府的作用是十分有限的。政府干预股市主要是为应付突发事件，并始终以遵循市场经济规律为行动的出发点和落脚点，且有明确的时间限制。反观中国，政府超强的行政干预却从来没有离开过资本市场。在机构投资者的发展方面，政府同样扮演了这样的角色。政府大力发展机构投资者是为了促进中国经济的效率化增长，实现证券市场宏观制度效率改进与微观市场业务创新的协调和整合，稳定证券市场。超常规培养机构投资者的目的是好的，但却违背了市场规律。我国政府对机构投资者功能定位存在偏差。机构投资者作为经济人，是独立的市场主体，均有自身利益，都会回避风险而不会去为了"稳定"而"托市"。作为营利性的经营性机构，收益主要来源于证券买卖市价收入、股息、利息等，且其主要是对投资

[①] 参见耿志民：《中国机构投资者研究》；冯果、李安安：《投资者革命、股东积极主义与公司法的结构性变迁》；韦磊：《机构投资者参与公司治理问题研究》；等等。

人、委托人负责而非对大盘或个人负责。因此，机构投资者会密切关注证券市场的价格波动和收益水平，一旦发现证券市场出现大的波动均会采取应对措施，转移或化解风险，减少自身损失，保护委托人或投资人利益。可见，作为微观市场参与者的机构投资者并无承担宏观意义上的稳定市场的职责。现行的市场准入法律制度应抛弃对机构投资者抱有的不切实际的幻想，应站在机构投资者作为微观市场主体的自利性角度，才能克服其缺陷，达到既稳定、发展证券市场，又实现其营利性的双赢目标。

第二，法律制度的约束。在发达市场经济国家，持有上市公司较多股份并积极参与公司治理的机构投资者主要为养老基金、保险公司和商业银行等，他们的投资具有追求长期稳定收益的特点。而在我国，社保基金、保险资金和银行资金入市却是受到严格限制的。比如，《保险机构投资者股票投资管理暂行办法》及2005年的《关于保险机构投资者股票投资交易有关问题的通知》规定保险资金直接投资股票不得超过上年末总资产规模的5%；《全国社会保障基金投资管理暂行办法》规定社保基金投资于证券投资基金和股票的比例不得高于40%。对于我国金融业而言，尽管近些年中资商业银行在法律许可的范围内对混业经营进行了许多探索和实践，但是总体而言，金融业混业经营还是羞羞答答，在擦边球上蹭来蹭去，我国金融业的基本政策仍是分业经营。这些限制从短期看有利于机构投资者分散风险，但是从长远看，随着我国机构投资者实力的逐步壮大，投资的分散使机构投资者没有动力和权利去过问公司经营和治理情况，限制了其参与公司治理的积极性。此外，私募基金入市的问题未解决，也加重了证券市场危险。从私募基金的成长过程分析，我国私募基金完全是因市场需求而自发成长起来的，可以说是市场化的产物。根据中央财经大学课题组的一份研究报告显示，我国私募基金规模已经达到惊人的6200亿元，整体规模超出公募基金一倍。私募基金与公募基金比较而言有特有的优势，但其缺陷更为明显。其缺陷主要表现为偏好高风险、高收益的投资、政府不易监管、违规操作较为普遍等，严重时甚至能影响资本市场的稳定性。可见，将私募基金合法化已刻不容缓。将私募基金合法化既可将私募基金地下交易的负效应予以克服，又可推进入市法律制度变迁，使入市法律制度充满公平竞争氛围，并推进证券市场体制性创新和效率提高。而我国机构投资者市场准入法律制度中仍未赋予私募基金合法化的地位，表现为《证券投资基金法》中未规定定向募集基金的内容。

第三，自身公司治理结构缺陷。机构投资者自身公司治理结构的不完善，是影响其参与公司治理的动力和能力的一个重要方面。机构投资者中的内部人，追求的是经营者自身利益的最大化，他们完全可能与某个股票的拥有者达成某种协议，通过损害机构投资者或基金持有者的利益来捞取私人好处。因为机构投资者的内部人是代表他人进行投资、经营管理的，与公司的经营者相比，他们更缺乏监督，在实现了约定的最低投资收入后，他们也许就不再追求终极受益人所得利润的最大化，而转向追求自身满足程度的最大化。此外，如果机构投资者本身组成分散而且利益代表者虚位，那么它就会聘请外部经理人来管理，这些经理人通常放弃机构投资者拥有股份的相应投票权，或其行为没有受到监督。一旦机构投资者参与治理的公司再聘用外部经理人，就变成了代理人监督代理人。机构投资者内部的这种委托代理关系使其经理人员的行为取向并不一定符合机构投资者的利益，这样，他们在行使股东权时，就可能会多从他们自身（机构投资者的内部经理人）的利益考虑，与被监督的经营者保持一种暧昧的合作关系而怠于行使监督权。

第四，机构投资者的有限理性。我国政府旨在"超常规"发展机构投资者的初衷是希冀机构投资者可以稳定我国波动起伏的股市，可是通过近些年机构投资者的表现以及学者们的论证发现，我国机构投资者并未起到稳定股市的作用，表现出有限理性。我们可以通过股票换手率分析我国投资者整体的理性程度。换手率说明股市中股票交易的频繁程度，经验表明，成熟理性的股市年换手率为0.3左右，如果换手率大大超过这一比率，说明市场中的理性程度较低。比如美国共同基金的股票换手率一直较低并呈下降趋势，尤其是2001年以来，这种趋势更加明显，到了2004年，换手率已经由73%下降到了51%。2004年美国共同基金市场上大约有2/3的资金投在换手率小于50%的基金上。反观我国，根据2006年基金年报，我国基金加权平均股票换手率为219.02%，有些基金的换手率甚至高达1657.83%。专家认为，中国基金的年度换手率是世界罕见的，频繁的短线交易除去与其本身所标榜的长期投资理念相去甚远外，还加大了基金持有人的成本，基金频繁交易所产生的巨额费用最终由持有人来承担，很可能会损害持有人的利益。同时，通过金融学角度的分析也发现，中国机构投资者的产生与发展并未带来股票市场稳定性的根本性好转，目前我国机构投资者的投资行为依然存在"短视"现象和"羊群效应"，并且在交易上还存在着"高买高卖"的反馈交易行为。

第五，机构投资者的有限积极性。虽然在某些情况下，机构投资者可以通过协议的方式取得上市公司的国有股或法人股，但这种形式并不普遍，机构投资者最多的还是通过证券市场取得上市公司的股权。但由于我国股份的流通股与非流通股的分割，并且非流通的国有股和法人股占绝大多数，机构投资者要想在流通市场上取得对上市公司的相对控股权是比较困难的，导致了机构投资者不能采取"buy and hold"的投资策略，影响了其参与公司治理的积极性，其长期投资的战略受到限制。因此总体而言，机构投资参与公司治理的主体意识不强，缺乏积极主动性。如我国现有证券投资基金，在其招募说明书中往往都表示"不谋求对上市公司的控股，不参与所投资上市企业的经营管理"，这等于是主动放弃了股东参与公司治理的权利，将自己定位于消极股东的角色；或者即使参与，由于受国有控股的干扰，基金作为大股东却不能影响上市公司的决策，基金参与上市公司治理的动机和能力均不足。机构投资者在公司治理上因事而参与，机动性大，缺乏统一的工作程序和模式，缺乏有计划有系统的行为。当机构投资者利益受到威胁时，才不得已通过股权的行使介入公司治理。尽管有个别的案例发生，但多为被动局面之下的无奈之举。而且根据中国科学院中国公司治理联合香港大学商学院2006年的调查报告也显示，很少有中国的机构投资者对公司治理显示出特别的兴趣。另外，尽管美国ISS机构2006年的调查显示中国机构投资者参与公司治理的意识与国际水平持平，但是调查也同时显示25%的中国机构投资者与公司接触不是为了积极参与治理而仅仅是为了获得最基本的金融财务数据，而国际的此项数据平均仅为4%。

2. 完善我国机构投资者参与公司治理法律对策

首先，积极培育多元化机构投资者，创造机构投资者参与公司治理的主体条件。具体包括：明确机构投资者法律主体地位；加强对机构投资者的监管，提高自身治理能力；放松政策和法律限制，增强机构投资者实力，优化内部结构。

其次，深化股权分置改革，优化股权结构，构建机构投资者参与公司治理的制度基础。在股权分置改革中，减持国有股，充分重视股权杠杆效应，以达到改善上市公司股权结构，提高公司治理效率的目的。

再次，完善证券交易市场，提高上市公司质量，创造机构投资者参与公司治理的市场环境。

最后，完善《公司法》等法律中保障股东和债权人权益相关制度。完善股东分类表决制度，确保机构投资者在参与公司治理中代表中小投资者的权益；完善公司债权人相关制度，建立债权人参与公司治理机制；适用举证责任倒置原则，完善股东诉讼和证券民事赔偿制度。

（十）对国内外研究现状的简单评析

上述研究大多集中在经济学、管理学领域，重点关注机构投资者参与公司治理的动机、影响因素、绩效等方面，为我们的研究提供了一定的素材，奠定了一定的基础，具有较大的意义。但机构投资者参与公司治理的问题不仅是一个经济学、管理学领域的问题，而且也是一个法律问题，它是经济学、管理学、金融学、法学等诸学科领域共同关注的问题，但各自关注的侧重点有所不同。相比较而言，对机构投资者参与公司治理的法律问题研究得较少，没有较为深入地探讨如何通过法律的措施保障机构投资者在公司治理中的积极作用并限制其消极作用。法律，尤其是与公司相关的法律，应当构建和完善机构投资者参与公司治理的相关规则。所以，无论是在理论上，还是在实践上，我们都有必要对机构投资者参与公司治理的法律问题进行深入的研究，进而为我国相关法律制度的构建和完善建言献策。

三、主要内容及重点、难点

（一）主要内容

本书的内容分为六章，分别对机构投资者参与公司治理的理论基础、现实基础、制度基础、正式法律途径、非正式途径和法律限制作出论述。

主要内容如下：

在机构投资者参与公司治理的理论基础部分，笔者主要论述了有关机构投资者的基础理论、公司治理的基础理论以及机构投资者与公司治理模式的变迁等内容。尽管现实中存在对机构投资者的不同认识，但至少在以下两个方面的认识应当具有一致性，即机构投资者具有组织性和金融性。机构投资者应当是一定的组织，而不是作为自然人的个人。虽然这种组织在绝大多数情况下都具有法人资格，但也不能否认在某些情况下非法人组织作为机构投资者的可能性。这些组织和个人一样从事证券等金融产品的买卖，但他比个人投资者的规模更大、管理更专业、规避风险的能力更强。故此，笔者认为，机构投资者就是由专业投资人员管理，以其所能利用的自有资金或通过证券等金融工具所筹集的资金在金融市场上进行各类证券投资的非个人化的金融机构。所以，机构投资者具有以下法律特征和优势：机构投资者属于非个人化的金融机构；具有双重委托代理关系；投资的规模化和投资管理的专业化；投资股权性或债券性金融产品，且股权投资方向上具有收益性和非控股性；投资结构组合化和投资行为规范化。但上述这些优势的发挥还受其他条件的影响，如上市公司有关信息披露的情况、机构投资者自身的认知偏差和行为偏差、机构投资者存在的委托代理问题等。本书所研究的机构投资者主要包括证券投资基金、证券公司、社会保障基金、保险公司、商业银行、其他金融机构或资产管理机构。

公司治理无论是在理论上还是在实务中都没有形成一个统一一致的定义，但这并不意味着我们对公司治理的基本含义无从把握。其实，公司治理所关心和解决的问题就是"为了谁的利益进行治理"和"怎样治理"。公司治理就是解决这两个问题的一套复杂的机制。其中，对第一个问题的解决涉及的是公司治理的目的问题，对第二个问题的解决涉及的是公司治理的结构和模式问题。公司治理不仅要谋求股东利益的最大化，而且也要保护和照顾公司的其他利益相关者。公司治理的这种多元化目的决定了公司治理也应当是一个多元化的治理，其表现就是公司的各种资本的投入者在公司治理过程中所形成的权利义务关系，其实质就是投资者之间以及公司的决策者、监督者、执行者之间的利益分配关系，包括公司各资本投入者在生产经营过程中的控制、参与、选择、激励和约束等行为。为了实现公司治理的目的，公司治理也采取一定的结构模式。对于公司治理的模式，不同的学者从不同的角度作出了不同的分类，如基于董事会的模式将公司治理模式分为英美的单层制模式和德日的双层制模式，基于公司的目的分为股东导向型模式、经理人导向型模式、劳工导向型模式、国家导向型模式和利益相关者导向型模式，基于公司监控模式分为外部控制型模式和内部控制型模式，基于融资角度分为股东主导型模式和银行主导型模式，等等。但这些公司治理模式的划分并非彼此互不关联，而是存在一定的交叉，如英美的单层制模式在很大程度上又是股东导向型模式、股东主导型模式和外部控制型模式，而德日的双层制模式在很大程度上又是劳工导向型模式、银行主导型模式和内部控制型模式。机构投资者积极主义在经济全球化背景下促进了全球性公司治理的进一步发展，推动了两种主导型的传统公司治理模式分别朝着不同的方向发展，即英美公司治理模式由股权的市场控制方式逐步向股权通过市场控制和股东直接控制相结合的方式发展，而德日公司治理模式则由债权的直接控制方式逐步向债权直接控制和股权直接控制相结合的方式发展。在这种发展的过程中，前者的机构投资者是由市场型向紧密型发展的，而后者的机构投资者则是由紧密型向市场型发展的。由于各国在政治、经济、历史、文化、法律制度等方面存在差异，在发展的过程中又受到制度的"路径依赖"以及制度互补性等因素的影响，不可能形成全世界统一一致的公司治理模式。但是，尽管如此，各种治理模式在取长补短互相融合的基础上的趋同性发展趋势较为明显，而机构投资者在这一发展过程中无疑是最主要的推动者。

在机构投资者参与公司治理的现实基础方面，机构投资者自身的发展壮大及其积极主义的兴起，为机构投资者参与公司治理奠定了现实基础。机构投资者积极参与公司治理不仅具有理论基础和现实基础，而且具有法律制度方面的基础。法律制度对机构投资者发展的支持和放松管制为机构投资者的发展壮大提供了必不可少的条件，进而促进机构投资者对公司治理的积极参与。

机构投资者积极参与公司治理的法律途径一般是指机构投资者积极行使法律所赋予的股东权利，主要包括征集代理投票权、提案权、董事提名权、股东诉讼、知情权等。征集代理投票权又被称为"委托书收购"、"代理权竞争"等,是指董事会或符合条件的股东征集其他股东在股东大会上的投票表决权并代理其他股东在股东大会上进行投票表决。世界各国公司法一般都规定股东拥有投票权,而股东既可以自己亲自行使投票权,也可以委托他人代为行使投票权。在这种情况下,特定的机构或个人就可以通过征集其他股东的投票权而对公司的重大决策施加影响。机构投资者行使股东提案权也是其积极参与公司治理的正式法律途径之一。机构投资者对股东提案权的积极行使,大大提高了股东所提议案的通过率和支持度。股东提案是一种建议性的提议,如果其获得了较高的支持率而最终没有获得股东大会的通过,其也表明了股东对所提议事项的不满从而可能进一步采取其他措施。在这个意义上,股东提案也是提醒董事会"驱逐"不称职的经理人员的一种手段。在我国目前机构投资者的力量还不够大,而且国家还要大力发展机构投资者的情况下,建立董事提名制度可以在一定程度上促进机构投资者的发展,激励机构投资者积极参与公司的治理,制约大股东,保护中小股东的利益。

机构投资者除了可以采取一些法律途径积极参与公司的治理以外,还可以采取一些非法律途径对目标公司的治理施加影响,这已经得到国外机构投资者参与公司治理的实践的证实和检验。所以,不仅法律途径可以为我国机构投资者利用,而且非法律途径也可以有助于我国机构投资者对公司治理的积极参与。机构投资者参与公司治理的非法律途径主要包括与公司管理层进行磋商、公开发表公司治理意见、发布公司治理准则、联合行动等。

在现代公司法律制度中,机构投资者通过一系列法律途径和非法律途径积极参与公司的治理并不意味着机构投资者可以为所欲为,机构投资者参与公司治理要受到一定的法律限制,这种限制除了体现在机构投资者参与公司治理的途径不能违反法律的规定以外,还进一步体现在世界各国法律所普遍规定的机构投资者应当负有的信义义务(fiduciary duty)。

(二)重点和难点

本书研究的重点和难点主要体现在以下两个方面:

第一,机构投资者参与公司治理的途径,包括法律途径和非法律途径,这既是本书研究所关注的重点,也是本书研究的难点之一。笔者通过对机构投资者参与公司治理具有较成熟经验的美国的情况加以考察,并在分析我国相关情况的基础上,分别对我国机构投资者参与公司治理的法律途径和非法律途径提出完善的建议。

第二,机构投资者参与公司治理的法律限制。由于机构投资者具有自己的特殊性,其参与公司治理并不是为所欲为,而是应当受到一定的法律限制的,这种法律限制体现在机构投资者应当承担的信义义务上。并且,这种信义义务不仅包括机构投资者对其投资者的信义义务,而且还包括当机构投资者成为控股股东时起对目标公司及其他股东所负的信义义务。

四、主要研究方法

本书主要运用以下几种研究方法:

第一,法条、文献分析法。通过对法条的详细分析和考察,发现我国机构投资者参与公司治理的相关法律制度已经取得的成绩及其存在的不足,为我们进一步提出相关的完善建议奠定基础。而对机构投资者相关基础理论和公司治理基础理论的准确把握,有赖于我们对相关文献进行分析。

第二,比较研究法。在论文中,笔者通过比较分析美国等发达国家机构投资者参与公司治理的相关经验,如考察美国机构投资者积极主义兴起的原因、美国机构投资者参与公司治理的正式途径和非正式途径、美国机构投资者参与公司治理的法律限制等,为完善我国的相关制度提供了一定的借鉴。

第三,实证分析法。通过对我国机构投资者发展现状的实证考察和分析,让我们较为准确地了解和把握我国机构投资者现实情况及其参与公司治理的状况,为我们进一步分析论证我国机构投资者参与公司的途径及其限制提供现实基础。

第一章　机构投资者参与公司治理的现实基础

"机构投资者"（Institutional Investors）是一个较为笼统和宽泛的范畴，不同的学者根据自己的理解都可能给机构投资者下一个不同的定义。从字面上看，机构投资者是由"机构"和"投资者"两词合成的。根据《现代汉语词典》的解释，机构"泛指机关、团体或其他工作单位"。这一解释把机构和自然人区别开来。《现代汉语词典》对"投资"的解释是"把资金投入企业"。据此，投资者就是把资金投入企业的人，当然此处的人既可以是自然人，也可以是法人和其他组织，即法律主体意义上的人。所以，如果仅仅从字面上看，机构投资者就是指把资金投入企业的组织。这一定义对机构投资者所投资资金的来源没有规定，既可以是机构投资者自有的资金，也可以是机构投资者从公众手中募集的资金。这也是广义上的机构投资者，即用自有资金或者从分散的公众手中筹集的资金专门进行有价证券投资活动的机构。但是，在机构投资者参与公司治理语境下的机构投资者并没有这么广泛，而是有其特定的含义和指代。

在机构投资者参与公司治理语境下，机构投资者一般代表小投资者的利益，将小投资者的储蓄集中在一起管理，为了特定目标，在可接受的风险范围和规定的时间内，追求投资收益的最大化。[1] 在西方市场经济较为发达的国家，机构投资者主要是相对于个人投资者而言的，是指那些以其所能利用的各种资金在资本市场上进行各类股票和其他有价证券投资的金融中介机构[2]，以有价证券收益为其主要收入来源的证券公司、投资公司、

---

[1] ［英］E.菲利普·戴维斯、贝恩·斯泰尔：《机构投资者》，唐巧琪、周为群译，中国人民大学出版社2005年版，第11页。
[2] 罗士喜、曹付：《机构投资者和资本市场的发展》，《北京大学学报（社会科学版）》1994年第4期。

保险公司、各种福利基金、养老基金及金融财团等，一般称为机构投资者。其中最典型的机构者是专门从事有价证券投资的共同基金。如《企鹅经济学词典》将机构投资者定义为"是相对于个人投资者而言的，运用来源于证券收益、存款或其他方式获得的资金进行投资的组织机构，例如保险公司、投资信托公司、单位信托基金、养老基金、信托公司"①；《新帕尔格雷夫货币与金融词典》将机构投资者描述为"就是许多西方国家管理长期储蓄的专业化的金融机构。这些机构尤其管理着养老基金、投资基金或单位信托基金，其基金的管理和运用都由专业人员完成。因为要负责确保基金受益人获得满意回报……机构投资者的一个至关重要的标准就是进行组合投资和积极管理"②。美国学者马格丽特·M.布莱尔直言机构投资者包括银行和储蓄机构、保险公司、共同基金、投资公司、私人信托机构和捐赠的基金组织。③ 芒珂（Monk）和米诺（Minow）也认为机构投资者主要是指养老基金、保险公司、投资公司、单位信托、捐赠基金和其他各类基金会等。④ 布朗卡托认为机构投资者"对应或有别于个人投资者，总体上基于这样的事实存在，即资金由职业化人员或机构管理，广泛投资于不同领域。管理的资金种类主要包括私人养老金、国家和地方退休金、共同基金、封闭性的投资信托基金、人寿保险公司、财产和意外伤害保险公司、银行管理的非养老基金和慈善研究或捐赠基金"。⑤ 总之，尽管上述对机构投资者的界定并非完全一致，但发达市场经济国家对机构投资者的界定仅限于金融性机构，主要包括银行和非银行金融机构两类，把非金融性机构（如普通企业法人）排除在外，机构投资者与个人投资者一样参与证券买卖，只不过相对于个人投资者而言其规模更大、管理更先进、由于分散组合投资而规避风险的能力更强。

---

① Graham Bannock, R. E. Baxter and Evan Davis, *The Penguin Dictionary of Economics*, Fifth Edition, Foreign Languages Ppess, 1992. p. 216.

② [美]彼得·纽曼、[美]默里·米尔盖特、[英]约翰·伊特韦尔编：《新帕尔格雷夫货币与金融词典》第二卷，经济科学出版社2000年版，第414～416页。

③ [美]马格丽特·M.布莱尔：《所有权控制：面向21世纪的公司治理探索》，张荣刚译，中国社会科学出版社1999年版，第130页。

④ Monk, R. Minow, N., *Corporate Governance*, Black Publisher, 1995, p120.

⑤ Carolyn Brancato, *The pivotal role of institutional in capital market*, institutional investor 1991, edited by Amold W. Samets institutional investing New York University.

在我国,"机构投资者"这一概念并没有在法律上得到明确的界定,只是以"合格境外机构投资者"和"合格境内机构投资者"的名义出现在相关的法律文件中。如《合格境外机构投资者境内证券投资管理办法》第二条明确规定:"本办法所称合格境外机构投资者,是指经中国证券监督管理委员会批准投资于中国证券市场,并取得国家外汇管理局额度批准的中国境外基金管理机构、保险公司、证券公司以及其他资产管理机构。"《合格境内机构投资者境外证券投资管理试行办法》第二条明确规定:"本办法所称合格境内机构投资者,是指符合本办法规定的条件,经中国证券监督管理委员会批准在中华人民共和国境内募集资金,运用所募集的部分或者全部资金以资产组合方式进行境外证券投资管理的境内基金管理公司和证券公司等证券经营机构。"

尽管现实中存在对机构投资者的不同认识,但至少在以下两个方面的认识应当具有一致性,即机构投资者具有组织性和金融性。机构投资者应当是一定的组织,而不是作为自然人的个人。虽然这种组织在绝大多数情况下都具有法人资格,但也不能否认在某些情况下非法人组织作为机构投资者的可能性。这些组织和个人一样从事证券等金融产品的买卖,但他比个人投资者的规模更大、管理更专业、规避风险的能力更强。故此,笔者认为,机构投资者就是由专业投资人员管理,以其所能利用的自有资金或通过证券等金融工具所筹集的资金在金融市场上进行各类证券投资的非个人化的金融机构。

从国内外的机构投资者参与公司治理的实践看,机构投资者自身的发展壮大及其积极主义的兴起,为机构投资者参与公司治理奠定了现实基础。

第一节 国外机构投资者的发展及其积极主义的兴起

由于机构投资者参与公司治理在美国起步较早,其机构投资者的发展壮大以及机构投资者积极主义的兴起明显地影响了机构投资者对公司治理的参与,所以,这一节中,笔者主要考察美国机构投资者的发展情况及其积极主义的兴起,从而揭示出国外机构投资者参与公司治理的现实基础。

一、美国机构投资者的发展壮大

早在第二次世界大战之前,美国的机构投资者就已经涉足股票市场,但由于当时机构投资者的经济实力、政治环境等方面的制约因素,机构投资者的持股比例还相当低。如美国各类机构投资者在1900年的持股总量仅占当时美国股票市场总量的6.7%,到1912年,这一比例上升至8.1%,而到1929年,这一比例也只有9.6%。[①] 第二次世界大战结束以后,以商业银行、保险公司、退休基金、共同基金为主的机构投资者以广泛的业务范围、灵活的经营方式以及各种新型的金融工具聚集了大量的社会闲散资金,逐渐崛起为美国乃至世界资本市场上的重要力量。与此同时,私人家族的持股比例逐渐下降。从1929年到1976年,约有二分之一以上的公司的私人家族的持股比例下降了75%以上,约有五分之四的公司的私人家族的持股比例下降比例超过50%,如福特家族在1929年时拥有福特汽车公司100%的股份,到1976年持股比例降至40.3%,梅隆家族在1929年时持有海湾公司80%的股份,到1976年仅为7.6%,洛克菲勒家族在1929年时持有美孚石油公司14.5%的股份,到1976年仅为0.9%,杜邦家族在1929年时持有通用汽车公司32.6%的股份,到1976年仅剩不足8%。[②]

在养老基金方面,美国政府在第二次世界大战期间实施了工资冻结政策,一方面限制了雇主利用高工资来吸引并留住优秀员工的能力以缓解劳动力的紧张,另一方面也允许雇主在不违背工资政策的前提下通过向雇员许诺各种福利待遇来稳定劳工队伍。同时,美国政府还实施了战时税收政策,规定政府对公司的超额利润征收高达90%的税收,但雇主为雇员支付的养老金缴款和工人自己缴纳的养老金缴款则按照1942年的税法加以扣除,从而实际上导致公司用来建立养老基金的收入全部免税。这样,公司与其将资金作为税款上缴,还不如将其作为养老金累积起来以利于公司人

[①] David M. Kotz, *Bank Control of Large Corporations in the United States*, University of California Press, 1978, p33.

[②] 何自力:《家族资本主义、经理资本主义与机构资本主义——对股份公司所有权与控制权关系演进和变化的分析》,《南开经济研究》2001年第1期。

力资本的培养和发展。所以，从 1942 年到 1944 年间，美国共有 4200 多个私营养老金计划迅速成立，雇主为私营养老金计划的缴款从 1940 年的 18000 万美元增加到 83000 万美元。二战以后，养老基金继续保持良好的发展势头。1948 年由总统任命的事实调查委员会直接指出公司负有为雇员交纳养老年金的社会责任。同时，美国最高法院批准的由国家劳工关系委员会颁布的法令规定每一个雇主都有义务就雇员养老金计划问题同雇员进行协商，而朝鲜战争的爆发及战时工资税收政策等再一次极大地促进了养老基金的发展。

随着养老基金的发展壮大，其投资范围也由最初的、由商业银行信托部和保险公司管理并投于长期政府债券和公司投资等级债券等收入固定的债券，发展到 20 世纪五六十年代由注册投资咨询机构管理并投于能够获取更高收入的股票。其中最早进行这种尝试的是埃克森公司的养老基金，其 1950 年投入股票的资金额占基金总额的 23%，1960 年这一比例达到了 56%，而到 1990 年这一比例已超过了 75%。[①]

除了养老基金以外，保险公司、共同基金以及其他各类基金也都纷纷投资于股票而成为重要的持股者，其中共同基金发展较为迅速。虽然共同基金在第二次世界大战以前就已经存在，但发展缓慢。二战以后，共同基金伴随着美国经济的高速增长而得到飞速的发展。由于共同基金具有风险小、收益高的特点而特别受到投资分析能力较弱的个人投资者欢迎，从而使共同基金吸纳大量的私人资本而飞速成长。据有关资料统计，美国 1974 年投资于共同基金的金额为 640 亿美元，1987 年增加到 7000 亿美元。

保险公司尤其是人寿保险公司也是美国的重要机构投资者之一。二战以后，美国的人寿保险公司获得了较大发展，其数额、资本总额等都有很大的提高。从 1950 年到 1985 年，人寿保险公司的数量从 649 家增加到 2260 家，周期资产总额也由 2342 亿美元增加到 17783 亿美元。[②] 并且，在二战以前，美国人寿保险公司几乎不投资于工业公司的股票，而二战以后，人寿保险公司却用大量的、长期的和稳定的资金投资于公司的股票，

[①] 何自力：《论机构投资者在美国公司治理中的作用》，《南开经济研究》1998 年第 3 期。
[②] 陈鸿清：《共同基金运行实务》，中国发展出版社 1995 年版，第 17 页。

成为工业公司的重要持股者。

从机构投资者的资产总额上来看,从第二次世界大战以后,美国机构投资者的资产总量一直处于上升趋势。据有关统计资料显示,美国机构投资者在1950年时拥有的资产总额为1070亿美元,约占当时美国金融资产总量的8.4%。从1975年到1980年,机构投资者的资产总额年均增长率为13%,从1980年到1985年,机构投资者的资产总额年均增长率上升为15%,这一增长率数字即使在1985年到1990年间也保持在11%。在整个20世纪80年代,美国机构投资者所拥有的资产总额迅速膨胀。1981年,机构投资者管理的资产总额为2099.4亿美元,1987年则剧增到4605.9亿美元,到1988年年底这一数字又进一步增长到5220亿美元。到1993年,美国的养老基金、共同基金和保险公司所管理的资产总额高达8万亿美元,而此时全球股票市场的市值总额仅为14.1万亿美元,美国的GDP也仅有7万亿美元。1997年,美国机构投资者的资产总额与美国GDP的比值为138%。其中,300家大型的机构投资者的资产总额与美国GDP的比值从1975年的30%上升到1993年的110%,其资产总额相应地由5350亿美元增长到72000亿美元,增长12.46倍。[①] 养老基金的资产总额在所有各类机构投资者中所占的比例最大,且增长速度也较快,从1981年到1988年,其年均增长率为14.1%,高于其他各类机构投资者资产总额的平均年增长率13.9%。此外,在各类机构投资者中,保险公司的资产总额仅次于养老基金,但其增长速度却比养老基金快,从1987年到1988年,保险公司资产总额增长率为24.5%,超过了同期其他各类机构投资者资产总额的增长率。[②] 在各类机构投资者中,养老基金的资产总额最大,其次为保险公司,接下来就是共同基金和商业银行的信托部。养老基金在1988年的资产总额是22396亿美元,占机构投资者资产总额的42.9%,同年,保险公司的资产总额占机构投资者资产总额的24%,而共同基金的资产总额占全部机构投资者的资产总额的比例在1981年时为11.8%,1987年为17.2%,1988

[①] 田丰:《美国机构投资者行为方式转变及其影响》,中国社会科学院研究生院硕士学位论文,2002年,第10页。

[②] [美] 阿尔诺德·W. 萨麦兹:《机构投资》,纽约大学出版社1991年英文版,第14页;何自力:《论机构投资者在美国公司治理中的作用》,《南开经济研究》1998年第3期。

年为15.6%。①

随着机构投资者资产总额的增长，其所持股票品种及持股比例也逐渐增加。尤其是第二次世界大战以后，美国机构投资者的持股比重得到持续的增长。在二战以前，尽管机构投资者已经涉足投资股票，但其持股非常低。美国机构投资者的持股比例在1900年时仅为6.7%，到1945年时也只有16.5%。1950年，养老基金、共同基金和保险公司所持股份仅占美国股票的6.3%。到了1958年，机构投资者持股比例增长到22.7%，随后一路飙升，到1974年时，机构投资者的持股比例已经达到33.3%。到1980年，机构投资者的持股比例升至36%左右。在20世纪整个80年代，美国机构投资者的持股比例继续稳步增长。到1990年，机构投资者所持有的股份占美国股票交易市场总额的53.3%，从而使机构投资者成为美国股票市场的主体。到了1997年年底，机构投资者的持股比例已经上升至55%，美国公司股票总数的一半以上掌握在机构投资者手中。② 到2006年年底，美国公共和私人养老基金的持股比例合计高达28%，共同基金的持股比例高达27%，机构投资者在最大的100家公众公司中的持股比例合计高达76.9%。时至2008年，美国机构投资者在美国证券市场上的持股比例已经从1950年的8%增长到近67%。③

伴随着美国机构投资者总体实力的增强，不仅使其在美国证券市场中的持股比例大幅增长，而且其持股集中度也不断提高。到20世纪60年代末期，机构投资者在绝大多数公司中的持股比例仅在10%以下，如到1969年，在美国125家资本额在5亿美元以上的大公司中，机构投资者所持股票占10%以上的只有9家；机构投资者持股比例为5%～10%的公司有47家，占全部公司的37.6%；机构投资者持股比例为2.5%～5%的公司有53家，占全部公司的42.4%。进入20世纪70年代，美国机构投资者的股票投资规模大幅扩大。到1974年，在美国最大的200家非金融公司中，有

---

① [美]阿尔诺德·W. 萨麦兹:《机构投资》，纽约大学出版社1991年英文版，第16页；转引自何自力:《论机构投资者在美国公司治理中的作用》，《南开经济研究》1998年第3期。

② 田丰:《美国机构投资者行为方式转变及其影响》，中国社会科学院研究生院硕士学位论文，2002年，第10页。

③ Carolyn Kay Brancato, Stephan Rabimov, *The 2008 Institutional Investment Report*: Trends in Institutional Investor Assets and Equity Ownership of U. S. Corporations, 2008, p. 6.

35家公司（占公司总数的17.5%）的30%以上的投票股由商业银行信托部、保险公司、共同基金等机构投资者所持有，另外有64家公司（占公司总数的32%）的20%～30%的股票同样被上述机构投资者们持有，还有55家公司（占公司总数的27.5%）的10%～20%的股票也被上述机构投资者们持有。这样，机构投资者就持有美国最大200家公司中的77%的公司的10%以上的股票。到了20世纪80年代，机构投资者的投资能力进一步提高，大公司成为机构投资者的主要投资对象，从而导致大公司的股票在更大程度上进一步向机构投资者手中集中。据有关资料显示，从1987年到1989年，在美国最大50家、最大100家、最大250家和最大1000家这四个公司群中，机构投资者的持股比例（集中度）都超过了50%。[1] 到1997年，标准普尔500家公司的75%的股票集中在机构投资者手中，而该比例数字在1980年仅为46%。[2]

不仅如此，就个别公司而言，其股票也逐渐集中于机构投资者手中。机构投资者在个别公司中的持股比例达到惊人的高度。如在1989年，机构投资者持有菲利普·莫利斯公司65%的股票，持有埃利·丽莉公司69%的股票，持有数据设备公司71%的股票，持有波音公司58%的股票，持有首都城市公司88%的股票，持有通用汽车公司43%的股票，持有福特汽车公司54%的股票，持有国际商用机器公司49%的股票，持有通用电气公司51%的股票。[3] 总资产超过100亿美元的前卫/温德萨基金在1994年仅投资于67家公司，因而对单个企业的投资额都相当大，如投入花旗公司6.99亿美元，投入美国铝业公司5.58亿美元，投入银行家信托公司5.1亿美元。从1990年到1994年间，在财富500强企业中，机构投资者持股比例平均超过56.2%的就有221家。

总之，无论是从机构投资者的经济实力上看，还是从机构投资者在证券市场上的总体持股比例及其在个别企业中的持股比例看，机构投资者在

---

[1] 何自力：《论机构投资者在美国公司治理中的作用》，《南开经济研究》1998年第3期。
[2] 田丰：《美国机构投资者行为方式转变及其影响》，中国社会科学院研究生院硕士学位论文，2002年，第10页。
[3] [美]阿尔诺德·W.萨麦兹：《机构投资》，纽约大学出版社1991年英文版，第22页；转引自何自力：《论机构投资者在美国公司治理中的作用》，《南开经济研究》1998年第3期。

美国都在不断地发展壮大，尤其是在 20 世纪 80 年代以后。正如有学者在 20 世纪 90 年代所指出的那样，"成千上万的无名股东共同拥有公众公司的局面已经不存在了，取代若干小股的是数量有限且相互熟悉的大股东"[①]。机构投资者的发展壮大在一定程度上促使了美国机构投资者积极主义的兴起。

二、美国机构投资者积极主义的兴起

机构投资者持股量的增加，致使股票市场上"用脚投票"的"华尔街行走"规则对其失去效力和作用，从而使机构投资者采取"用手投票"，积极行使其股东权利。

由于机构投资者的持股数量很大，并且股票市场的容量是有限的，所以机构投资者所持有的大量股票的流动性受到极大的限制。机构投资者一般很难在较短的时间内把自己持有的某家公司的股票全部抛售出去。如果机构投资者对其投资的某一公司的经营不满意而抛售其股票，则必然会导致该家公司股票的价格大跌，从而使机构投资者自己不可避免地遭受巨大损失。在这种情况下，机构投资者既出售股票又避免大量损失的出路只有一条，即寻找其他的机构投资者购买自己的股票，但其他机构投资者也并非傻瓜，其在购买股票的时候也会对目标公司进行一番考察和调研，并要考虑到作为买方的机构投资者为何要出售手中的大量股票，所以，不满意的机构投资者很难找到其他机构投资者接受自己的大量股票。即使不满意的机构投资者能够把自己的手中的股票抛售出去，但他还会寻找其他的投资，当新投资的目标公司也出现经营困难时，机构投资者也会再次陷入困境。其实，对于拥有上百亿或者更多资金的机构投资者而言，其能够更换投资的市场选择是非常受限制的，因为他们已经投资于很多的公司，如在 1991 年的美国，忠诚基金同时投资了 2300 多家公司，Aetan 同时投资了 2400 多家公司，加利福尼亚教师退休基金同时投资了 3500 多家公司，他们能够选择投资于其他公司的机会不多。所以，在现实中，当机构投资者

[①] Bernard S. Black, *Shareholder Passively Reexamined*, Michigan Law Review, 1990, p. 574.

得知目标公司的利差消息或者对某个公司的经理层不满意时,他们一般无法逃跑,无法将其投资进行有效的分散或及时的抽回,无法"用脚投票"。摆在他们面前的道路只有两条:要么消极地等待公司经营状况的好转;要么积极地参与公司的治理,改变公司的经营管理策略。第二条道路对机构投资者是有利的。

由于机构投资者的持股数量很大,故其积极参与公司的成本相对较低,能够产生规模经济的效果。换言之,如果积极参与公司治理的总成本既定,那么,持有公司的股份越大、股票数量越多,则平均到每股上的公司治理成本就越少,相应的投资者从公司治理中获取收益的机会就越大。例如,CalPERS(加州公共雇员退休基金)平均每年花在股东积极行动上的金额大约是50万美元,仅占其所拥有的全部国内股票价值的0.002%。而 CalPERS 投入公司的总资金是 4.22 亿美元,如果其积极行动能够使所投公司的股票价格提高 0.5%,其所获收益也将多达 200 万美元。据资料统计,CalPERS 在 1988 年到 1994 年间花在股东积极行动上的资金总额是 350 万美元,但由此引起的股票价格上涨所带来的收益将近 1900 万美元,使其积极参与公司治理的总收益远远大于总成本。[1]

如果说美国机构投资者积极主义在 20 世纪 80 年代末还只是表现在积极参与代理权和股东提案权的行使,那么发生在 1992 年到 1993 年间以通用汽车公司为代表的六家大公司的著名总裁被解雇的事件毫无疑问标志着美国机构投资者积极参与公司治理逐步向纵深方向发展。[2]

在美国,作为全国最大的公共养老基金和第二养老基金的 CalPERS 是股东积极主义的强烈倡导者和践行者。在 20 世纪 80 年代,美国股票市场上存在的大量的垃圾债券刺激了公司控制权市场的活跃。公司被接管的威胁尽管在一定程度上给公司的经理人员产生一定压力和约束,但成效并不显著,因为接管的社会成本较高,且经理人员受到"金色降落伞"(Golden Parachute)的保护,使接管者的收购成本更高。1984 年,Texaco

---

[1] Smith M., *Shareholder Activism by Institutional Investors: Evidence from CalPERS*, Journal of Finance, Vol. 51, 1996, p. 235.

[2] 梁能主编:《公司治理结构:中国的实践与美国的经验》,中国人民大学出版社 2000 年版,第 8 页。

第一章 机构投资者参与公司治理的现实基础

公司的管理层为了保住自己的管理人地位以支付 1.37 亿美元溢价款为代价向 Bass Brothers 公司回购了将近 10% 的公司股票，从而触怒了作为公司大股东之一的 CalPERS。于是，CalPERS 发起了股东权利运动，并于 1985 年成立了 CII（机构投资者委员会），以追求股东的各种权利。这既是美国机构投资者积极主义的开始，也是美国股东积极主义的开始。在成立之初，CII 的全部会员只有 20 个，到 1998 年时，其会员总数已经超过 100 个。1998 年，CII 的成员针对 100 家公司提出了 120 项议案，其中 80% 的议案是有关公司治理的，除了主要集中解决经理人员的薪酬、犹豫不决的董事会、董事的独立性以及毒丸计划等问题，还涉及董事会务费的取消、经理人员股票期权价格的确定等问题。其中 CalPERS 的表现最为活跃，它还于 1989 年建议美国证券交易委员会对投票代理权制度加以修改，取消了"10 个以上股东作为一个整体讨论公司业务必须向其他股东通报"的规定，并于 1992 年获得通过。[①]

进入 21 世纪以后，机构投资者积极主义已经蔓延到世界各地，大量 CEO 的被迫离任就是其中最为典型的一个标志。据学者的有关统计，2004 年全球 CEO 的强制离任率比 1995 年增加了 3 倍，并直呼"商界从此进入了一个临时 CEO 的时代"。[②] 2004 年，全球最大的 2500 家公司的 CEO 中有 14% 的人被迫离任，广泛分布于北美、欧洲和亚洲，其中将近 1/3 的 CEO 约 111 人因为经营业绩不佳或与董事会意见不合而被迫离任。股东们越来越无法容忍低于预期水平的投资回报率以及虚报利润和财务上的欺骗等，致使因业绩不佳而强制 CEO 离任的趋势在全球范围内日益扩展，其中欧洲有 42% 的 CEO 离任事件都与业绩有关，在美国仅有 31% 的 CEO 离任与业绩相关。从全球范围讲，业绩不佳的 CEO 平均在位时间为 4.5 年是比较合理的，而欧洲被解雇的 CEO 的平均在位时间仅为 2.5 年。此外，在 2005 年，人们耳熟能详的全球性大公司如惠普、迪士尼、波音、AIG 等的 CEO 也纷纷被迫离任。

[①] 刘胜军：《股东行动主义与公司治理》，《证券市场导报》1999 年 8 月号，第 21～23 页。
[②] 恰克·卢西尔（Chuck Lucier）、罗伯·斯奎特（Rob Schuyt）、谢祖墀（Edward Tse）：《股东行动主义在蔓延——全球 CEO 离任问题调查报告》，《中国企业家》2005 年第 12 期。

第二节　我国机构投资者及其积极主义的发展

机构投资者在国外的发展并积极参与公司治理给我国也带来了一定的影响。从20世纪90年代开始，我国的机构投资者也逐步发展起来并表现出积极参与公司治理的态势。

一、我国机构投资者的发展状况

从20世纪90年代开始，在我国上海证券交易所和深圳证券交易所开户从事证券交易的机构投资者数量增长较快。如在上海证券交易所A股市场中，机构投资者的新开户数量和开户总数量分别是0.6万户和2万户，而到了2001年，这两项数量分别增加至3.75万户和15.87万户，分别为1994年的6倍和8倍。机构投资者的开户总数占所有投资者开户总数的比值在1994年为0.35%，到2001年这一比值上升到0.48%。1994年机构投资者的新开户数占当年新开户总数的0.4%，而到了2001年这一比例升至0.98%。从1994年到2001年，机构投资者在上海证券交易所开户的具体情况如下：[1]

年份	开户总数 总数（万户）	开户总数 机构投资者（万户）	开户总数 所占比例（%）	新开户数 总数（万户）	新开户数 机构投资者（万户）	新开户数 所占比例（%）
1994	573	2	0.35	150.51	0.6	0.4
1995	682.5	2.5	0.37	109.5	0.5	0.46
1996	1203.3	3.3	0.27	520.8	0.8	0.15
1997	1706.77	4.95	0.27	500.84	2.02	0.4
1998	1991.61	5.56	0.28	284.83	0.97	0.34

---

[1] 参见王秀华：《机构投资者持股的公司治理效应研究——基于股权制衡视角》，企业管理出版社2011年版，第52~53页。

续表

年份	开户总数			新开户数		
	总数（万户）	机构投资者（万户）	所占比例（％）	总数（万户）	机构投资者（万户）	所占比例（％）
1999	2272.23	7.56	0.33	280.62	2	0.71
2000	2493.32	12.21	0.41	671.08	4.65	0.68
2001	3326.93	15.87	0.48	383.62	3.75	0.98

1991年在深圳证券交易所开户从事A股交易的机构投资者只有600户，占开户总数的0.23％，而到了2002年，这一数字分别增加到167500户和0.51％。而机构投资者在1991年的新开户数也是600户，占当年新开户总数的0.24％，到了2002年，这一数字分别增加到12800户和1.36％。从1991年到2002年，机构投资者在深圳证券交易所A股交易市场开户的具体情况如下：①

年份	开户总数			新开户数		
	总数（万户）	机构投资者（万户）	所占比例（％）	总数（万户）	机构投资者（万户）	所占比例（％）
1991	25.69	0.06	0.23	24.46	0.06	0.24
1992	105.05	0.14	0.13	79.35	0.08	0.1
1993	353.28	1.05	0.3	248.23	0.91	0.37
1994	483	2.27	0.47	129.72	1.22	0.94
1995	555.04	3.14	0.57	72.05	0.87	1.21
1996	1089.58	4.27	0.39	534.54	1.14	0.21
1997	1609.78	7.9	0.49	518.78	3.62	0.7
1998	1901.09	8.62	0.45	291.31	0.27	0.25
1999	2189.52	10.72	0.49	288.43	2.09	0.72
2000	2493.32	12.21	0.41	671.08	4.56	0.68
2001	3165.22	15.46	0.49	640.87	3.2	0.5
2002	3259.32	16.75	0.51	93.8	1.28	1.36

---

① 参见王秀华：《机构投资者持股的公司治理效应研究——基于股权制衡视角》，企业管理出版社2011年版，第54～55页。

与国外机构投资者的发展状况相比,我国机构投资者虽然已经有了一定的发展,但还是比较稚嫩的。纵观我国机构投资者 20 多年的发展历程,我们可以将其大致分为三个阶段。

第一个阶段是 1998 年之前,这是我国机构投资者发展的初创阶段。1987 年成立的深圳经济特区证券公司是国内第一个机构投资者,标志着我国机构投资者开始起步。在我国成立的第一家证券投资基金是法国汇理银行于 1990 年 11 月在上海成立的"上海基金",而完全由国内资本设立的第一家基金是 1992 年的中国农村发展信托投资公司私募淄博基金。截至 1998 年年初,我国共设立各类投资基金 78 只,募集资金总规模为 76 亿元人民币,在上海证券交易所和深圳证券交易所挂牌交易的基金共 27 只,而专业性基金管理公司更是少之又少,总共不到 10 家。这些基金规模小、实力薄弱、投资保守,偏重于实业投资,证券投资比例小,所以,从严格意义上讲,这些基金还不是真正的证券投资基金。这一时期又被称为"老基金"时期。从 1994 年到 1997 年,由于基金的设立和运行等方面不规范而问题重重,导致政府对基金的发展采取了严格的控制措施,进而没有新的基金设立。证券公司是这一时期机构投资者的代表,但由于缺乏规制而致使其在投资运作、投资方向、资金管理、风险控制等诸多方面都不具备现代机构投资者的特征。

第二个阶段是从 1998 年到 2000 年,这是我国机构投资者发展的调整阶段。《证券投资基金管理暂行办法》于 1997 年 11 月 14 日正式颁布实施的同时,中国证监会也代替了中国人民银行作为基金管理的主管机关,从而使我国的证券投资基金的发展进入了规范化阶段。从 1998 年 3 月起,有多家规模远远超过 90 年代初期的大型基金如开元证券投资基金、金泰证券投资基金等陆续上市。尤其是我国第一家封闭式基金也于 1998 年 3 月成立并开始运行,从而标志着专业化机构投资者在我国的出现。1999 年,我国允许"三类企业"和保险公司的资金进入股市,使我国的机构投资者格局获得了较大的改变。证监会于 1999 年制定并颁布的《关于进一步完善股票发行方式的通知》和《关于法人配售股票有关问题的通知》明确允许国有企业、国有控股企业和上市公司这三类企业可以进入二级股票市场进行投资,并提出战略投资者的概念。中国人民银行于 2000 年制定并实施的《企业集团财务公司管理办法》修改了 1996 年制定的《企业集团财务公司管理暂行办法》的部分内容，允许企业集团财务公司从事有价证券业务的经营，从而使企业集团财务公司的机构投资者地位得以确立。

　　第三个阶段是 2000 年以后，这一阶段是我国机构投资者多元化快速发展时期。2001 年 9 月，发行总额为 50 亿份基金单位的我国第一只开放式基金"华安创新"正式成立并发行，使我国基金产品及其投资风格更加多样化。为了适应我国加入 WTO 以后国际资本市场的激烈竞争，证监会于 2002 年 6 月颁布实施的《外资参股证券公司设立规则》和《外资参股基金管理公司设立规则》促进了我国证券公司和基金管理公司的国际化发展，而 2002 年 11 月由中国人民银行和证监会联合发布的《合格境外机构投资者境内证券投资管理暂行办法》允许合格境外机构投资者（Qualified Foreign Institutional Investors，简称 QFII）在满足一定条件的前提下可以投资于我国的股市，从而将 QFII 引入我国的资本市场，成为我国的机构投资者类型之一。2003 年 5 月，QFII 正式进入我国的 A 股市场进行证券投资，截至 2013 年 6 月 26 日，总计有 207 家 QFII 获批进入我国的资本市场并成为我国的机构投资者，累计批准投资额度达到 434.63 亿美元。[①] 2003 年 10 月颁布的《中华人民共和国证券投资基金法》确立了证券投资基金在我国证券市场中的法律地位，推动了我国证券投资基金的进一步发展。我国基金在经历了 2005 年前的熊市、2006～2007 年的牛市（基金资产规模年增长率分别为 81.72% 和 282.52%）和 2008 年的暴跌（基金资产规模增长率为 -40.82%）之后持续发展。截至 2011 年 9 月 30 日，我国共有 67 家基金管理公司，共管理基金 867 只，基金份额规模高达 24506.83 亿份，基金资产金额总计高达 21310.03 亿元人民币。[②] 经国务院批准，由中国保

[①] 《合格境外机构投资者（QFII）投资额度审批情况表》，http://www.safe.gov.cn/resources/image/5de310804dc4fdaea779a7a46e1b18c9/1372591823413.pdf?MOD=AJPERES&name=%E5%90%88%E6%A0%BC%E5%A2%83%E5%A4%96%E6%9C%BA%E6%9E%84%E6%8A%95%E8%B5%84%E8%80%85%EF%BC%88QFII%EF%BC%89%E6%8A%95%E8%B5%84%E9%A2%9D%E5%BA%A6%E5%AE%A1%E6%89%B9%E6%83%85%E5%86%B5%E8%A1%A8%EF%BC%88%E6%88%AA%E8%87%B32013%E5%B9%B4%E6%9C%8826%E6%97%A5%EF%BC%89.pdf，国家外汇管理局网站，2013 年 7 月最后浏览。

[②] 银河证券基金研究中心：《2011 年中国证券投资基金行业发展报告》，第十届中国证券投资基金国际论坛会议论文，2012 年 12 月。

监会和证监会于 2004 年 10 月联合发布并实施的《保险机构投资者股票投资管理暂行办法》以及保监会于 2005 年发布的《关于保险机构投资者股票投资交易有关问题的通知》首次批准保险资金直接进入股票市场进行投资，但保险机构投资者持有一家上市公司的股票不得达到该上市公司人民币普通股票的 30%[①]，并且保险机构投资者的所有传统保险产品和分红保险产品，申报的金额不得超过该保险机构投资者上年年末总资产的 10%，申报的股票数量不得超过发行股票公司本次股票发售的总量。[②] 到 2006 年年底，我国间接入市的保险资金总额为 864 亿元，直接入市的保险资金总额为 764 亿元，同比增长 466%。[③] 截至 2013 年 5 月，保险公司投资于股票和证券投资基金的金额总计为 8664.64 亿元人民币，占其投资比例的 12.22%。[④] 由财政部与原劳动和社会保障部于 2001 年 2 月联合发布的《全国社会保障基金投资管理暂行办法》首次允许全国社会保障基金投资于证券市场，但投资于股票和证券投资基金的资金不得超过其净资产总额的 40%。截至 2012 年年底，全国社保基金总额已经超过 1 万亿，达到 11060.37 亿元，其投资范围也进一步扩大，其中境内投资涉及银行存款、债券、信托投资、股票、股权投资和股权投资基金等；境外投资涉及银行存款、银行票据、债券、股票、用于风险管理的掉期和远期金融衍生工具等。[⑤] 2004 年发布的《企业年金基金管理试行办法》也允许企业年金基金投资于证券市场，但投资股票的资金额度不得超过其净资金的 20%。从 2007 年到 2012 年，企业年金累积基金不断增长，逐年上升，仅 2012 年，我国的企业年金累积基金就高达 4821.04 亿元。[⑥]

目前，在我国的资本市场上进行证券投资的机构投资者已经初步形成了多元化的格局，其中证券投资基金是主体，证券公司、信托公司、保险

[①]《保险机构投资者股票投资管理暂行办法》第十三条第一款。
[②]《关于保险机构投资者股票投资交易有关问题的通知》第四条第一款。
[③] 尚福林：《坚定不移壮大机构投资者队伍》，新华社网站，http://news.xinhuanet.com/fortune/2006-12/05/content_5436876.htm，2013 年 7 月浏览。
[④] 中国保险监督管理委员会网站，http://www.circ.gov.cn/web/site0/tab61/i247734.htm，2013 年 7 月浏览。
[⑤] 中华人民共和国人力资源和社会保障部网站，http://www.mohrss.gov.cn/SYrlzyhshbzb/dongtaixinwen/shizhengyaowen/201306/t20130628_106224.htm，2013 年 7 月浏览。
[⑥]《2012 年度全国企业年金基金业务数据摘要》，第 14 页。

公司、合格境外机构投资者、社保基金、企业年金等其他机构投资者共同参与。机构投资者在我国证券市场中的地位越来越重要，其持股比例也不断增加，截至 2010 年年底，我国各类机构投资者的持股市值占流通股总市值的 70.9%。[①] 但各类机构投资者的发展情况也不尽一致。

  1. 证券公司。根据我国《证券法》的有关规定，证券公司介入证券市场必须遵循一定的规则，如：①业务风险隔离规则，即证券公司应当建立健全内部控制制度，采取有效隔离措施，防范公司与客户之间以及不同客户之间的利益冲突。证券公司必须将其证券经纪业务、证券承销业务、证券自营业务和证券资产业务分开办理，不得混合操作。②证券自营规则，即证券公司自营业务必须以自己的名义进行，不得假借他人名义或者以个人名义进行。证券公司的自营业务必须使用自有资金和依法筹集的资金。证券公司不得将其自营账户借给他人使用。③客户资金管理规则，即证券公司客户的交易结算资金应当存放在商业银行，以每个客户的名义单独立户管理。证券公司不得将客户的交易结算资金和证券归入其自有财产。禁止任何单位或个人以任何形式挪用客户的交易结算资金和证券。证券公司破产或者清算时，客户的交易结算资金和证券不属于其破产财产或者清算财产。非因客户本身的债务或者法律规定的其他情形，不得查封、冻结、扣划或者强制执行客户的交易结算资金和证券。④委托书的设置与保管规则，即证券公司办理经纪业务时应当置备统一制定的证券买卖委托书，供委托人使用。采取其他委托方式的必须作出委托记录。客户的证券买卖，不论是否成交，其委托记录应当按照规定的期限，保存于证券公司。证券公司接受证券买卖的委托，应当根据委托书载明的证券名称、买卖数量、出价方式、价格幅度等，按照交易规则代理买卖证券，如实进行交易记录；买卖成交后，证券公司应当按照规定制作买卖成交报告单交付客户。证券交易中确认交易行为及其交易结果的对账单必须真实，并由交易经办人员以外的审核人员逐笔审核，保证账面证券余额与实际持有的证券相一致。⑤禁止接受客户的全权委托，即证券公司办理经纪业务时不得接受客户的全权委托而决定证券买卖、选择证券种类、决定买卖数量或者买卖价

---

  ① 和讯网，http://stork.hexun.com/2011-01-14/126803929.html，2013 年 7 月浏览。

格。⑥禁止对客户作出收益或赔偿的承诺,即证券公司不得以任何方式对客户证券买卖的收益或者赔偿证券买卖的损失作出承诺。⑦禁止私下接受客户委托,即证券公司及其从业人员不得未经过其依法设立的经营场所私下接受客户委托买卖证券。等等。

  从作为我国第一家专业化证券公司的深圳特区证券公司开始,我国证券公司的发展至今不足 30 年的历史。尽管如此,我国证券公司的发展在政府的大力支持下获得了较快的发展。截至 2000 年年底,我国只有 101 家证券公司,净资本额为 236.4 亿元。据 2002 年有关的财务资料显示,证券公司之间差距较大,18 家综合类证券公司中净资产最多为 89.6 亿元,最低为 6.9 亿元;利润额最多为 1.66 亿元,最低为 -4.31 亿元;主承销额最大为 49.5 亿元,最小为 0;营业部最多为 167 家,最少为 22 家。① 截至 2012 年年末,尽管全国仅共有 114 家证券公司,比 2011 年增加 5 家,但总资产为 1.7 万亿元,增长 9.6%;净资本额为 4971 亿元,增长 7.3%。全年实现营业收入和净利润分别为 1294.7 亿元和 329.3 亿元,比上年分别下降 4.8% 和 16.4%。全年共有 99 家公司实现盈利,占证券公司总数的 86.8%,比上年提高 3.8 个百分点。②

  2. 证券投资基金。随着我国金融市场的改革和发展,证券投资基金于 20 世纪 80 年代末在我国出现,并从 90 年代开始得到较快的发展。在已经被废止的《证券投资基金暂行管理办法》(1997 年)第二条将证券投资基金定义为"是指一种利益共享、风险共担的集合证券投资方式,即通过基金发行单位,集中投资者的资金,由基金托管人托管,由基金管理人管理和运用资金,从事股票、债券等金融工具投资",而我国的《证券投资基金法》(2003 年颁布,2012 年修订)并没有对"证券投资基金"作明确定义,只是在第二条中规定"在中华人民共和国境内,公开或者非公开募集资金设立证券投资基金,由基金管理人管理,基金托管人托管,为基金份额持有人的利益,进行证券投资活动,适用本法"。

  在实践中,一般认为证券投资基金具有以下性质:第一,证券投资基

---

① 庄心一:《关于中国证券公司发展问题的若干思考》,《中国证券业研究》2003 年 4 月号。
② 中国人民银行货币政策分析小组:《2012 年中国区域金融运行报告》,2013 年 6 月 14 日,第 10 页。

金是一种集合投资制度。它是一种积少成多的整体组合投资方式，它从广大的投资者那里聚集巨额资金，进行专业化管理和经营。第二，证券投资基金是一种信托投资方式。它与一般金融信托关系一样，主要有委托人、受托人、受益人三个关系人，其中受托人与委托人之间订有信托契约。但证券投资基金作为金融信托业务的一种形式，又有自己的特点。如从事有价证券投资主要当事人中还有一个不可缺少的托管机构，它不能与受托人（基金管理公司）由同一机构担任，而且基金托管人一般是法人；基金管理人并不对每个投资者的资金都分别加以运用，而是将其集合起来，形成一笔巨额资金再加以运作。第三，证券投资基金是一种金融中介机构。它存在于投资者与投资对象之间，起着把投资者的资金转换成金融资产，通过专门机构在金融市场上再投资，从而使货币资产得到增值的作用。证券投资基金的管理者对投资者所投入的资金负有经营、管理的职责，而且必须按照合同（或契约）的要求确定资金投向，保证投资者的资金安全和收益最大化。第四，证券投资基金是一种证券投资工具。它发行的凭证即基金券（或受益凭证、基金单位、基金股份）与股票、债券一起构成有价证券的三大品种。投资者通过购买基金券完成投资行为，并凭之分享证券投资基金的投资收益，承担证券投资基金的投资风险。

按照不同的标准，证券投资基金可以被分成不同的种类。如按照组织方式的不同，可以分为契约型证券投资基金和公司型证券投资基金。契约型基金又称为单位信托基金，是指把投资者、管理人、托管人三者作为基金的当事人，通过签订基金契约的形式，发行受益凭证而设立的一种基金。契约型基金是基于契约原理而组织起来的代理投资行为，没有基金章程，也没有董事会，而是通过基金契约来规范三方当事人的行为。基金管理人负责基金的管理操作。基金托管人作为基金资产的名义持有人，负责基金资产的保管和处置，对基金管理人的运作实行监督。公司型基金是按照公司法以公司形态组成的，该基金公司以发行股份的方式募集资金，一般投资者则为认购基金而购买该公司的股份，也就成为该公司的股东，凭其持有的股份依法享有投资收益。这种基金要设立董事会，重大事项由董事会讨论决定。

按照运作方式的不同，证券投资基金可以被分为封闭式基金和开放式基金。封闭式基金是指基金的发起人在设立基金时，限定了基金单位的发行总额，筹集到这个总额后，基金即宣告成立，并进行封闭，在一定时期内不再接受新的投资。又称为固定型投资基金。基金单位的流通采取在证券交易所上市的办法，投资者日后买卖基金单位都必须通过证券经纪商在二级市场上进行竞价交易。开放式基金是指基金管理公司在设立基金时，发行基金单位的总份额不固定，可视投资者的需求追加发行。投资者也可根据市场状况和各自的投资决策，或者要求发行机构按现期净资产值扣除手续费后赎回股份或受益凭证，或者再买入股份或受益凭证，增持基金单位份额。为了应付投资者中途抽回资金，实现变现的要求，开放式基金一般都从所筹资金中拨出一定比例，以现金形式保持这部分资产。这虽然会影响基金的盈利水平，但作为开放式基金来说，这是必需的。

此外，根据投资目标的不同，证券投资基金还可以分为成长型基金、收入型基金和平衡型基金；按照投资对象的不同，可以分为债券基金、股票基金、货币市场基金、黄金基金、指数基金、衍生证券基金等。总之，一个国家证券投资基金的发展究竟应当采取什么样的类型，需要根据诸多因素进行判断，其中尤其重要的决定因素有金融市场的发育程度、基金管理人的经营管理水平、投资者的投资意识和能力等。[①]

1991年的武汉证券投资基金是中国大陆出现的第一只基金，随后，中国人民银行又陆续批准设立了一些证券投资基金，但这些都是契约式封闭式基金。据统计，在1997年《证券投资基金暂行管理办法》颁布实施之前，我国共有75只基金和47只基金类证券，其中25只在深沪两市挂牌交易，38只分别在武汉、南京、天津、大连等证券交易中心或柜台交易中心上市，所以，共有63只基金上市流通交易。到2001年，我国共有51家投资基金，其中开放式基金为3家，封闭式基金48家，净资产总额为809.24亿元，占流通股总市值的5.6%。随后，开放式基金快速发展，到2003年年底时，我国已有54家封闭式基金和50家开放式基金。从1998年到2003年年底，我国仅以股票投资为主的基金净值从62.35亿元增长到1411.12亿元，基金所持有的股票市值从34.18亿元增加到1002.49亿元，

---

① 何德旭：《新世纪中国投资基金发展的若干选择》，《国际金融研究》2000年第9期。

占股票市场流通市值的比例从 0.55% 增长到 7.61%。① 截至 2012 年年末，全国共有基金管理公司 77 家，比 2011 年增加 8 家；注册资本 130 亿元，增长 22.2%；证券投资基金 1173 只，比上年增加 258 只，交易所上市证券投资基金成交金额 1137.4 亿元。② 目前，证券投资基金已经是我国最大的机构投资者。

3. 保险公司。保险公司是依照一定的法律、法规的规定，收取投保人支付的一定的保险费，并约定在出现特定的人身状况或者特定的事故发生而导致财产损失时给付保险受益人一定数额之保险金的特殊金融机构。保险公司收取保险费，并由保险费聚集形成保险基金。保险公司可以用保险基金进行运营获取收益，但是，由于保险公司具有保障投保人利益的功能，所以保险基金的运营要兼顾收益性和安全性。人身保险基金更应如此。因此，保险公司一般多投资于国债、存款等稳健而风险较小的金融工具。保险公司也可以进入证券市场，但其在投资比例等方面一般要受到国家的严格限制，股份资产一般仅占保险公司总资产的很小一部分。例如，美国人寿保险公司投资股票的最大限额是保险公司总资产的 20% 或者其盈余储备的 50%，实际上，在 1993 年，美国人寿保险公司仅持有普通股 420.59 亿美元，优先股 101.27 亿美元，持有的股份资产仅占其资产总额 18003.46 亿美元的 2.9%③，到 20 世纪 90 年代中期，保险公司投入普通股的资产比例也只有 14% 左右。④

在我国，1999 年，国务院批准保险公司可以通过在二级市场上买卖已经上市的证券投资基金和在一级市场上配售新上市的证券投资基金的方式间接进入证券市场，从而开启了我国保险公司入市的大门，随即保险资金在当年就入市 20 亿元，但当时入市资金最多只能为保险资金的 5%。2000

---

① 胡立封：《2003 年第 4 季度基金投资组合分析》，银河证券基金研究中心研究报告，2004 年。

② 中国人民银行货币政策分析小组：《2012 年中国区域金融运行报告》，2013 年 6 月 14 日，第 10 页。

③ [美] 弗兰克·J. 法博齐、弗朗哥·莫迪利亚尼：《资本市场：机构与工具》（第二版），唐旭译，经济科学出版社 1998 年版，第 68 页。

④ M. Reo, Legal Restraints on Ownership and Control of Public Companies, Harvard Business School, 1995, p.8.

年，平安保险等四家保险公司的入市资金比例提高到10%，太平洋保险公司的入市资金比例提高到15%。到2000年年底，全国共有32家保险公司，其中4家国有独资公司，9家中外股份制公司，10家中外合资公司，9家外资公司分公司，总资产达3373.9亿元，其中投资于证券投资基金的为134亿元。到2003年10月，我国保险公司投资于证券投资基金的总额为449.43亿元，占保险公司投资总额的11.83%。[①] 截至2013年5月，我国保险公司总资产为76769.67亿元，其中对外投资总额为48928.31亿元。[②]

4. 全国社保基金。社会保障基金是根据国家有关法律、法规和政策的规定，为实施社会保障制度而建立起来的专款专用的资金。社会保障基金一般按照不同的项目分别设立，如社会保险基金、社会救济基金、社会福利基金等。其中社会保险基金是社会保障基金中最重要的组成部分。目前，我国的社会保险基金分为养老保险基金、失业保险基金、医疗保险基金、工伤保险基金和生育保险基金，其中养老保险基金数额最大，在整个社会保障基金中占有重要地位。社会保障基金具有强制性、基本保障性、保障对象的特定性、统筹的互济性和保值增值性等特点。[③] 社会保障基金的来源主要有国家财政拨款、社会保障税、用人单位缴纳的社会保障费用、社会成员个人缴纳的社会保障费用、社会捐助、社会保障基金的增值及其他收入等。社会保障基金的数额巨大，影响面广，其运营的成败直接关系到广大民众的切身利益，也直接关系到社会保障事业的发展。所以，社会保障基金的投资应坚持稳健安全性原则、流动性原则和保值增值原则，投资领域可以涉及不动产、证券、储蓄、借贷等。

由于社会保障基金的资金来源稳定且数额巨大，其资金运营具有长期性和稳定性，所以，在市场经济发达国家中，社会保障基金在国家证券市场占有举足轻重的地位，是一种长期稳健型的机构投资者。例如，在美国，养老基金是最大的机构投资者。养老基金是养老金计划的受托人。按

---

① 参见王秀华：《机构投资者持股的公司治理效应研究——基于股权制衡视角》，企业管理出版社2011年版，第58页。

② 中国保险监督委员会网站，http://www.circ.gov.cn/web/site0/tab40/i247729.htm，2013年7月浏览。

③ 王广彬：《社会保障法》，中国政法大学出版社2009年版，第266~268页。

第一章 机构投资者参与公司治理的现实基础

照信托人性质的不同,养老基金分为公共养老基金和私人养老基金。公共养老基金的信托人是联邦、州或市政府,受益人是政府的雇员,如公务员、教师、警察等。私人养老基金的信托人是企业或工会,既可以由保险公司管理,也可以由银行的信托部门或投资公司管理。美国的私人养老基金受1974年《雇员退休收入保障法》调整,该法对养老金的缴纳、领取以及受托责任作了详细的规定,以最大限度地保障养老基金参与的利益。目前,加州公共雇员退休基金(CalPERS)是美国最大的公共雇员养老基金,也是世界第三大养老基金。

全国社保基金的全称为全国社会保障基金,成立于2000年,由全国社会保障基金理事会负责运营。从2003年开始,全国社保基金开始通过选定的基金管理公司投资于债券和股票市场。全国社保基金坚持"审慎投资、安全至上、控制风险、提高收益"的投资方针,采取由社保基金会直接运作与社保基金会委托投资管理人运作相结合的投资方式,在境内主要投资于银行存款、债券、信托投资、资产证券化产品、股票、证券投资基金、股权投资和股权投资基金等,在境外主要投资于银行存款、银行票据、大额可转让存单等货币市场产品,债券,股票,证券投资基金,以及用于风险管理的掉期、远期等衍生金融工具。截至2011年年底,社保基金会管理的基金资产总额8688.20亿元,其中社保基金会直接投资资产5041.12亿元,占比58.02%;委托投资资产3647.08亿元,占比41.98%。基金权益总额为8385.58亿元,其中全国社保基金权益7727.65亿元,个人账户基金权益657.93亿元。基金自成立以来的累计投资收益额2845.93亿元,年均投资收益率8.40%。2011年,全国社保基金收到境内转持国有股118.58亿元;自2009年6月执行《境内证券市场转持部分国有股充实全国社会保障基金实施办法》以来,累计转持境内国有股1036.22亿元,其中股票813.44亿元,现金222.78亿元。2011年,全国社保基金收到境外转持国有股42.43亿元,自2005年执行境外国有股减持改转持政策以来,累计转持境外国有股542.79亿元。① 截至2011年年底,全国社保基金的

---

① 参见全国社会保障基金会发布的《2011年全国社会保障基金年度报告》。

股票资产占总资产的 32.39%。[1]

5. 私募基金。私募基金往往是指相对于受政府主管部门监管的,向不特定投资人公开发行受益凭证的证券投资基金而言,是一种非公开宣传的,私下向特定投资人募集资金进行的一种集合投资。私募基金的销售和回赎一般都通过基金管理人和投资人私下协商来完成,其方式有两种:一是基于签订委托投资合同的契约型集合投资基金,二是基于共同出资入股成立股份公司的公司型集合投资基金。私下募集具有以下特征:私募基金是一种特殊的投资基金,主要是相对于公募基金而言的;私募基金一般只在"小圈子里"(仅面向特定的少数投资者)筹集资金;私募基金的销售、赎回等运作过程具有私下协商和依靠私人间信任等特征;私募基金的投资起点通常较高,无论是自然人还是法人等组织机构,一般都要求具备特定规模的财产;私募基金一般不得利用公开传媒等进行广告宣传,即不得公开地吸引和招徕投资者;私募基金的基金发起人、基金管理人通常也会以自有的资金进行投资,从而形成利益捆绑、风险共担、收益共享的机制;私募基金的监管环境相对宽松,即政府通常不对其进行严格规制;私募基金的信息披露要求不严格;私募基金的保密度较高;私募基金的反应较为迅速,具有非常灵活自由的运作空间;私募基金的投资回报相对较高(即高收益的几率相对较大);等等。总之,政府对私募基金的管理相对宽松,不要求其向外界披露投资对象、投资收益等相关信息,投资具有隐蔽性。私募基金既可以投资上市公司,也可投资非上市公司,投资灵活,回报较大。

在我国,私募基金长期处于隐蔽的状态,近些年才公开露面。所以,对私募基金规模的统计存在不一致性,从《证券时报》最初披露的1000亿元到专家学者估计的2000亿～5000亿元,再到中国银行《中国私募基金报告》中认定的7000亿元,等等。[2] 尽管如此,我们还是可以确认这样一个事实,即我国的私募基金在快速地发展。因为私募基金的投资信息较为保密,投资领域宽,投资回报率高,是一种较有吸引力的投资方式。

---

[1] 于扬:《社保基金股票投资年化收益率18.61%》,《证券时报》2012年3月16日。
[2] 王秀华:《机构投资者持股的公司治理效应研究——基于股权制衡视角》,企业管理出版社2011年版,第60页。

6. 企业年金。企业年金源于我国的企业补充养老保险，2000年国务院发文将企业补充养老保险更名为企业年金，并规定其采取信托的制度安排和市场化方式运作。我国企业年金从2005年开始市场运作以来取得了较快的发展。但不可否认，目前，我国的企业年金的总体规模还不大。截至2013年3月底，我国养老保险公司企业年金业务情况如下表：①

公司名称	企业年金缴费（万元）	受托管理资产（万元）	投资管理资产（万元）
太平养老	134699.96	2551227.14	2758742.83
平安养老	653708.13	6398705.11	7151055.97
国寿养老	725872.11	8836768.85	6013669.3
长江养老	87715.72	3268870.16	2507365.24
泰康养老	68188.37	748167.59	—
合计	1670184.29	21803738.84	18430833.34

7. 商业银行。商业银行的主要业务范围包括吸收公众、企业及机构的存款、发放贷款、票据贴现及中间业务等。最初使用"商业银行"这个概念，是因为这类银行在发展初期，只承做"商业"短期放贷业务。人们将这种以吸收短期存款、发放短期商业贷款为基本业务的银行，称为商业银行。但是，商业银行发展到今天，与其当时因发放基于商业行为的自偿性贷款从而获得"商业银行"的称谓相比，已相去甚远。特别是第二次世界大战以来，随着社会经济的发展，银行业竞争的加剧，商业银行的业务范围不断扩大，逐渐成为多功能、综合性的"金融百货公司"，从而使其具有信用中介、支付中介、信用创造、金融服务、经济调节等多种功能。

商业银行能否成为一国证券市场上的机构投资者，取决于该国的金融监管取向。在德国全能银行制度和日本主银行制度中，商业银行能够为企业提供全方位的金融服务，包括提供信贷服务和直接投资持股，商业银行成为这些国家的最主要的机构投资者。但是，随着市场经济的发展，这些

---

① 中国保险监督管理委员会网站，http://www.circ.gov.cn/web/site0/tab61/i242210.htm，2013年7月浏览。

国家的公司对商业银行的融资依赖性也逐渐降低。例如，在日本，从第二次世界大战结束到20世纪60年代，公司的外部融资基本只能依赖银行，但随着60年代以后日本经济的高速发展，证券市场也日益发达，日本公司在证券市场上的直接融资占对外融资总额的比重有所增加。1975年到1985年，日本公司直接融资比重为14.6%，而从1986年到1990年，这一比重已经上升到30.4%。在美国20世纪20年代，商业银行通过其下属证券机构投资证券市场，但由于监管不力等原因导致1929年美国证券市场"大崩盘"和持续多年的经济危机，从而致使美国国会于1933年制定《格拉斯—斯蒂格尔法》，规定了商业银行的投资业务和存贷款业务必须分离的原则。但是，随着美国金融环境的不断好转，美国政府又重新放宽了商业银行介入证券市场的限制。如1987年通过的《银行公平竞争法》允许商业银行有条件地进行证券投资，1991年《联邦存款保险公司公司改进条例》也允许符合条件的商业银行按照其资本规模的100%投资公司的股份，而1999年的《金融服务现代化法》则直接取消了商业银行与证券投资混业经营的限制。①

我国目前的商业银行仍实行分业经营模式，但为了适应国际社会商业银行混业经营的发展趋势，第十届全国人民代表大会常务委员会第六次会议于2003年12月27日通过了《关于修改〈中华人民共和国商业银行法〉的决定》。新《商业银行法》对原来商业银行法不得混业经营的有关规定进行了修改，规定"商业银行在中华人民共和国境内不得从事信托投资和证券业务，不得向非自用不动产投资或者向非银行金融机构和企业投资，但国家另有规定的除外"②，从而为我国商业银行进入证券市场打开了一道门。

在2005年之前，我国的商业银行还不允许进入资本市场。2005年年底，作为商业银行子公司的三家基金管理公司开始设立证券投资基金，从而开启了储蓄资金进入资本市场的间接通道。商业银行在资本市场可以作为证券投资基金的管理人以及基金托管人和分销商。

---

① 耿志民：《中国机构投资者研究》，中国人民大学出版社2002年版，第176页。
② 《中华人民共和国商业银行法》第四十三条。

8. 合格境外机构投资者（QFII）。QFII 是我国资本市场上一个特殊的机构投资者，其于 2003 年才被允许进入我国资本市场进行股票投资。截至 2013 年 6 月 26 日，我国一共批准 207 家 QFII，允许的投资额度共计 434.63 亿美元，其中批准最早和累计其准投资额度最高的是瑞士银行（批准于 2003 年 6 月 4 日，累计批准额度为 7.9 亿美元）。[①] 截至 2010 年年底，在华外资银行资产总额 1.74 万亿元，同比增长 29.13%，占全国金融机构资产总额的 1.85%；各项贷款余额 9103 亿元，同比增长 26.4%，占全部金融机构各项贷款余额的 1.79%；各项存款余额 9850 亿元，同比增长 40.3%。在华外资法人银行平均资本充足率为 18.98%，核心资本充足率为 18.56%。先后有 37 家合资基金管理公司获准设立，其中 17 家合资基金公司的外资股权已达 49%。上海、深圳证券交易所各有 3 家特别会员，并各有 38 家和 22 家境外证券经营机构直接从事 B 股交易。外资保险公司总资产为 2621 亿元，较年初增加 569 亿元，增长 27.71%，占全部保险公司总资产的 5.19%，同比上升 0.14 个百分点。在北京、上海、深圳、广东外资保险公司相对集中的区域保险市场上，外资保险公司的市场份额分别为 16.31%、17.94%、7.88%、8.23%。[②]

总之，到目前为止，我国的机构投资者无论是在种类上，还是在规模上，都获得了较大的发展，从而为我国的机构投资者参与公司治理提供了一定的事实基础。并且，随着我国机构投资者的发展壮大，在我国的实践中已经出现了机构投资者积极参与公司治理的先例。

二、我国机构投资者对公司治理的积极参与

我国机构投资者积极参与公司治理的典型事件主要有方正科技股权争

---

① 《合格境外机构投资者（QFII）投资额度审批情况表》，http://www.safe.gov.cn/resources/image/5de310804dc4fdaea779a7a46e1b18c9/1372591823413.pdf?MOD=AJPERES&name=%E5%90%88%E6%A0%BC%E5%A2%83%E5%A4%96%E6%9C%BA%E6%9E%84%E6%8A%95%E8%B5%84%E8%80%85%EF%BC%88QFII%EF%BC%89%E6%8A%95%E8%B5%84%E9%A2%9D%E5%BA%A6%E5%AE%A1%E6%89%B9%E6%83%85%E5%86%B5%E8%A1%A8%EF%BC%88%E6%88%AA%E8%87%B32013%E5%B9%B46%E6%9C%8826%E6%97%A5%EF%BC%89.pdf，国家外汇管理局网站，2013 年 7 月最后浏览。

② 参见中国人民银行 2011 年 3 月发布的《2010 年国际金融市场报告》，第 84～88 页。

夺事件、招商银行发行可转债事件、宝钢股份增发事件、清华同方股权分置改革事件等。

(一)方正科技股权争夺事件

方正科技是一家股权分散且全部流通的上市公司,大股东持股比例较低,致使其大股东经常发生变动。截至2000年12月31日,方正科技的持股数量前十名的大股东结构如下:①

排名	股东名称	持股数量(股)	持股比例(%)
1	北大方正	9351000	5.0107
2	金鑫基金	4891399	2.62
3	虹兴仓储	3153252	1.69
4	深圳市年富实业发展有限公司	2700888	1.4472
5	上海宇通创业投资有限责任公司	2609266	1.3981
6	江苏长虹	2272650	1.22
7	金泰基金	2027806	1.09
8	泰和基金	1932471	1.03
9	同盛基金	1500250	0.8
10	深圳市凯地投资有限责任公司	1491671	0.7993

2001年,上海高清数字视频系统有限公司联合南大科技园、东大科技园、北京申易通三家股东在二级市场上不断买入方正科技的股票,最后一致行动向方正科技的大股东北大方正发难,挑起股权争夺。截至2001年10月25日,上海高清等共持有1866万股方正科技的股票,占方正科技发行总股本的5%以上。同日,上海高清等发出举牌公告,要求方正科技董事会召开临时股东大会,提出包括修改公司章程、增选10名董事等九项提案。随后,为了进一步取得第一大股东的地位,上海高清多次增持股票,并一度登上第一大股东的地位。截至2001年11月21日,上海高清等共持有方正科技2426万股,占其上市总股本的6.5%。随后,方正科技决定于

---

① 资料来源于比特网新闻中心:http://news.chinabyte.com/374/180874.shtml,2013年7月浏览。

2002年1月22日召开临时股东大会对上海高清提出的九项议案进行投票表决。

此时，上海高清等公司和北大方正分别持有方正科技股份的6.5%和7.2%，并且由于方正科技的股权非常分散，双方在股权争夺中都没有胜算的把握。金鑫基金在事件发生前持有较多股份。截至2001年6月底，金鑫基金共持有方正科技560.26万股，7月达到1120万股，占总股本的3%。所以，金鑫基金的态度基本可以决定谁是股权争夺的赢家，从而为金鑫基金参与公司治理提供了一个有利的机会。金鑫基金认为北大方正控制方正科技更有利于方正科技的发展。于是于2001年8月28日召开的方正科技股东大会上，金鑫基金的代表人对上海高清等所提议案投了弃权票，并最终保住了北大方正对方正科技的控制权。所以，在这一事件中，机构投资者（金鑫基金）通过用手投票的方式维护了自己的利益，标志着我国机构投资者参与公司治理的开始。

（二）招商银行发行可转债事件[①]

2003年8月26日，招商银行公布的董事会公告称其拟发行100亿元的可转债，并将在10月9~10日的股东大会上进行表决。截至2003年6月30日，招商银行共有570681万股，其中上市流通的为150000万股，占股本总数的26.28%；非流通股为420681万股，占股本总数的73.72%。招商银行的前十大股东都是非流通股，而流通股中共有53只基金持有招商银行的股票，共持有37000多万股。其中数量较大的有：华夏基金持6300万股、大成基金持3000万股、长盛基金持4600万股、鹏华基金持4200万股、易方达基金持3200万股。在可转债事件之前，基金公司与招商银行保持着和谐共处的良好关系，但是，招行发行可转债计划打破了这种和谐关系，并引起了双方的"交战"。

基金认为招行在2002年刚刚上市募集了107.7亿元资金，现在又开始发行可转债进行再融资，其行为是典型的圈钱行为。在2003年9月12日招行举行的业绩推介会上，华夏、长盛、博时、鹏华、易方达、南方、富

---

① 参见《招商银行可转债事件始末》，北方网，http：//economy.enorth.com.cn/system/2003/10/16/000650889.shtml，2013年7月浏览。

61

国等基金公司的基金经理和世纪证券的代表对招行的融资规模、时机及配售比例等方面提出不同意见，并向招行董事会递交《股东建议函》，指责招行不顾流通股股东的权益，恶意圈钱。于是招行业绩推介会无法继续，只能提前结束，并声称招行事后会与投资者进行交流。从9月22日开始，招行对基金公司进行一周的回访，结果基金公司认为整个回访过程流于形式，毫无诚意，于事无补。正当招商银行和基金联盟争执不下的时候，世纪证券则于9月27日向招商银行董事会递交了再融资建议书。10月14日，北京天元律师事务所向各基金公司发出的律师意见函中对招商银行发行可转债方案的合法性提出质疑。但所有这些争论都随着2003年10月15日招商银行股东大会的召开而告一段落。

在全体股东参与表决的股东大会上，招商银行的发行不超过100亿元可转债等四项提案在非流通股股东的大力支持下获得全部通过，而以基金、券商为代表的流通股股东所提出的否决提案未被采纳。会后，47家基金和世纪证券发布《部分流通股股东关于对招商银行股东大会通过发债议案的联合声明》，表示继续抗争并用法律的手段维护自己的合法权益。并且呼吁监管部门对招商银行的发债方案不予批准，要求监管部门出台相应措施规定对上市公司在融资等影响流通股股东重大权益的议案需要经过50%以上流通股股东的同意。

后来，银监会于2003年12月发出《关于将次级定期债务计入附属资本的通知》，招商银行据此于2004年2月18日发布董事会公告，将转债方案下调至65亿元，并于2004年7月13日获得证监会通过。至此，备受市场争议的招商银行百亿可转债计划画上了句号。在该事件之后，证监会于2004年9月26日发布了《关于加强社会公众股股东合法权益保护的若干规定》，对上市公司向社会公众增发新股、发行可转债、配股、重大资产重组以及对社会公众股股东利益有重大影响的其他事项采取分类表决制度，即该议案除了经过全体股东大会表决通过外，还需经过参加表决的社会公众股股东持表决权的半数以上通过，方可实施或提出申请。这也可以说是基金等机构投资者积极参与公司治理所获得的一项成绩。

（三）宝钢股份增发事件

截至2004年6月30日，宝山钢铁股份有限公司排名前十的大股东持

股情况如下:[①]

股东名称	持股量（股）	持股比例（%）	流通情况
上海宝钢集团	10635000000	85	未流通
华安证券有限责任公司	30233359	0.24	已流通
安顺证券投资基金	30210000	0.24	已流通
易方达50指数证券投资基金	28513029	0.23	已流通
申万巴黎盛利精选证券投资基金	27429302	0.22	已流通
南方稳健成长证券投资基金	24918800	0.2	已流通
中信经典配置证券投资基金	24232322	0.19	已流通
兴华证券投资基金	24174818	0.19	已流通
华夏成长证券投资基金	24065033	0.19	已流通
华安创新证券投资基金	22500000	0.18	已流通

2004年8月12日，宝山钢铁股份有限公司发布公告，称董事会已经审议通过申请增发不超过50亿新股用于购买大股东宝钢集团的资产等14项议案，并将于2004年9月27日召开临时股东大会对上述事项进行审议。此次收购的目标资产净值为280.2亿元，宝钢股份公司计划通过向集团公司定向增发国家股和向社会公众增发社会公众股相结合的办法以募集280亿元，其中定向增发和向社会公众增发的比例各为50%。该增发方案一公开，即遭到市场的强烈负反应，宝钢股份的股价一路下跌，使宝钢股份增发计划受到质疑。投资者主要担心：280亿巨额融资会使本已低迷的股市继续走低；其他国企步其后尘；对增发方案本身不满意；收购宝钢集团资产的利润十分有限。所以，机构投资者并不愿意掏出大量资金去购买那些盈利能力很低的资产。此外，由于证监会规定与券商承销团有关联的基金公司不能参与认购，而该次增发的数额巨大，券商的承销团也非常庞大，这样与券商承销团有关联的基金也会很多，所以，一旦相关的券商进入承销团，原本作为流通股股东的基金公司可能丧失流通股股东特有的优先认

[①] 参见王秀华：《机构投资者持股的公司治理效应研究——基于股权制衡视角》，企业管理出版社2011年版，第115页。

购权。并且，如果宝钢股份增发的价格过低，则对巨额持有宝钢股份的基金非常不利，所以，基金极力反对宝钢股份增发。但是，证监会的有关复函打消了基金公司的顾虑，使基金公司转而赞成宝钢股份增发。

由于基金公司可以优先认购增发股份，宝钢股份又对增发方案进行调整，并派出几乎所有的高层管理人员在京、沪、深三地开展与基金公司的沟通。另外，中小流通股股东在该事件中也表现出积极的参与态度。新浪网和今日商报《大众证券》周刊联合发起征集中小股东投票权的活动，北京首放投资顾问有限公司业联合数十家媒体发起了征集中小股东投票权的活动。但是，宝钢股份于 2004 年 9 月 27 日在京召开临时股东大会最终高票通过了增发议案。从表决结果看，多数基金公司投了赞成票，而被征集的股份全部投了反对票。2005 年 4 月 12 日，宝钢股份以每股 5.12 元的价格完成增发。

（四）小结

从上述三个机构投资者积极参与公司治理的事件来看，从事积极行动的机构投资者都是证券投资基金，这与我国机构投资者的状况是相吻合的。在机构投资者采取的积极参与治理的方式方面，主要有提交建议、公开批评以及参与股东大会表决，表现出不系统、被动性的特点，这与我国机构投资者整体实力较弱有一定的关系。从行动的结果上来看，上述三个事件中机构投资者的积极行动都取得了一定的效果。在方正科技股权争夺事件中，机构投资者维护了北大方正控制权的预期目的；在招商银行可转债事件和宝钢股份增发事件中，管理层都对融资方案进行了修改，部分实现了机构投资者的目的。

第二章　机构投资者参与公司治理的制度基础

机构投资者积极参与公司治理不仅具有理论基础和现实基础，而且具有法律制度方面的基础。法律制度对机构投资者发展的支持和放松管制为机构投资者的发展壮大提供了必不可少的条件，进而促进机构投资者对公司治理的积极参与。在本章中，笔者分别对美国和我国机构投资者参与公司治理的制度基础加以考察。

第一节　美国机构投资者积极参与公司治理的制度基础

在20世纪80年代之前，美国机构投资者在很大程度上对公司治理采取的还是消极的态度。机构投资者的这种消极态度尽管有诸如机构投资者自身实力较弱、投资流动性偏好等原因，但其在很大程度上还是美国法律制度的产物。美国在20世纪30年代以后建立了一套促进证券流动、鼓励持股分散化及短期持股的金融法律制度，但与此同时，此时法律制度也对机构投资者成为工业公司的主要股东及其股东权的行使加以严格的限制，进而阻碍了机构投资者对公司治理的积极参与。

在美国20世纪30年代经济大萧条之前，商业银行可以通过其附属机构直接或间接在金融市场上进行证券投资，但由于监管过松造成银行信用盲目膨胀和投资过热现象，从而在一定程度上加速了1929~1933年的经济危机的形成。经济危机爆发之后，商业银行本身也遭受严重的影响和损害，大批商银行破产、倒闭，造成银行数目锐减。经过大量调查之后，美国政府认为导致商业银行大量破产的直接原因是银行从事了高风险的证券投资。鉴于此，美国国会于 1933 年制定了《银行法》。该法将证券投资分为投资银行型和商业银行型，而商业银行不能进行承销证券和股票的发行等作为投资银行业务范围的活动，进而形成了商业银行和投资银行相分离的原则，使商业银行型的证券投资业务受到了诸多限制。例如：该法规定商业银行必须用自有资金进行证券投资，且其投资总额不得超过商业银行自有资本及其盈余总额的 10%，并且，其投资的证券必须是评级较高的证券，即 BBB 级以上的证券；商业银行不能用储户的存款进行证券投资业务；商业银行可以通过信托业务部代理客户进行证券买卖，但是其信托业务范围受到严格的限制，只能由客户委托、客户出资、客户承担风险而银行只收取代理费的证券买卖可以由商业银行信托业务部进行，除此之外，商业银行信托业务部无权经营。为了保障上述一系列限制措施的落实，该法还对人员管理、账户设立及监管等作了明确的限制性规定，如禁止银行职员、官员在另一家公司兼职及经营银行以外的其他业务，以防止银行人员利用职权和信息便利形成某种竞争上的优势。此外，1956 年的《银行持股公司法》禁止商业银行从事工业和其他金融活动，商业银行必须是一个被动的投资者，不得持有一个非银行公司 5% 以上有投票权的股票；银行信托部门管理的私人信托投资基金对任何一家公司的投资不得超过其资产总额的 10%，并且要把信贷部门的信贷业务和信托部门的投资业务严格隔离开来，以防止内幕交易的发生。

1940 年的美国《投资公司法》直接规定操作基金是为了给股东盈利而不是为了对目标公司进行管理控制。尽管该法规定投资公司 75% 以上资产必须投资于证券，但是对某一公司的投资不得超过其资产总额的 5%。如果投资公司是分散型公司，则其不能在其所投资的公司中获得集中的股权；如果投资公司持有一家公司 10% 以上的股权，则其不是分散型投资，则该投资公司不能不付税而把盈利直接分给其股东；如果投资公司持有一家公司 5% 及以上的股权，则该公司就是投资公司的"附属机构"，如果没有经过证券管理委员会的同意，投资公司不能与该"附属机构"进行交易。

此外，美国有关法律法规还对股东委托投票、持股比例登记以及公开投票等行为进行限制。如美国联邦证券交易委员会在 20 世纪 30 年代以后颁布的有关股东委托投票的法令规定：所有为了谋求投票权而进行联络的股东必须将其每一次联络活动的内容，包括谈话、信件、电报文本等，在指定的机构进行登记，否则其联络活动就是非法的，从而便于证券交易委员会对股东联络活动进行审查；没有在政府有关部门登记委托书的非正式的股东集团不得轻易组成委员会讨论新董事的提名；等等。这些规定严重阻碍了股东之间的相互沟通和联络，从而提高了股东联合行动的成本。并且，证券交易法还要求持股比例超过5%的股东必须将其身份、持股数量和目的等进行登记，以便限制股份的过分集中。所有这些规定都限制了机构投资者对公司治理的参与，从而使机构投资者在很大程度上只能采取消极的行为方式。

自20世纪80年代以后，美国经历的高速发展促使美国政府逐渐放松对金融机构和金融市场的监管，从而促使机构投资者的行为方式从消极走向积极。

美国政府放松对金融市场监管是从证券交易手续费的自由化开始的。1975年5月1日美国政府实行股票交易手续费自由化是美国证券市场自由化改革开始的标志。长期以来，美国证券交易实行的固定佣金制度使机构投资者的大量股票交易的成本巨高，已经不适应机构投资者发展壮大后的市场需求。基于此，美国联邦证券交易委员会于1975年开始废除股票交易固定佣金制度，实行手续费的自由化，进而对美国证券市场的发展产生深远的影响。1990年，美国联邦证券交易委员会采用了144a规则。该规则允许那些第一次仅对机构投资者发行证券的公司证券发行者可以使用免于注册成本等低成本的方式进行筹集资金，而且这些私人证券可以随时转让给其他合格的机构投资者。所以，固定佣金制度的废除和144a规则的实施直接降低了机构投资者的证券交易成本，从而增强了资产的流动性。股票市场流动性的增强尽管可以使机构投资者容易卖掉效益不佳的公司股票，进而使机构投资者采取消极行动，但另一方面，它也使机构投资者比较容易集中投资于某一公司的股票并通过获得公司控制的途径增加自己的收益，从而有利于机构投资者对公司治理的积极参与。[①]

1992年，联邦证券交易委员会允许股东对公司治理提出有约束力的建议和措施，放松委托代理制度中对股东联络披露的限制，股东之间的沟通和交流在向联邦证券交易委员会作出书面报告之后不许再通报其他股东就可以沟通和交流，从而大大降低了机构投资者和其他股东的联系成本，有利于机构投资者对公司治理的积极参与。

为了克服机构投资者投资行为短期化的缺点，美国国会于1989年通过了《过渡流动与投资法案》，限制和改变机构投资者的短期化投资行为。同时，美国劳工部和财政部养老基金处联合发表声明，指出养老基金应当重视公司的长期发展，目标公司的长期发展计划是合理的。劳工部还明确指出投票权是养老基金的固有权利，也是养老基金的一项资产，养老基金应当为了受益人的利益积极行使投票权，如果养老基金忽视投票权，则可能会招致法律上的责任和风险。并且，劳工部还于1994年发布了私人养老基金投资准则，要求私人养老基金要为了雇员退休收益的最大化目的积极行使投票权，要积极参与考量所投公司的管理层。为了提高养老基金的收益，政府还积极推动养老基金对公司治理的积极参与，进行负责任的投资。为了遵守有关法令的要求，美国所有的养老基金先后都制定了代理投票表决的方案，并积极参与股东大会行使投票表决权。

但是，机构投资者对公司治理积极参与的投票行为有可能违背受益人的利益要求，从而产生利益冲突。从2002年开始，纽约州司法部和联邦证券交易委员会分别对美国基金公司在利益冲突方面的违规行为进行调查，并先后对许多大型的基金公司实施了惩罚措施。为避免和有效解决基金行业存在的利益冲突问题，提高基金投资的透明度，联邦证券交易委员会于2002年先后颁布了一系列新的法律对机构投资者的投资行为进行严格的规范。例如：联邦证券交易委员会增订《1940年投资公司法》30b1－4规则，规定了关于共同基金应披露基金代理行使所持股票表决权的政策和程序，并要求披露行使表决权的记录；联邦证券交易委员会增订《1940年投

[①] A. Bhide, Efficient Markets, *Deficient Governance*: U. S. Securities Regulations Protect Investors and Enhance Markets Liquidity. Harvard Business Review, Vol. 72, 1994, pp. 128－140.

资顾问法》206（4）—6两项规则，规定投资顾问应当制定行使表决权的政策和程序，向客户披露该政策和程序以及如何取得投资顾问行使投票权的相关信息等；联邦证券交易委员会修订《1940年投资顾问法》204—2规则，规定了投资顾问应如何维护投票记录等事宜。这些法律从2003年4月14日起正式生效。尽管这些法律规定对公司治理的积极作用在短期内还很难显现，但联邦证券交易委员会认为投票记录和政策的披露加大了基金公司作为受托人的责任，增强了其参与公司治理的动力。联邦证券交易委员会不仅在法律上要求机构投资者积极参与上市公司的公司治理，同时也在技术上帮助机构投资者低成本实施股东权利。2005年11月，联邦证券交易委员会允许上市公司使用互联网为公司股东提供投票材料，并积极鼓励投资者使用电子投票平台进行投票。同时，联邦证券交易委员会允许机构投资者将其投票报告通过互联网而非纸张的形式披露给基金持有人。①

第二节　我国机构投资者参与公司治理的制度基础

我国机构投资者发展壮大及其对公司治理的参与也离不开我国相关法律制度的支持和保护。我国的证券投资基金、保险公司、企业集团财务公司、社会保险基金和企业年金投资于证券市场都是在相关法律的直接支持下实现的。从2000年开始，证监会就将超常规、创造性地培育和发展机构投资者作为推动我国证券市场发展的重要政策。2002年颁布的我国《上市公司治理准则》第十一条明确规定"机构投资者应在公司董事选任、经营者激励与监督、重大事项决策等方面发挥作用"。2003年10月，中共中央十六届三中全会提出要大力发展机构投资者、拓宽合规资金入市渠道。2004年《国务院关于推进资本市场改革开放和稳定发展的若干意见》（国发〔2004〕3号）明确强调大力发展资本市场是一项重要的战略任务，要求各部门要进一步完善相关政策，为资本市场稳定发展营造良好环境。要继续大力发展证券投资基金；要支持保险资金以多种方式直接投资资本市

---

① 天亮、王靖：《发挥机构投资者在公司治理中作用》，《证券时报》2007年1月29日。

场，逐步提高社会保障基金、企业补充养老基金、商业保险资金等投入资本市场的资金比例；要培养一批诚信、守法、专业的机构投资者，使基金管理公司和保险公司为主的机构投资者成为资本市场的主导力量。2008年，证监会表示要大力发展机构投资者。一直到目前为止，大力发展机构投资者还是我国相关政策和法律的主要目的之一。

1997年11月15日国务院批准了证券委员会制定的《证券投资基金暂行管理办法》，首次对证券投资基金作出了较为详细的规定。该暂行管理办法除了对基金的设立、募集及管理等作出详细规定外，还主要对基金的投资行为作了一些严格的限制。例如：基金的投资组合必须符合下列规定：①一个基金投资于股票、债券的比例，不得低于该基金资产总值的80%；②一个基金持有一家上市公司的股票，不得超过该基金资产净值的10%；③同一基金管理人管理的全部基金持有一家公司发行的证券，不得超过该证券的10%；④一个基金投资于国家债券的比例，不得低于该基金资产净值的20%；⑤中国证监会规定的其他比例限制。[①] 并且，基金之间不得相互投资；基金托管人和商业银行不得从事基金投资；基金管理人不得用基金的名义使用不属于基金名下的资金买卖证券；基金管理人不得从事任何形式的证券承销或者从事除国家债券以外的其他证券自营业务；基金管理人不得从事资金拆借业务；不得动用银行信贷资金从事基金投资；国有企业不得违反国家有关规定炒作基金；不得将基金资产用于抵押、担保、资金拆借或者贷款；不得从事证券信用交易；不得以基金资产进行房地产投资；不得从事可能使基金资产承担无限责任的投资；不得将基金资产投资于与基金托管人或者基金管理人有利害关系的公司发行的证券；不得从事中国证监会规定禁止从事的其他行为。[②] 所以，虽然《证券投资基金暂行管理办法》为基金投资于股票提供了明确的支持，但同时也作了严格的限制，从而在一定程度上阻碍了基金对目标公司的控制及其治理的参与。

2003年10月28日，第十届全国人民代表大会常务委员会第五次会议

---

① 1997年《证券投资基金管理暂行办法》第三十三条。
② 1997年《证券投资基金管理暂行办法》第三十三条。

审议通过了《中华人民共和国证券投资基金法》，该法于 2004 年 6 月 1 日起施行。该法对基金管理人、基金托管人、基金的募集、基金份额的交易、基金份额的申购与赎回、基金的运作与信息披露、基金合同的变更、终止与基金财产清算、基金份额持有人权利及其行使以及基金的监督管理等作出了规定。该法明确规定基金财产只能投资于上市交易的股票、债券和国务院证券监督管理机构规定的其他证券品种，[①] 不得从事下列活动和投资：承销证券；向他人贷款或者提供担保；从事承担无限责任的投资；买卖其他基金份额，但是国务院另有规定的除外；向其基金管理人、基金托管人出资或者买卖其基金管理人、基金托管人发行的股票或者债券；买卖与其基金管理人、基金托管人有控股关系的股东或者与其基金管理人、基金托管人有其他重大利害关系的公司发行的证券或者承销期内承销的证券；从事内幕交易、操纵证券交易价格及其他不正当的证券交易活动；依照法律、行政法规有关规定，由国务院证券监督管理机构规定禁止的其他活动。[②] 尽管该法也要求基金管理人运用基金财产进行证券投资应当采用资产组合的方式，但是对资产组合的具体方式和投资比例没有作明确规定，而是指应当依照本法和国务院证券监督管理机构的规定在基金合同中约定。[③] 所以，对于投资组合和比例的规定还仍然适用 1997 年《证券投资基金管理暂行办法》的相关规定。

2004 年 6 月 4 日，中国证券监督管理委员会第 93 次主席办公会议审议通过了《证券投资基金运作管理办法》（以下简称《运作管理办法》），对 1997 年的《证券投资基金管理暂行办法》作了部分修订。《运作管理办法》并没有要求一只基金投资于股票、债券的比例不得低于该基金资产总值的 80%，而是按照投资比例的不同对基金作出不同的分类，如：60% 以上的基金资产投资于股票的为股票基金；80% 以上的基金资产投资于债券的为债券基金；仅投资于货币市场工具的为货币市场基金；投资于股票、债券和货币市场工具，并且股票投资和债券投资的比例不符合股票基金和

[①] 《中华人民共和国证券投资基金法》（2004）第五十八条。
[②] 《中华人民共和国证券投资基金法》（2004）第五十条。
[③] 《中华人民共和国证券投资基金法》（2004）第五十七条。

债券基金标准的,为混合基金。① 但是,基金名称显示投资方向的,应当有 80% 以上的非现金基金资产属于投资方向确定的内容。② 《运作管理办法》也规定:一只基金持有一家上市公司的股票,其市值不得超过基金资产净值的 10%;同一基金管理人管理的全部基金持有一家公司发行的证券不得超过该证券的 10%;基金财产参与股票发行申购,单只基金所申报的金额不得超过该基金的总资产,单只基金所申报的股票数量也不得超过拟发行股票公司本次发行股票的总量;不得违反基金合同关于投资范围、投资策略和投资比例等约定以及中国证监会规定禁止的其他情形。③ 但是,完全按照有关指数的构成比例进行证券投资的基金品种可以不受前两项 10% 的比例限制。④ 所以,《运作管理办法》在一定程度上进一步扩大了基金对目标公司的持股比例,为基金对目标公司治理的积极参与提供了基础。而 2012 年 12 月 28 日第十一届全国人民代表大会常务委员会第三十次会议修订的《中华人民共和国证券投资基金法》(以下简称《证券投资基金法》(2012))并没有对基金持股比例作明确的规定和限制,而是适用《运作管理办法》所规定的比例。《证券投资基金法》(2012) 还明确允许可以用基金财产买卖基金管理人、基金托管人及其控股股东、实际控制人或者与其有其他重大利害关系的公司发行的证券或承销期内承销的证券,或者从事其他重大的关联交易,但是应当遵循基金份额持有人利益优先的原则,防范利益冲突,符合国务院证券监督管理机构的规定,并履行相应的信息披露义务。⑤ 这一规定也在一定程度上进一步扩大了基金的持股范围。

2004 年 10 月 24 日保监会发布《保险机构投资者股票投资管理暂行办法》(保监会令〔2004〕12 号),对保险机构投资者进入股票市场作出了一系列规定。该暂行办法规定保险机构投资者可以通过一级市场申购和二级市场交易的方式投资于人民币普通股(在我国境内公开发行并上市流通并

---

① 2004 年《证券投资基金运作管理办法》第二十九条。
② 2004 年《证券投资基金运作管理办法》第三十条。
③ 2004 年《证券投资基金运作管理办法》第三十一条。
④ 2004 年《证券投资基金运作管理办法》第三十一条。
⑤ 《中华人民共和国证券投资基金法》(2012) 第七十四条。

以人民币认购和交易的股票)、可转换公司债券以及保监会规定的其他投资品种。① 保险机构投资者持有一家上市公司的股票不得达到该上市公司人民币普通股票的30%;保险资产管理公司不得运用自有资金进行股票投资。② 保险机构投资者为投资联结保险设立的投资账户,其投资股票的比例可以为100%;保险机构投资者为万能寿险设立的投资账户,其投资股票的比例不得超过80%。③ 2005年2月7日,保监会发布《关于保险机构投资者股票投资有关问题的通知》(保监发〔2005〕14号),对保险机构投资者的股票投资比例作出了进一步明确的规定:(1)保险机构投资者股票投资的余额,传统保险产品按成本价格计算,不得超过本公司上年末总资产扣除投资联结保险产品资产和万能保险产品资产后的5%;投资联结保险产品投资股票比例,按成本价格计算最高可为该产品账户资产的100%;万能寿险产品投资股票的比例,按成本价格计算最高不得超过该产品账户资产的80%。(2)保险机构投资者投资流通股本低于1亿股上市公司的成本余额,不得超过本公司可投资股票资产(含投资联结、万能寿险产品,下同)的20%。(3)保险机构投资者投资同一家上市公司流通股的成本余额,不得超过本公司可投资股票资产的5%。(4)保险机构投资者投资同一上市公司流通股的数量,不得超过该上市公司流通股本的10%,并不得超过上市公司总股本的5%。(5)保险机构投资者持有可转换债券转成上市公司股票,应当转入本公司股票投资证券账户,一并计算股票投资的比例。(6)保险机构投资者委托保险资产管理公司投资股票,应当在委托协议中明确股票投资的资产基数和投资比例。④ 2006年,保监会发布的《关于调整保险资金投资政策有关问题的通知》第三条明确规定,保险公司应当根据权益类投资计划,在上季末总资产20%的比例内,自主投资股票和股票型基金,但是,投资同一上市公司的股票不得超过该公司总股本的10%,超过10%的仅限于为了控股目的的重大投资,适用《保险资金运用管理暂行办法》的规定;保险公司投资证券投资基金的余额不得超过该

---

① 《保险机构投资者股票投资管理暂行办法》第十一条、第十二条。
② 《保险机构投资者股票投资管理暂行办法》第十三条。
③ 《保险机构投资者股票投资管理暂行办法》第十六条。
④ 《关于保险机构投资者股票投资有关问题的通知》第二条。

保险公司上季末总资产的15%，且投资证券投资基金和股票的余额总计不得超过该保险公司上季末总资产的25%；投资但以证券投资基金的余额不得超过该保险公司上季末总资产的3%，投资单一封闭式基金的份额不得超过该基金发行份额的10%。这一规定为保险机构投资者参与公司治理奠定了一定的制度基础。

2004年2月23日，由中华人民共和国劳动和社会保障部、中国银行业监督管理委员会、中国证券监督管理委员会和中国保险监督管理委员会联合发布的《企业年金基金管理试行办法》（2004年5月1日施行，以下简称《试行办法》）对企业年金投资股票市场作出了相关的规定。《试行办法》规定企业年金基金不得用于信用交易，不得用于向他人贷款和提供担保，投资管理人不得从事使企业年金基金财产承担无限责任的投资[①]，企业年金基金财产的投资范围仅限于银行存款、国债和其他具有良好流动性的金融产品，包括短期债券回购、信用等级在投资级以上的金融债和企业债、可转换债、投资性保险产品、证券投资基金、股票等。[②] 但是，企业年金基金财产投资银行活期存款、中央银行票据、短期债券回购等流动性产品及货币市场基金的比例不得低于基金净资产的20%；投资银行定期存款、协议存款、国债、金融债、企业债等固定收益类产品及可转换债、债券基金的比例不得高于基金净资产的50%，其中投资国债的比例不得低于基金净资产的20%；投资股票等权益类产品及投资性保险产品、股票基金的比例不得高于基金净资产的30%，其中投资股票的比例不得高于基金净资产的20%。[③] 并且，单个投资管理人管理的企业年金基金财产投资于一家企业所发行的证券或单只证券投资基金，按市场价计算，不得超过该企业所发行证券或该基金份额的5%，同时也不得超过其管理的企业年金基金财产总值的10%。[④]

2011年1月11日人力资源和社会保障部、中国银行业监督管理委员会、中国证券监督管理委员会、中国保险监督管理委员会审议通过的新修

---

① 《企业年金基金管理试行办法》第五十一条。
② 《企业年金基金管理试行办法》第四十六条。
③ 《企业年金基金管理试行办法》第四十七条。
④ 《企业年金基金管理试行办法》第四十九条。

订的《企业年金基金管理办法》（以下简称《管理办法》）对企业年金基金的投资作了新的规定。《管理办法》第四十八条明确规定，企业年金基金投资银行活期存款、中央银行票据、债券回购等流动性产品以及货币市场基金的比例不得低于投资组合企业年金基金财产净值的5%；投资债券正回购的比例不得高于投资组合企业年金基金财产净值的40%；企业年金基金投资银行定期存款、协议存款、国债、金融债、企业（公司）债、短期融资券、中期票据、万能保险产品等固定收益类产品以及可转换债（含分离交易可转换债）、债券基金、投资联结保险产品（股票投资比例不高于30%）的比例不得高于投资组合企业年金基金财产净值的95%；企业年金基金投资股票等权益类产品以及股票基金、混合基金、投资联结保险产品（股票投资比例高于或者等于30%）的比例不得高于投资组合企业年金基金财产净值的30%；企业年金基金不得直接投资于权证，但因投资股票、分离交易可转换债等投资品种而衍生获得的权证，应当在权证上市交易之日起10个交易日内卖出。单个投资组合的企业年金基金财产，投资于一家企业所发行的股票，单期发行的同一品种短期融资券、中期票据、金融债、企业（公司）债、可转换债（含分离交易可转换债），单只证券投资基金，单个万能保险产品或者投资联结保险产品，分别不得超过该企业上述证券发行量、该基金份额或者该保险产品资产管理规模的5%；按照公允价值计算，也不得超过该投资组合企业年金基金财产净值的10%。单个投资组合的企业年金基金财产，投资于经备案的符合第四十八条投资比例规定的单只养老金产品，不得超过该投资组合企业年金基金财产净值的30%，不受上述10%规定的限制。① 与《试行办法》相比，《管理办法》在一定程度上放宽了企业年金基金对股票的投资限制，为企业年金基金参与公司治理奠定了一定的制度基础。

对于全国社会保障基金投资于公司股票而言，财政部、劳动和社会保障部也于2001年12月13日颁布了《全国社会保障基金投资管理暂行办法》（以下简称《暂行办法》）。《暂行办法》明确规定，划入社保基金的货币资产，投资银行存款和国债的比例不得低于50%，其中银行存款的比例

---

① 《企业年金基金管理办法》第五十条。

不得低于10%，并且在一家银行的存款不得高于社保基金银行存款总额的50%；投资企业债、金融债的比例不得高于10%；投资证券投资基金、股票的比例不得高于40%。① 单个投资管理人管理的社保基金资产投资于一家企业所发行的证券或单只证券投资基金，不得超过该企业所发行证券或该基金份额的5%；按成本计算，不得超过其管理的社保基金资产总值的10%。②

商业银行在2005年之前是不允许涉足资本市场进行证券投资的。2005年2月20日，由中国人民银行、中国银行业监督管理委员会、中国证券监督管理委员会联合制定的《商业银行设立基金管理公司试点管理办法》允许商业银行可以作为股东直接出资设立基金管理公司，并鼓励商业银行采取股权多元化的方式设立基金管理公司③，从而打开了商业银行投资资本市场的大门。据统计，商业银行设立基金管理公司试点工作启动以后，先后分两批共8家商业银行设立或参股了8家基金管理公司，试点基金管理公司发展势态良好。④

2002年11月5日，由中国证券监督管理委员会和中国人民银行联合发布的《合格境外机构投资者境内证券投资管理暂行办法》（以下简称《暂行办法》）首次允许合格境外机构投资者投资于我国境内的资本市场，开启了合格境外机构投资者进入我国证券市场的大门。《暂行办法》允许合格境外机构投资者在批准的投资额度内可以投资于在证券交易所挂牌交易的除境内上市外资股以外的股票、国债、可转换债券和企业债券以及其他被批准的人民币金融工具，⑤ 但是，但个合格境外机构投资者对单个上市公司的持股比例不得超过该上市公司股份总数的10%，且所有合格境外机构投资者对单个上市公司的持股比例总和不得超过该上市公司股份总数的20%。⑥ 2006年8月24日，由中国证券监督管理委员会、中国人民银行、国家外汇管理局联合发布《合格境外机构投资者境内证券投资管理办

---

① 《全国社会保障基金投资管理暂行办法》第二十八条。
② 《全国社会保障基金投资管理暂行办法》第二十九条。
③ 《商业银行设立基金管理公司试点管理办法》第三条、第八条。
④ 《商业银行设立基金管理公司试点范围将扩大》，《金融时报》2012年12月26日。
⑤ 《合格境外机构投资者境内证券投资管理暂行办法》第十八条。
⑥ 《合格境外机构投资者境内证券投资管理暂行办法》第二十条。

法》(以下简称《管理办法》),前述《暂行办法》被废止。《管理办法》对合格境外机构投资者所投资的金融工具及对上市公司的持股比例没有作具体规定。2006年,中国证券监督管理委员会发布了《关于实施〈合格境外机构投资者境内证券投资管理办法〉有关问题的通知》,对合格境外机构投资者所投资的金融工具及对上市公司的持股比例作出了具体规定,允许合格境外机构投资者在批准额度内投资在证券交易所挂牌交易的股票、债券、权证、证券投资基金及中国证监会允许的其他金融工具,可以参与新股发行、可转换债券发行、股票增发和配股的申购[①],但是,单个合格境外机构投资者持有一家上市公司股票的持股比例不得超过该公司股份总数的10%,所有合格境外机构投资者对单个上市公司A股的持股比例总和不得超过该上市公司股份总数的20%,而合格境外机构投资者根据《外国投资者对上市公司战略投资管理办法》对上市公司进行战略投资的持股不受上述比例限制。[②]

[①] 《关于实施〈合格境外机构投资者境内证券投资管理办法〉有关问题的通知》第九条。
[②] 《关于实施〈合格境外机构投资者境内证券投资管理办法〉有关问题的通知》第十条。

第三章 机构投资者对公司治理的影响

机构投资者参与公司治理的现实基础和制度基础极大地促进了机构投资者对公司治理的参与,进而影响了公司治理结构的变迁。

在英语中,"公司治理"是"Corporate Governance"的汉译,则"治理"对应的英文单词是"Governance",意思是控制、操纵或掌舵,以至于有学者指出,"对'舵手'即掌舵人的理解有助于我们洞察治理的本质"。[①] 在现实中,治理(governance)和统治(government)曾经相互交叉使用,主要用于国家的政治管理活动中,但是,从20世纪90年代开始,"governance"被西方学者赋予了新的内涵,不再仅用于政治领域,而是扩展到社会经济领域,并在空间上蔓延到世界各地,从而使"governance"一词也开始受到学者的广泛探讨。其中,影响范围最广的"governance"定义是由全球治理委员会在《我们的伙伴关系》这一研究报告中提出的,即"治理是各种公共或私人机构管理其共同事务的总和,是使相互冲突的利益或者不同的利益得以调和并且采取联合行动的持续过程。治理不仅包括强迫人们服从的正式制度和规则,而且包括各种人们同意或符合其利益的非正式的制度安排。治理有四个特征:治理不是一整套规则,也不是一种活动,而是一个过程;治理过程的基础不是控制而是协调;治理既涉及公共部门,也涉及私人部门;治理不是一种正式的制度,而是一种持续的互动。"[②] 所以,"公司治理"是一个内容丰富的词语。

在汉语中,"公司治理"在表面上并没有英语中那么丰富的含义。从字面上看,"公司治理"是由"公司"和"治理"两个词合成的,而"治

[①] 梅慎实:《现代公司机关权力构造论》,中国政法大学出版社2004年版,第164页。
[②] 全球治理委员会:《我们的伙伴关系》(*Our Global Neighborhood*),牛津大学出版社1995年版,第2~3页。

理"一词在《现代汉语词典》中的解释为"整治、调理、修整、改造",是一个动词,而"公司"则是一个名词,所以,如果从字面上理解,"公司治理"就是公司整治,是一个主谓结构的短语。

所以,对于何谓公司治理,目前学界并没有一个统一一致的看法,对于"Corporate Governance"的翻译更是多种多样。如大陆大多数学者将其翻译为"公司治理",但也有学者将其翻译为"公司治理结构"[①],台湾学者将其翻译为"公司管理"、"公司控制"、"公司监管"等[②],而日本学者直接用音译"Corporate Governance"的外来语表示[③],等等。从经济学的角度来看,公司治理是一个复杂的问题,而不仅仅是治理结构的问题,如果把"Corporate Governance"翻译为"公司治理结构"可能会引人误解为仅仅指公司内部的权力结构,是一种权力分配和权力制衡的静态机制,缺乏对动态监督过程的关注,具有一定的局限性。所以,在本书中,笔者沿用大多数学者的译法,采用"公司治理"这一术语。

对于公司治理的含义,学界也有不同的看法。英国牛津大学著名公司法教授梅耶(Myer)将公司治理定义为"公司赖以代表和服务于它的投资者的一种组织安排,包括从董事会到执行经理人员激励计划的一切东西……是随着市场经济中现代股份有限公司所有权和控制权的分离而产生的",而英国有关公司治理改革的 Cadbury 报告则将公司治理直接称为"经营和控制公司的制度",日本学者酒卷俊雄先生也认为公司治理在本质上是一套指挥与监督体系,包括公司经营意思决定体制、经营监督监视以及经营者的说明责任等。[④] 我国台湾学者王文宇先生认为公司治理从主体层面来看包括公司的经营管理阶层和股东之间的互相制衡,甚至包括利害关系人;从内容层面看包括股东权利的保障、股东公平对待、利害关系人的角

[①] 马俊驹、聂德宗:《公司法人治理结构的比较与重构》,载王保树主编:《商事法论集》(第5卷),法律出版社2001年版,第163页。
[②] 刘连煜:《公司治理与公司社会责任·自序》,中国政法大学出版社2001年版,第11页。
[③] [日]酒卷俊雄:《日本对企业治理问题所作的探索》,载王保树主编:《商事法论集》(第4卷),法律出版社2001年版,第275页。
[④] 费方域:《企业的产权分析》,上海三联书店1998年版,第164~170页。

色及功能、董事会职责及信息披露等。①

在我国大陆,理论界对于公司治理也存在不同的看法,代表性的观点及人物主要有吴敬琏、林毅夫、李维安和张维迎。吴敬琏先生(1994)认为公司治理是指由所有者、董事会和高级执行人员即高级经理人员三者组成的一种组织结构,要完善公司治理,就要明确划分股东、董事会、经理人员各自权力、责任和利益,从而形成三者之间的关系。林毅夫先生(1997)是在论述市场环境的重要性时论及这一问题的,认为公司治理是指所有者对一个企业的经营管理和绩效进行监督和控制的一整套制度安排,人们通常所关注或定义的公司治理实际指的是公司的直接控制或内部治理结构。李维安先生和张维迎先生都认为公司治理有广义和狭义之分。李维安先生(2000)认为狭义的公司治理是指所有者(主要是股东)对经营者的一种监督与制衡机制,其主要特点是通过股东大会、董事会、监事会及管理层所构成的公司治理结构的内部治理;广义的公司治理则是通过一套包括正式或非正式的内部或外部的制度或机制来协调公司与所有利益相关者(股东、债权人、供应者、雇员、政府、社区)之间的利益关系。张维迎先生(1999)则认为狭义的公司治理是指有关公司董事会的功能与结构、股东的权力等方面的制度安排;广义的公司治理是指有关公司控制权和剩余索取权分配的一整套法律、文化和制度性安排,这些安排决定公司的目标,谁在什么状态下实施控制,如何控制,风险和收益如何在不同企业成员之间分配这样一些问题,并认为广义的公司治理是企业所有权安排的具体化。

综上所述,公司治理无论是在理论上还是在实务中都没有形成一个统一一致的定义,但这并不意味着我们对公司治理的基本含义无从把握。其实,从上面的论述中我们可以看出,公司治理所关心和解决的问题就是"为了谁的利益进行治理"和"怎样治理"。公司治理就是解决这两个问题的一套复杂的机制。其中,对第一个问题的解决涉及的是公司治理的目的问题,对第二个问题的解决涉及的是公司治理的结构和模式问题。接下来

---

① 王文宇:《台湾公司治理法制回顾与前瞻》,载滨田道代、吴志攀:《公司治理与资本市场监管》,北京大学出版社2002年版,第16~17页。

我们就分别对这两个问题加以解答,从而也是对公司治理之含义的进一步分析。

第一节 公司治理的目的

要想回答公司治理的目的这一问题,我们必须首先明白公司治理产生的基础,也即为什么会出现公司治理。公司治理这一问题产生于现代公司所有权和控制权的分离。

所有权和控制权的分离是现代大公司的一个基本特征,对其进行集中论述的最早著作为 1932 年伯利(Adolf Berle)和米恩斯(Gardiner Means)的《现代公司与私有财产》(The Modern Corporation and Private Property)。在该书中,作者根据所有权的性质将公众公司分为三类:一是当公司中有一个占统治地位的股东(或数个股东共同行动组成的团体)持有公司表决权股票数额超过 50% 时,就会出现多数控制。这种公司表现出部分的、不完全的所有权和控制权的分离,因为少数股东虽然不分享公司的控制权但仍然共同享有公司的所有权。二是当公司中有一个占统治地位的股东(或数个股东共同行动组成的团体)持有公司表决权股票数额少于 50% 但依然能够通过手中的表决权对公司进行有效控制时,就会出现少数控制。这种公司同样会出现部分的、不完全的所有权与控制权的分离。三是当公司中不存在持有足够比例的表决权股份以对公司实施控制的股东(或数个股东共同行动组成的团体)时,就会出现管理层控制。这种公司表现出完全的所有权和控制权的分离。[①]

现代公司之所以会出现管理层控制,也即所有权和控制权的分离,是因为公司的股份广泛分布于众多投资者手中,而其中没有任何一个股东拥有足够数量的股份来控制公司的经营。公司之所以会出现股份广泛分散的情形,主要是因为大型企业需要数额巨大的资金来满足自己的经营发展,

---

[①] [美]斯蒂芬·M. 贝恩布里奇:《理论与实践中的新公司治理模式》,赵渊译,法律出版社 2012 年版,第 4~5 页。

而这种巨大的资金需求并不是传统的个人或家族所能够满足的，于是企业便在市场上通过向社会公众出售股票的方式募集资金。出于分散风险的目的，小投资者一般会限制自己对单个公司的投资数额，进而导致大公司股权结构的广泛分散。现代公司的所有权和控制权分离就是这一系列原因的结果。

现代公司所有权与控制权的分离虽然具有自身积极的价值，如它能够满足大公司对巨额资金的需求，能够使公司得到专业化的经营管理从而提高公司的经营效益，能够使股东在公司经营中保持消极状态，避免因股东介入公司的日常运作而可能引发的混乱，等等，但它同时也带来了一系列的难题，其中最为典型的就是公司经营者与所有者之间的利益冲突问题。一方面，经营者作为公司所有者财产的受托经营管理人，应当以追求公司所有权即股东的利益最大化服务；另一方面，经营者自身也是经济人，也为了自己利益的最大化而行动。这样，当经营者的目标偏好和公司股东的目标偏好存在不一致的时候，经营者和股东之间的利益冲突就会出现。此时，不能简单地假定经营者会自觉主动地维护股东的利益，而是应当考虑到经营者对公司决策的控制可能会损害股东的利益。股东作为公司财产和盈利的剩余请求权人有权就公司的利润获得分配，而决定如何处置公司盈利的人却是公司的董事和经理等公司经营者，并非股东，于是，董事和经理们有可能把公司的盈利用在一些有利于自己却无利于股东的投资或项目上，从而损害股东的利益。在这种情况下，公司治理的目的应当是什么呢？现代公司治理理论的发展，出现了公司治理的目的的股东至上主义和利益相关者理论。

股东至上主义从字面上我们就可以看出其主要目的是为了股东的利益，股东的利益是最重要的。公司法的目的就是为了谋求股东利益的最大化，当股东与非股东的利益相关者之间发生利益冲突时，应当首先保护股东的利益。在理论上，股东把自己的资本投入公司，委托董事和经理对其进行管理经营，其目的就是为了获得最大化的收益。虽然股东至上主义的产生动因最初只是为了保护小股东的利益，解决多数股东和少数股东之间

第三章 机构投资者对公司治理的影响

的冲突[①]，但是，在当今，股东至上主义已经脱离对少数股东进行保护的原初意义，而成为解决股东和利益相关者之间利益冲突的一个原则。股东至上主义在公司法中也有体现，如股东可以通过选举董事、监事和经理，股东可以代表公司提起派生诉讼等，对公司行使控制权。公司的董事负有为了股东的最佳利益进行决策的义务。当公司内部出现利益冲突时，董事应当为了股东的最佳利益而行动。

但是，随着经济社会的发展，股东至上主义也遭到了学者的质疑和反对。首先，公司作为法律拟制的人实际上作为一种"扩大了的个人"而享有"人"应当享有的各种权利[②]，而不仅仅是某些人用来经营商务并分享利润和分担损失的工具。[③] 虽然公司是一个商人，但它首先应当是一个人，应当同其他普通人一样承担社会义务。但是，公司的社会义务却经常被忽视，正如有学者所指出的那样，"公司义务的被忽视相对于个人义务被忽视要更严重"[④]，"雇员和经理对公司的忠诚要甚于公司对他人的忠诚"[⑤]，"公司的目的不是要使自己变得高尚，如果它试图这样做，则对它很不利；公司不需要很高尚的目标……公司在过去曾受到法律和政治上的指责，说它超越了特许状所规定的任务范围，如同东印度公司所遭遇的那样；而现在，当公司受到指责时，通常的原因是它冒犯了政治、社会、道德的利益

[①] 学界引用最多的关于股东至上主义的判例就是道奇诉福特公司案（Dodge v. Fort Motor Co.）。该案的主要内容如下：道奇是福特公司的原始股东，后来道奇兄弟决定不再担任福特汽车公司的董事而研制自己的汽车，从而与福特公司形成竞争。为了获得创业资本，道奇兄弟打算向福特本人出售他们手中的福特公司的股份，但福特拒绝购买。尽管道奇兄弟无法通过出售股份获得资金，但他们仍然能够通过获得福特公司股分红利的方式获得资金。由于道奇兄弟研制自己的汽车对福特公司构成威胁，福特公司拒绝向道奇兄弟支付红利。于是，福特公司于1916年宣布由于公司的年度盈利仅为6000万美元而不再向股东支付红利，并计划将这些红利用于拓展公司的规模。随后，道奇兄弟对福特公司提起诉讼。1919年，美国密歇根州最高法院判决道奇兄弟胜诉。法院明确判决公司的建立和运行的主要目的就是为股东谋取利益。
[②] ［英］伊凡·亚历山大：《真正的资本主义》，杨新鹏等译，新华出版社2000年版，第111页。
[③] ［美］汉密尔顿：《公司法概要》，李存捧译，中国社会科学出版社1999年版，第2页。
[④] ［英］伊凡·亚历山大：《真正的资本主义》，杨新鹏等译，新华出版社2000年版，第113页。
[⑤] ［英］伊凡·亚历山大：《真正的资本主义》，杨新鹏等译，新华出版社2000年版，第128页。

和观点"[①]。公司应当和自然人一样需要负有社会义务和责任,不应仅仅追求利润的最大化。并且,公司作为一个资本与人的集合体,内部存在复杂的关系,俨然是一个缩小了的社会。它对外作为一个具有独立法律人格者享有权利,承担义务。对内则与国家机关的制衡机制一样,按照权力机关、管理机关、执行机关三权分立的原则构建公司的治理结构。并且公司还雇用大量的人员从事生产经营活动。所以,特别是大公司,其已经成为一个微型社会。在这个微型社会中,存在这种小股东权益的保护、雇员利益的保障、防止大股东乱用支配权、防止董事和股东之间代理成本的增大等一系列问题。公司除了要考虑利润、经营和竞争外,还要考虑奖金、待遇、社会保障等问题。所以,在公司这个微型社会中,不仅要考虑效率,还要顾及公平。

其次,股东利益至上是所有权绝对的具体体现,当所有权在现代社会相对化之后,股东至上主义也不再具有绝对性。根据所有权绝对原则,股东作为公司的所有人,其权利当然具有绝对性。但是,当资本主义进入垄断阶段以后,所有权绝对逐渐受到限制,所有权要负有一定的社会义务,进而使其走向相对。这一趋势在公司法上的体现就是对股东至上主义的限制。虽然股东是公司的所有者,享有选举权、批准权、收益权等一系列重大的权利,但他们无法实际控制公司资产,也无法控制经营管理人员的经营决策。在此意义上,股东的所有权是受到限制的。并且,股东仅对公司的债务承担有限责任,而不像普通的财产所有者那样对其债务承担无限责任,很显然,公司经营的一部分风险转移给其他利益相关者身上,如债权人、雇员等。所以,从风险承担的角度看,公司的利益相关者也应当享有与其承担风险相应的剩余控制权。因此,股东既然不是私法意义上的完全所有权人,无法承担完全所有权人应当承担的法律责任,他也就无法获得完全的绝对的所有权。股东至上主义也无法成立。

最后,股东利益的最大化并不等于公司利益的最大化,也不意味着公司要努力创造财富,更不等于公司未来的发展前途和竞争力。股东一般关

[①] [英]伊凡·亚历山大:《真正的资本主义》,杨新鹏等译,新华出版社2000年版,第114页。

注自身的利益，关注自己的投资是否能够获得丰厚的回报，当公司利益和股东利益出现不一致时，股东一般会偏向自己的利益。例如，公司收购中，股东可能获得了非常高的收购价，但公司的利益却可能遭到损失。公司一旦被收购，就会发生重组，雇员可能失业，并可能引发社会问题。所以，股东的利益不等于公司的利益，它只是公司所创造的社会财富的一小部分。如果公司只关注股东利益的最大化，可能不会有利于社会财富的增加。因为，社会财富只有在社会产出增多时才会增长，社会财富是由"饼"的大小决定的，而股东利益通常关注的是把一块"饼"如何分割进而有利于股东，而不是把"饼"做得更大。① 并且，确保公司长远竞争力的公司行为可能不会在短期内增加股东的利益。

对股东至上主义的诟病促使人们转向对利益相关者理论的重视。利益相关者理论否认"股东是企业的所有者"，认为职工、供应商、经营者和客户也都是企业的所有者，都对企业进行了投资，同时也都承担了一定的风险，唯一不同的地方就是股东所投的是物质资本，经营者和职工等所投的是人力资本。在高度流动性的资本市场上，股东变得消极而分散并且常常通过"用脚投票"的方式来转移和规避风险，他们对企业的责任日渐削减。与此相反，其他利益相关者（特别是经理人）和企业之间的联系更为紧密。如果企业破产，他们的人力资本便遭受损失，从而使他们更关心企业的成长和发展。利益相关者理论的基本观点认为：公司治理不仅仅要调节股东和经理人之间的关系，公司的利益相关者都是公司的所有人，董事会不仅要有股东代表还要有利益相关者代表。详细言之，利益相关者理论的要点主要包括以下四个方面。②

第一，所有权（ownership）在现代公司中是一个非常复杂的概念，以所有权为起点讨论公司治理"是彻底错误的"，股东并非公司的唯一所有者，而只能拥有企业的一部分。传统理论使股东拥有所有者的一切权利和责任并不是基于社会科学的规律，而是基于法律的直接规定和社会习惯。

第二，剩余风险并不仅由股东承担，而且由公司的职工、供应商、债

---

① [美] 理查德·埃尔斯沃斯：《公司为谁而生存》，李旭大译，中国发展出版社2005年版，第129页。
② 李传军：《利益相关者共同治理的理论基础与实践》，《管理科学》2003年第4期。

权人等利益相关者承担。一旦将利益相关者投入的资产改做他用,其价值可能就会降低。所以,利益相关者投入公司的那部分资产是有风险的。为了激励利益相关者的投入,就需要给他们一定的剩余收益,从而在制度设计上应该给利益相关者一定的企业控制权,也就是说所有的利益相关者都应是公司治理的参与者。

第三,作为非股东的利益相关者对公司的发展是必不可少的。在现实经济生活中,广大的中小股东拥有绝大多数的资本,他们为了在市场上寻求利润而通常放弃"用手投票"而采取"用脚投票",从而减少对公司责任的承担。而真正关心公司的生存和发展的是与公司具有密切联系的经理人员和广大职工。所以,公司治理不能仅仅局限于维护股东的利益而限制经理的权力,董事会等决策机构中除了应当由股东代表以外还应当有其他利益相关者的代表。

第四,公司的法人财产是由股东投资形成的资产、公司经营过程中增加的财产和无形资产共同组成,而公司的法人财产是相对独立的,不等于股东的资产。所以,忽视股东以外的其他利益相关者对公司财富的创造也是不可取的。

我国《上市公司治理准则》第八十一条直接规定"上市公司应尊重银行及其他债权人、职工、消费者、供应商、社区等利益相关者的合法权利",从而为利益相关者参与公司治理奠定了一定的基础。

但是,尽管学界对利益相关者进行了大量的卓有成效的研究,加深了人们对利益相关者的理解,但到目前为止,人们对利益相关者的界定标准仍然缺乏可操作性。并且,对怎样实现利益相关者对公司治理的参与、如何评价利益相关者参与公司治理的绩效、如何在效率和公平之间进行选择等问题的研究也非常薄弱。所以,从总体上说,尽管人们对利益相关者理论有所重视,但是在美国的企业管理和公司法学界,股东至上主义一直占据着主导地位。[①] 详细言之,利益相关者理论存在以下诸多质疑和不足:第一,利益相关者理论将股东利益至上这一单一公司目标转变成满足利益相关者需求的多元化目标,实际上将导致公司没有目标。当管理者被告知

---

① 赵玲:《公司治理:理论与制度》,法律出版社2009年版,第78~82页。

要同时满足公司利润最大化、股票价格、职工工资、社会福利及其他利益相关者的利益要求时,公司管理者不可能作出合理的决策,导致管理者没有目标可循。第二,利益相关者参与公司治理的决策成本高昂,效率低下。由于利益相关者之间存在利益冲突和差异,如提高职工的工资满足职工的利益必然会影响股东的剩余收益,再加上各利益相关者的信息不对称,若加入公司治理,必然会导致大量的协商和讨论,从而影响公司决策的及时制定。第三,要求公司管理者对所有的利益相关者负责就等于对谁都不负责。由于不存在判断公司管理者决策优劣的经营目标和业绩标准,利益相关者的多元化目标使公司所追求的目标和所关心的问题与政府所追求的目标和所关心的问题难以分开,这就为管理者完不成公司经营目标、逃脱经营管理责任以及政府部门干预经济提供了借口。这也是利益相关者理论得到公司经理层和政府部门青睐的主要原因。[1]

总之,在实践中,利益相关者理论缺乏可操作性,没有明确的判断利益相关者的标准,管理层也无法平衡各利益相关者的利益,致使公司的目标模糊化,董事会也不知到底为谁的利益服务,使公司的社会责任更加模糊。[2]

所以,公司治理不仅要谋求股东利益的最大化,而且也要保护和照顾公司的其他利益相关者。公司治理的这种多元化目的决定了公司治理也应当是一个多元化的治理,其表现就是公司的各种资本的投入者在公司治理过程中所形成的权利义务关系,其实质就是投资者之间以及公司的决策者、监督者、执行者之间的利益分配关系,包括公司各资本投入者在生产经营过程中的控制、参与、选择、激励和约束等行为。[3]

---

[1] Michael C. Jensen, *Value Maximization, Stakeholder Theory, and the Corporate Objective Function*, Journal of Applied Corporate Finance, Fall, 2001.
[2] 周清杰、孙振华:《论利益相关者理论的五大疑点》,《北京工商大学学报(社会科学版)》2003年第5期。
[3] 廖斌、徐景和:《公司多边治理研究》,《政法论坛》2003年第1期。

第二节 公司治理的主要模式

为了实现公司治理的目的,公司治理也采取一定的结构模式。对于公司治理的模式,不同的学者从不同的角度作出了不同的分类,如基于董事会的模式将公司治理模式分为英美的单层制模式和德日的双层制模式;基于公司的目的分为股东导向型模式、经理人导向型模式、劳工导向型模式、国家导向型模式和利益相关者导向型模式;基于公司监控模式分为外部控制型模式和内部控制型模式;基于融资角度分为股东主导型模式和银行主导型模式;等等。但这些公司治理模式的划分并非彼此互不关联,而是存在一定的交叉,如英美的单层制模式在很大程度上又是股东导向型模式、股东主导型模式和外部控制型模式,而德日的双层制模式在很大程度上又是劳工导向型模式、银行主导型模式和内部控制型模式。所以,笔者在此主要从代表性国家和地区的角度来探讨公司治理的模式,并将公司治理模式分为英美公司治理模式、德日公司治理模式和韩国、东南亚家族公司治理模式。

一、英美公司治理模式

由于英、美两国在历史、政治、经济、文化、法律等方面的具有高度的相似性甚至是同源性,所以两国的公司治理模式也大同小异,因此,在研究公司治理模式时,英、美两国的公司治理模式一般被放在一起作为一个类型加以研究。

英美公司治理模式突出强调市场的作用,以股权高度分散、市场流动性强、严格外部控制市场以及强调独立董事监督作用的董事会结构为主要特征。以股份公司为代表,公司的股份高度分散,小股东一般只持有某一公司的很小的一部分股份。在20世纪70年代以前,美国上市公司70%的股票都是由个人持有的,80年代个人持股比例有所下降,到1990年个人持股比例降至56%。从2000年开始,尽管机构股东的持股比例超过了个人股东,但绝大多数美国公司的股权结构仍比较分散,如通用汽车公司股东人数达 200 万，其股份总数为 4 亿股，平均每个股东持有 200 股。[①] 由于股权的高度分散，股东一般都缺乏积极监督公司经营者的动力，只是要求经营者提供财务数据，要求证券市场的监管者制定相应的规则确保交易的公平性。股权的分散使公司的控制权从股东转移到经营者手中，公司的经营者实际拥有公司的控制权，使"投资者资本主义"变成了"管理者资本主义"。由于股权的高度分散，个人股东不可能具有公司的控制权，在现实中，股东只能在股票市场上通过"用脚投票"的方式形成对经营者的约束。

股权的高度分散以及公权的频繁流动导致公司经营者的权力扩张，在这种情况下，外部制约机制对公司的经营者起到一定的约束作用，主要是公司的控制权市场和证券市场的信息披露机制。公司控制权市场的约束机制主要是通过敌意接管和杠杆收购来实现的。假如市场有效，某一公司的公众股票价格就会由金融市场决定并能有效地反映出该公司的所有相关信息，并且，该公司的股票价格就成为衡量该公司净值的最好的评价标准。假如公司的经营者滥用其手中的管理权力或者因为某种原因导致经营者不能很好地发挥作用，则公司股票的价格就会下跌，进而吸引外部投资者来购买股票从而接管该公司。因此，金融市场通过敌意收购威胁、敌意收购、杠杆收购以及其他控制权的市场交易方式，可以较为有效地矫正经营者滥用权力而违背受托责任的行为。并且，经过长期的发展，证券市场已经形成了较为完善的信息披露机制。例如美国的《证券法》（1933 年）和《证券交易法》（1934 年）都要求所有公开发行证券的公司必须准确、及时地向社会公众披露融资信息。

在内部治理结构方面，一般有股东会、董事会和首席执行官。在理论上，股东大会应该是公司的最高权力机构。但由于英美公司的股东非常分散，并且很大一部分股东是持有少量股份的股东，他们实施公司治理权的成本较高，故此，在现实中，股东大会不可能作为公司的常设机构。在此情况之下，股东大会一般将其决策权委托给部分大股东或有权威的人来行

---

① 周荃：《美国、日本、德国公司治理模式的比较研究》，《广州市经济管理干部学院学报》2006 年第 1 期。

使,并由这些人组成董事会。股东大会与董事会之间的关系实际上就是一种委托代理的关系。股东们将公司日常的经营决策权委托给由董事组成的董事会,而董事会则向股东承诺使公司健康发展以获得较为满意的利润回报。

　　董事会的职权由股东大会授予。公司法对董事会的人数、职权等作出明确的规定。此外,各公司一般都在公司章程中对董事会的有关事宜作出较为详细的规定。英美公司的董事会在内部管理上有两个明显的特点:第一,董事会内部设有不同的委员会,以便帮助董事会更好地作出决策。一般情况下,英美公司的董事会都设有执行委员会、任免委员会、薪酬委员会、审计委员会等专门委员会,并由董事长领导。为了应对瞬息万变的市场环境,有些专门委员会实际上行使着董事会的决策职能,如执行委员会。在这种情况下,执行委员会就成了董事会的常设机构。除此之外,有些公司还设有一些辅助性委员会,如审计委员会,用来帮助董事会加强其对有关法律和公司内部审计的了解,使董事会中的非执行董事把注意力转向财务控制和存在的问题,从而使财务管理真正起到一种机制的作用,增进董事会对财务报告和选择性会计原则的了解;薪酬委员会,用于决定公司高级人才的报酬问题;董事长的直属委员会,由董事长随时召集讨论特殊问题并向董事会提交会议记录和建议的委员会,虽然它直属于董事长,但它始终对整个董事会负责,而不只按董事长的意图行事。第二,公司的董事由内部董事和外部董事构成。内部董事主要是公司职员,包括现在的职员和过去是职员但现在仍与公司保持重要商业往来的人。外部董事包括3种外部人员,即与公司有着紧密联系的外部人员、公司聘请的外部人员和其他公司的经理人员。外部董事虽不在公司任职,但一般在董事会中占多数。内部董事一般都在公司担任要职,是公司经营管理的核心成员。

　　在现实中,董事会可以将公司的部分经营管理权力委托给代理人代为执行,这个代理人就是首席执行官(CEO),是公司政策执行机构的最高负责人。首席执行官一般都由董事长兼任或者是公司的执行董事并且是公司董事长的继承人。由于公司的经营管理业务复杂且经理职能也日益专业化,大多数公司又为首席执行官之下设首席运营官即COO(Chief Operation Officer)作为首席执行官的助手负责公司的日常业务。首席运营官一般由公司总裁（President）兼任，而总裁是仅次于首席执行官的公司第二号行政负责人。首席执行官作为公司董事会的代理人，其拥有何种权力以及多大的权力是由董事会决定的。首席执行官的设立，体现了公司经营权的进一步集中。

英美公司中不设监事会。有关公司财务状况的年度审计报告由公司聘请的专门审计事务所负责。尽管公司董事会内部设有审计委员会，但它主要是协助董事会或总公司监督子公司财务状况和投资状况等。由于英美国家的股票市场高度发达，公司财务状况的真实披露在很大程度上影响和决定着股票交易，而公司内部的审计机构难免在相关信息发布的及时性和真实性方面存在偏差，因此，英美国家由有关企业聘请由独立会计师承办的审计事务所对公司经营状况进行独立审计并发布审计报告，以彰显公正。

二、德日公司治理模式

德日股份公司的发展得到了政府和银行的有效支持，由于政府管制和银行作用的特殊性致使在德日股份公司中银行一般占有大量的股份并直接参与公司的治理，所以，德日公司治理模式又被称为银行控制主导型公司治理模式。

商业银行是公司的主要股东。在德国和日本，商业银行在公司治理中处于核心地位。在公司的经营发展过程中，商业银行深入地涉足与其有关联的公司之经营业务，从而产生了具有特色的银行主导型公司治理模式。在这种公司治理模式中，在某公司贷款中具首要地位的商业银行被称为该公司的主银行，而由公司的主银行所提供的贷款被称为系列贷款，其中包括短期贷款和长期贷款。在日本，主银行在公司治理中扮演者多重角色：一方面，主银行和公司之间在持股、融资、管理、信息交流等方面结成密切关系；另一方面，主银行基于公司这一纽带而与其他银行形成联系；另外，主银行还与政府管制部门形成联系。这三种关系相互交叉和制约，形成一个有机的、以银行为中心并通过公司之间相互持股的关系网。目前，银行是日本公司的主要持股者，其持股比例达 40% 左右。例如，丰田汽车公司的前八位股东中有七家是金融机构，丰田与自己的大股东之间相互持股的程度也相当高，是其中两家公司的第一大股东，一家公司的第二大股东。① 德国政府在很早以前就主张通过银行来促进经济增长。在早期，银行还只是向公司提供贷款的债权人，但是，如果公司拖欠银行的贷款时，银行就可以成为该公司的股东。德国法律对银行可以持有某公司的股份数额没有限制，但银行的持股金额不得超过银行总资本的15%。此外，德国银行还可以兼作个人股东的股票保管人而进行间接持股。在德国，个人股东一般都把自己所持的股票转交给其信任的银行代为保管，与此同时，个人股东以在储存协议书上签署授权书的方式把他们的投票权也转让给银行去行使。例如，截至1988年，在德国银行储存的股票价值总额高达4115亿马克，约占当时德国国内股票市场总值的40%，加上银行自己持有的股票（约占9%），银行直接持有和间接管理的股票就占德国上市股票的50%左右。②

　　法人持股以及法人相互持股是德、日公司股权结构的一个重要基本特征。第二次世界大战以后，日本公司的股权结构出现了一定的分散，如股东数量的增加和股票持有者的多元化等，但尽管如此，日本公司的股权并没有向个人集中，而是表现出相反的发展趋势，即股权向法人集中，从而形成了日本公司股权持有者法人化的现象，形成法人持股的特征。据统计，在日本，从1949年到1984年间，个人股东的持股比例率从69.1%下降到26.3%，与此同时，法人股东的持股比例则从15.5%上升到67%，而到1989年，个人股东的持股比例则下降至22.6%，法人股东的持股比例上升至72%，以至于有学者将日本公司的法人持股特征称为"法人资本主义"。③ 并且，由于德国和日本的法律没有限制法人之间的相互持股数额，从而导致公司法人相互持股是一个非常普遍的现象。法人相互持股有两种表现形式：垂直持股和环状持股。前者通过形成母子公司关系而实现生产经营等方面的相互协助，如丰田汽车公司、住友公司等；后者的目的是使各公司建立较为稳定的经营和资产联系，如三菱公司、第一劝银集团

---

① 周荃：《美国、日本、德国公司治理模式的比较研究》，《广州市经济管理干部学院学报》2006年第1期。
② 车汉澍：《东亚公司治理模式研究》，吉林大学博士学位论文，2005年，第45页。
③ 车汉澍：《东亚公司治理模式研究》，吉林大学博士学位论文，2005年，第46页。

等。总之，公司相互持股加强了关联企业之间的联系，使企业之间相互渗透、相互依存、相互制约，在一定程度上结成"命运共同体"。

德国和日本都有较为严密的公司监控机制。德日公司的股东如果对经营者不满意的话，一般不会像英美公司的股东那样采取"用脚投票"，而是直接主动地"用手投票"，即公司股东主要通过他们当中有能力行使股东权利的人或组织或者是他们所信赖的中介组织，通常是银行，来代他们监督和控制公司经营者的行为，从而达到参与公司治理而保护自身利益的目的。但德日两国的公司监控机制也存在各自特征。

德国公司监控机制主要有两个方面的特征：双层董事会和职工参与决定制定。依照德国的相关法律，股份公司必须设立双层董事会，即执行董事会和监督董事会，分别行使业务执行职能和监督职能。监督董事会代表公司股东和职工的利益，其成员一般都有较为突出的专业特长和比较丰富的管理经验，主要负责以下事务：任命和解聘执行董事，监督执行董事是否按公司章程经营；对诸如超量贷款而引起公司资本增减等公司的重要经营事项作出决策；审核公司的账簿，核对公司资产，并在必要时召集股东大会。所以，无论是在组织形式上还是在具体权力上，德国公司的监督董事会都是一个股东行使监督和控制权力的机构，它拥有公司高级管理人员的聘任和解聘权力，确保了股东的利益。并且，由于银行的直接持股和间接持股导致银行拥有大量的投票权，进而使其在公司监督董事会的选举中占优势。如果公司的经理及其他高层管理人员经营不善，银行在监事会的代表就会同其他监事会代表一起要求改组执行董事会，更换公司的经营管理人员。所以，德国公司的监事会制度为股东行使监督和控制权利提供了可能性，而银行的直接持股使股东权的有效行使变成现实。早在魏玛共和国时期，德国就充分重视职工参与公司的治理，但是，直到第二次世界大战，工会仍然是解决劳资争议的主要机构。二战之后，以德国为代表的欧洲各国普遍尝试职工参与公司治理并获得了较为显著的收效。1951年，德国的《关于煤炭和钢铁工业职工平等参与决定权的法律》首次规定了职工参与公司治理的制度，根据该法的规定，公司的监事会由5名资方代表、5名劳方代表及另外11名"中立"成员组成；公司的执行董事会必须有1名劳方董事。随后，这一制度逐步扩大到德国的其他产业立法中。1952年，德国的《企业委员会法》规定，拥有 500 人以上职工的公司，监事会中必须有三分之一的工人代表。1976 年的《参与决定法》对拥有 2000 名以上职工的公司作出了新的规定，即监事会由劳资双方代表对等组成，董事会中必须有一名成员专门负责劳工问题。上述这些法律都规定职工有权选举半数的监事会成员。① 目前，德国的职工参与公司治理可以分为三种形式：一是拥有职工 2000 名以上的股份有限公司、合资合作公司、有限责任公司，其职工参与依据是 1976 年的《参与决定法》。二是拥有 1000 名以上 2000 名以下职工的股份有限公司、有限责任公司等企业，其职工参与决定涉及董事会和监事会。董事会中要求有 1 名劳工经理参加。监事会的人数定为 11 人，其中劳资双方分别提出 4 名代表和 1 名"其他成员"，再加 1 名双方都能接受的"中立的"第三方，"其他人员"不允许与劳资双方有任何依赖关系，也不能来自那些与本企业有利害关系的企业。三是拥有 500 名以上 1000 名以下职工的股份公司、合资合作公司等。雇员代表在监事会中占 1/3，在监事会席位总数多于 1 个席位时，至少要有 1 名工人代表和 1 名职工代表。职工代表由工人委员会提出候选人名单，再由职工直接选举。②

日本银行的双重身份必然决定了其在行使监督和控制权力中发挥着主导作用，并通过积极获取公司的有关经营信息对公司的经营者实行较为严密的监督。一方面，在公司经营状况良好的情况下，银行作为公司的主要股东只是一种"平静的商业伙伴"而存在。另一方面，如果公司的经营状况开始恶化，盈利开始下降，主银行就能充分利用它的特殊地位，并通过短期信贷、营业账户以及与公司最高管理层的个人交往等途径较早获取相关信息并及时发现有关问题。如果公司的经营状况继续恶化，主银行就可以通过召开股东大会或董事会来更换公司的最高领导层。另外，日本公司还通过定期地举行"经理俱乐部"会议对公司的经营者施加影响。虽然"经理俱乐部"会议是一种非正式的公司治理结构，但实际上它是银行和其他主要法人股东行使权力的真正场所。在"经理俱乐部"会议上，包括

---

① 赵玲：《公司治理：理论与制度》，法律出版社 2009 年版，第 29 页。
② 车汉澍：《东亚公司治理模式研究》，吉林大学博士学位论文，2005 年，第 48 页。

银行和法人股东在内的负责人与公司经理一道讨论公司的投资项目、经理的人选以及重大的公司政策等。

三、韩国、东南亚地区家族公司治理模式

虽然韩国和东南亚家族控制公司的治理模式具有很多形同或相似之处，但由于各国具体国情以及公司发展所处的环境具有差异，所以家族控制公司的治理模式在不同国家内部也会有所差别，尽管如此，它们的共性是明显的。

首先，家族成员掌握着公司的所有权和经营管理权，公司决策家长化，雇员管理家庭化。在现实中，韩国和东南亚家族公司的所有权的表现形式主要有以下五种：一是开始时公司的所有权由单一的创业者拥有，创业者退休后把公司的所有权转让给子女共同拥有；二是开始时公司的所有权由共同创业的兄弟姐妹或堂兄弟姐妹共同拥有，创业者退休后把公司的所有权转让给他们的各自的子女共同拥有；三是开始时公司的所有权由具有血缘、姻缘和亲缘关系的合资创业的家族成员共同拥有，创业者退休后把公司所有权转让给创业者各自的第二代或第三代家族成员共同拥有；四是由家族创业者或家族公司与家族外其他创业者或公司共同合资创办的公司由家族创业者或家族公司控股，当公司股权转让给第二代或第三代家族成员后，形成由家族成员联合控股的形式；五是处于封闭状态的家族公司在企业公开化或社会化的压力下把公司的部分股份转让给家族以外的人，或者把家族公司上市，进而造成家族公司产权多元化的局面，但其所有权仍由家族成员所掌控。并且，在家族公司中，公司的主要经营管理权都由家族成员所掌握，或者由有血缘关系的家族成员所控制，或者由有血缘关系的家庭成员和有亲缘、姻缘关系的家族成员共同控制。正因为公司的所有权和经营管理权都由家族成员所控制，所以公司的决策存在家长化的倾向。公司的重大决策（如公司人事任免、公司业务的拓展、新公司的创办、公司接班人的确定等）都由作为公司创办人的家长一人作出。家族中其他成员作出的决策必须得到家长（即使他们已经退出经营前线）的认可，由家族第二代成员作出的重大决策也必须征询家长的意见或征得家长的同意。此外，家族公司对雇员的管理也具有家庭化的倾向，以家庭成员

对待之。例如，马来西亚的金狮集团在经济不景气的时候不主张辞退员工，假如公司员工表现不好，公司也不会马上开除他，而是通过与员工谈心等途径去解决问题；印度尼西亚的中亚财团对工龄在25年以上的员工实行全薪退休制，增加了员工对公司的忠诚感；韩国的家族公司一般也都为员工提供各种福利设施如食堂、职工医院、托儿所、通勤班车等。这种家庭化管理不仅使员工对企业更加忠诚，从而提高企业的凝聚力，而且减少了员工与公司之间的矛盾，保证企业的顺利发展。

其次，经营者的激励约束双重化，来自银行的外部监督较弱。在家族公司中，经营者同时受到家族利益和亲情的双重激励与约束。对于第一代创业者来说，激励它们创业的动力往往是为了使自己的家庭生活更富有或者为了光宗耀祖，或者为了给自己的后代留下一些财富。而对于第二代及其以后的经营者而言，激励和约束他们的因素主要是对祖辈留下的产业发扬光大、使家族资产保值增值、维持家族成员的亲情关系等。所以，相对于非家族公司而言，家族公司的经营者做出利己主义倾向的行为以及发生道德风险的可能性要小一些，从而使对经营者的制度约束成为多余。但这种双重激励和约束机制也使经营者承受更大的压力，从而成为家族公司解体的隐患。在东南亚，涉入银行业的家族公司很多。有些家族公司就是从银行业开始创业的，然后逐步把其经营领域扩展到其他行业。也有些家族公司在最开始的时候并不是从事银行业的，而是当公司发展到一定规模之后再逐步把其经营范围扩展到银行业。不管他们怎样涉足银行业，银行作为家族公司的业务之一，和其他公司业务一样，都是为家族利益的实现服务的。银行只是实现家族利益的一个工具，服从于家族整体利益，为家族的其他公司服务。因此，家族的银行对家族的其他公司基本上没有什么约束。并且，一些没有涉足银行业的家族公司一般也都采取由其下属的系列公司之间相互担保以向银行融资，从而削弱了银行对家族公司的监督。韩国的情况与此不同。银行是韩国政府干预经济活动的一个非常重要手段，一般都由政府控制。只有按照国家宏观经济政策和产业政策要求而进行生产经营公司才可能获得银行的优惠贷款，否则很难得到银行的贷款资助。因此，为了自身的生存和发展，韩国的家族公司都围绕国家的宏观经济政策和产业政策从事生产经营活动，从而使韩国的家族公司获得不受银行约束的银行贷款。并且，银行在韩国只是一个发放贷款的机构，其很少关心贷款的流向以及获得贷款企业的金融体质是否健康，从而使韩国的家族公司受到银行的监督和约束较小。

最后，政府对家族公司的发展有较大的制约。在东南亚，家族公司一般由华人设立，并经常受到政府所设各种障碍的限制。为了公司的生存和发展，华人家族公司只能与政府及政府所属的公营企业合作、与政府公营企业合资以及在公司中聘任政府退休官员和政府官员的亲属等方式来搞好与政府的关系。在韩国，政府主要是通过宏观经济政策和产业政策对家族公司进行制约和引导。只要家族公司的经营活动符合国家的相关要求，政府就会在财政、金融、税收等方面给予其各种优惠；相反，如果家族公司的经营活动不符合国家的相关要求，政府会在财政、金融、税收等方面对其进行限制。

第三节　机构投资者促使公司治理模式变迁

其实，如果从公司的融资来源和控制方式来看，笔者在上文所论述的三种公司治理模式可以被划分成以下四种不同的类型[①]：一是以英美国家公司为代表的通过股权进行市场控制。在该模式中，公司主要依靠发达的资本市场进行股权融资，但由于股东持股分散而不具有监督公司经营者的能力，从而形成"强管理者、弱股东"的权力分配局面，公司的控制主要来自于股权市场上的控制权争夺。二是以德日公司为代表的通过债权直接控制的关系投资模式。在这种模式中，公司与少数债权人及股东具有独特的融资关系，并且交叉持股现象比较普遍。银行既是公司的债权人又是重要的股东，通过债权对公司的治理实施绝对的控制，其他（机构）股东的控制权则受到了限制。三是通过债权实施市场控制，即银行或机构投资者通过债券等方式向接管融资，通过限制自由现金流量和减少经理人的福利

---

① Davis, E. P. *Institutional investors, corporate governance of the corporate sector*, Economic Systems, 2002, Vol. 26, pp. 203—229.

支出对公司实施控制，这种模式在20世纪80年代的英国和美国较为流行，但由于并购过程中的较高溢价导致代理成本高昂、管理者对反接管措施滥用以及垃圾债券融资方式的缺陷等问题的出现而告终结。四是通过股权直接控制，也即"强股东、弱管理者"模式。在该模式中，股东拥有强大股权，如果是内部股东，则可以通过选举董事从而控制管理者；如果是外部股东，如机构投资者，则可以通过与管理者的直接联系而施加影响和控制。

在英美国家中，通过债权和股权的市场控制已经被实践证明存在诸多问题。[①]"强管理者、弱股东"局面的最有效机制就是股票期权和管理层持股[②]，但由于管理者的收益直接和股价联系在一起，从而导致管理者利用手中的控制权通过贿赂会计师事务所或投资银行并采取隐瞒负债、关联交易、高估资产等途径来欺骗投资者。虽然外部的市场压力可以在一定程度上缓解管理层的腐败，但市场对短期财务指标的过分关注给管理者带来巨大的压力，进而使其忽略公司的长期发展，2002年"安然"公司的财务丑闻就是这种缺陷最明显的表现。控制市场的失败促使英美国家的投资者开始探寻新的控制方式，而机构投资者的崛起使上市公司的公司治理结构和股权结构都发生了较大的改变。随着机构投资者持股集中程度的增长和持股规模的扩大，其所持股份的流动性也进一步减弱，为了减少风险，机构投资者会要求更多的拥有公司的控制权。这种变化有利于避免市场导向模式中投资者的短视性行为，有利于管理层专注于公司的长期发展，进而可以提升公司的长期价值。并且，由于机构投资者只是公司的外部股东，并不以获得公司的最终控制权为最终目的，它们更倾向于采取与管理者直接接触并监督管理者的方式影响公司的运营，所以有助于拉近管理者与外部股东之间的"距离"和建立"关系型"的投资关系。从政府管控的视角观之，尽管美国具有反对垄断和保持市场自由的传统，但随着机构投资者在公司治理中所起的作用越来越大，政府及相关法律对机构投资者在持股规

[①] Shleifer, A., and Vishny, R. W. *A survey of corporate governance*, The Journal of Finance, 1997, Vol. 52, pp. 737—783.

[②] Jensen, MC., and Meckling, W. *Theory of the firm: managerial behavior, agency costs, and ownership structure*, Journal of Financial Economics, 1976, Vol. 11, pp. 301—325.

模和投资策略等方面的限制也逐渐放宽。如英国在2005年的《公司法改革白皮书》中提出多项改革措施，包括增强信息披露的透明度和时效性、提高机构股东表决权行使的效率、在机构股东同意的前提下公司可以使用电讯网络等方式与其联络等，以加强机构投资者在公司治理中的作用；在美国，以养老基金、对冲基金、互助基金为代表的机构投资者在公众公司中的持股比例大幅增加以及金融机构投资者对公司治理的积极介入，公众公司的股权结构也进一步走向集中。[1]

尽管传统德日公司的关系投资模式没有来自市场上分散股东之短期利益压力的影响，从而使关系投资者能够重视公司的长远目标，但市场压力的缺乏也致使公司内部监督的问题得不到很好的解决。银行持股稳定、规模巨大且市场流动性不强，并且交叉持股在企业间产生了大量坏账，最终导致股市泡沫的形成和经济的崩溃。主银行制度在德日公司治理中暴露出来的问题促使德日等国家采取一系列的改革措施来完善关系投资的公司治理模式。如通过减少银行对公司持股以降低主银行在公司治理中所起的作用，并且随着美国基金等机构股东积极主义行为影响的扩大，使得政府认识到发展资本市场扩大公司股权融资渠道的重要性，并大力发展共同基金、保险公司等机构投资者，逐步增加机构投资者的持股比例的同时逐步减少交叉持股和双重投票股份，致使股权逐渐分散化和机构化。公司融资结构的改变致使德日公司的关系投资模式慢慢朝着增加证券市场对公司治理的约束力的方向发展，从而使敌意收购等现象在德日等国家也多了起来。德日等国在公司治理结构方面趋向于英美国家，要求改组董事会并提高外部董事在董事会中所占的比例。并且，为了满足机构投资者市场导向的需求并吸引更多的国际投资者，各国政府也加强了公司会计制度、信息披露和红利分派等方面的制度建设。[2] 在德国，从2000年到2002年的资本市场危机给银行也带来了巨大的损失，致使全能银行被迫淡出对公司的直接参与，放弃其在公司监事会中的职位，尽可能地减少股东和债权人之

---

[1] 冯果、李安安：《投资者革命、股东积极主义与公司法的结构性变革》，《法律科学》2012年第2期。

[2] Jeffers, E., Corporate governance: Toward converging models? Global Finance Journal, 2005, Vol.16, pp.221—232.

间的冲突，减少外围业务，增强银行的竞争力，从而使德国银行主导的股权结构有所改变，投资基金等机构投资者的持股比例明显上升。日本也于2006年制定了《金融商品交易法》，吸收了《金融期货交易法》和《投资顾问业法》，重整了主板市场、创业板市场、柜台交易市场和金融衍生品交易市场，使以东京证券交易所为主体的日本资本市场发生根本性的变化。①

总之，机构投资者积极主义在经济全球化背景下促进了全球性公司治理的进一步发展，推动了两种主导型的传统公司治理模式分别朝着不同的方向发展，即英美公司治理模式由股权的市场控制方式逐步向股权通过市场控制和股东直接控制相结合的方式发展，而德日公司治理模式则由债权的直接控制方式逐步向债权直接控制和股权直接控制相结合的方式发展。在这种发展的过程中，前者的机构投资者是由市场型向紧密型发展的，而后者的机构投资者则是由紧密型向市场型发展的。由于各国在政治、经济、历史、文化、法律制度等方面存在差异，在发展的过程中又受到制度的"路径依赖"②以及制度互补性③等因素的影响，不可能形成全世界统一一致的公司治理模式。但是，尽管如此，各种治理模式在取长补短互相融合的基础上的趋同性发展趋势较为明显，而机构投资者在这一发展过程中无疑是最主要的推动者。④

---

① 冯果、李安安：《投资者革命、股东积极主义与公司法的结构性变革》，《法律科学》2012年第2期。
② 诺斯：《经济史中的结构与变迁》，上海三联书店1994年版，第1页。
③ [日]青木昌彦、奥野正宽：《经济体制的比较制度分析》，中国发展出版社1999年版，第303页。
④ Cadbury, A., *What are the trends in corporate governance? How will they impact your company?* Long Range Planning, 1999, Vol. 32, pp. 12—19.

第四章 机构投资者参与公司治理的法律途径

机构投资者可以通过积极行使法律赋予的各项股东权利参与公司的治理。机构投资者对其各项股东权的行使也是国内外机构投资者参与公司治理的正式途径，在实践中较为普遍。在本章中，笔者拟在考察国外机构投资者参与公司治理法律途径并结合我国公司治理法律实践的基础上对我国机构投资者参与公司治理的正式法律途径进行探讨。

第一节 征集代理投票权

征集代理投票权又被称为"委托书收购"、"代理权竞争"等，是指董事会或符合条件的股东征集其他股东在股东大会上的投票表决权并代理其他股东在股东大会上进行投票表决。世界各国公司法一般都规定股东拥有投票权，而股东既可以自己亲自行使投票权，也可以委托他人代为行使投票权。在这种情况下，特定的机构或个人就可以通过征集其他股东的投票权而对公司的重大决策施加影响。

股东投票权属于股东的固有权利，一般不能够被法律和公司章程所限制和剥夺。但是，如果股东大会不能及时召开或由于其他原因导致股东无法行使投票权，则可能导致公司的重要事项无法达成。为了避免这种情况的发生，各国法律一般都允许股东可以将其部分事项的投票权委托给董事会或其他股东行使。但并不是任何事项的投票权都可以由他人代理行使，比如对董事的选举权就不能委托给董事会行使，因为股东对董事的选举权不仅是一项选举权，更是一种对董事、经理的监督权，如果股东把该项权利委托给董事会行使，就等于董事自己选举自己，自己对自己投票，无法实现监督的功能。在现代公众公司中,有关公司权力的分配以及董事、监事、经理人员的信义义务的规定一般都是强制性规定,不能够用公司章程加以变更、限制和剥夺。并且,如果股东将一些重要的权力委托给董事会行使,在没有有效监督的情况下,董事在经济人自利动机的驱使下可能会作出不利于股东的政策决策,从而产生高昂的代理成本。所以,股东把投票权委托给董事会行使是为了避免自己行使投票权而产生的较高的集体决策成本,为了避免集体决策成本而产生高昂的代理成本对股东而言则是得不偿失。尽管集体决策成本较高,但它毕竟可以实现股东之间的公平,可以在一定程度上保障股东的利益。高昂的代理成本虽然在一定程度上可以提高集体决策的效率,但它已远离股东公平,与股东的利益保护要求可能背道而驰。并且,如果股东将其投票权委托给董事会行使,则使公司被收购的可能性降低。因为,收购公司要想取得目标公司的控制权,不仅要取得股东手中的股票,而且还要取得董事手中的投票权,这在实践中几乎使收购不可能实现。如果股东将自己的投票权委托给公司的债权人、雇员行使,则同样会产生高昂的代理成本,因为债权人、雇员的利益存在多元化和差异性,要达成协议需要付出高昂的协调成本。

尽管强调股东所享有的固有的投票权不应当委托给董事、债权人、雇员行使,但这并不意味着债权人和雇员不享有表决权。当公司的一些重大事项涉及债权人和雇员的利益时,债权人和雇员当然应当享有表决权。如果一项公司的决策可能影响债权人的利益,如公司重整、破产偿债程序中的债权人批准,就需要债权人参与决策,以保护债权人的利益不受侵害;如果公司的一项决策直接减少雇员的福利,则雇员应当参与该项决策,以保护雇员的利益不受侵害。所以,尽管公司在正常经营期间首要关注的是股东的利益,但随着经营的变化,当公司陷入亏损时,其应当首先关注债权人的利益,并且,雇员的利益在特定情况下也会成为公司首先关注的事项。故此,股东享有投票权并不排除债权人和雇员在特定情况下所拥有的投票权。所以,在一般情况下,股东的投票权应当由股东去行使,以保护股东的利益。

虽然投票权是股东的固有权利,但股东对投票权的行使仅限于公司的重大决策事项,如公司合并、出售公司重要资产、修改公司章程等。除重大决策事项之外的日常经营决策事项的决策权归董事会拥有。这也是各国公司法普遍采取的做法。例如,英国1985年《公司法》第七十条规定公司董事行使公司的一切权力,经营管理公司业务,但本法规定的特别事项、公司章程的修改以及特别决议事项由股东会决定。所以,除法律规定事项、公司章程修改和股东会特别决议以外,其他事项都由董事会决定。之所以规定股东享有公司重大事项的决策权而董事享有公司日常经营事项的决策权,究其原因在于公司的日常经营是一项专业化程度较高的事项,追求商业效率。如果公司的日常经营管理事项也由股东决定,则集体行动不仅使决策成本过于高昂,而且集体行动的低效率无法满足商机瞬息万变对决策的要求,在这种情况下,必然会出现股东的决策质量低下、"搭便车"心理促使股东漠视自己的投票权行使或者人云亦云的从众现象等问题。而公司的重大事项由于涉及股东的切身利益,应当由股东自己去决定。并且,对于关乎自己切身利益的重大事项,股东也愿意去思考、收集和分析相关信息,进而作出符合切身利益的合理判断。尽管此种情况下也会出现高昂的决策成本,但为了节省决策成本提高决策效率而委托董事会决策进而产生的股东利益损失可能比决策成本更高,危害更大。此外,公司日常经营管理事项由董事会决策并不意味着股东对公司的日常业务没有任何影响力。实际上股东控制着公司的人事任免权,有权任命和罢免公司董事。董事是由股东选举产生的,其日常经营活动应当为股东的利益服务,反映股东的利益需求。如果董事在公司日常经营过程中违背股东的利益,则股东可以将其罢免,进而重新任命符合自己利益要求的新董事,实现对公司的控制。我国《公司法》明确规定股东(大)会行使下列权力:决定公司的经营方针和投资计划;选举和更换非由职工代表担任的董事、监事,决定有关董事、监事的报酬事项;审议批准董事会的报告;审议批准监事会或者监事的报告;审议批准公司的年度财务预算方案、决算方案;审议批准公司的利润分配方案和弥补亏损方案;对公司增加或者减少注册资本作出决议;对发行公司债券作出决议;对公司合并、分立、解散、清算或变更公司形式作出决议;修改公司章程;公司章程规定的其他职权。①

---

① 《中华人民共和国公司法》(2006年修订)第三十八条、第一百条。

股东行使表决权一般实行一股一票，这是股东平等原则在表决权上的体现，为各国公司法所普遍采纳。但是，一股一票原则也有例外。公司发行的部分股票可以不享有表决权，如无表决权的优先股，即股东在利润分配上享有优先权，但没有表决权。公司发行无表决权优先股一方面可以筹集资金，另一方面可以维持公司的控制权不变。无表决权优先股对于为了获利的股东而言是一种较好的选择。但是，无表决权优先股在特定情况下也可获得表决权。例如，优先股股东没有能够按照公司章程规定优先获得利润的分配，优先股股东恢复其投票权；优先股股东自动放弃其优先获利权，则应恢复其投票权；公司章程限制优先股股东转让其股票，则优先股股东可就该事项拥有表决权。我国《公司法》既没有明确允许也没有明确禁止无表决权优先股的发行。①

除了无表决权优先股之外，还有限制表决权股、多重表决权股、公司自己持股以及表决权排除制度等，都是一股一票原则的例外情形。限制表决权股是指股东所享有的表决权比其持有的股份数额少。这种股份是为了限制大股东利用资本多数决原则侵害中小股东的权益。我国台湾地区的"公司法"第一百七十九条规定持有已发行股份总数3%以上的股东应当依照公司章程限制其投票权。而多重表决权股正好与限制表决权股相反，是指一股享有多个表决权的股份。多重表决权股一般由董事、监事持有，在瑞士、荷兰、丹麦、瑞典的公司法中有规定。在特定情况下，公司可以持有自己的股票，但公司对自己持有的股票不享有表决权。狭义的投票权排除是指排除利害关系股东的投票权，广义的投票权排除除了排除利害关系股东的投票权外，还包括在特定情况下董事投票权和发起人投票权的排除。如果公司所讨论的事项与股东资格或董事资格毫不相干，如利用公司的商业机会、与公司交易，则涉及股东和董事的利害关系，从而导致股东和董事在这种事项中难以保持公正，故应当排除他们的投票权。正如有学者指出的那样，"要求控制股东对与自己有利害关系的事宜真诚地依公司最佳利益表决，只能是为有良心的绅士制定的义务，如果想通过程序保护

---

① 我国《公司法》第一百三十二条规定："国务院可以对公司发行本法规定规定以外其他种类的股份，另行作出规定。"

少数股东，最好的办法是禁止控制股东表决"。① 我国相关的法律法规对投票权排除制度也作了规定。②

此外，为了保护中小股东的利益，各国公司法也都普遍规定股东的投票权不得买卖。

一、代理投票权与征集代理投票权

股东的投票权虽然不允许买卖，但是，股东可以将自己的投票权委托给他人行使，而受委托人行使的投票权就是代理投票权。这一制度在国外又称表决权代理（voting proxy）制度，是指股东以书面的方式授权被委托人行使其所拥有股份的投票权制度。该制度是现代社会经济高度发展和公司股份高度分散的产物。在公众公司股份高度分散的情况下，大多数小股东只关注自己的股份盈利收益，而对公司的经营管理无力顾及，进而导致小股东在公司治理中通常是消极冷漠的态度；并且，即使小股东去参加股东大会行使自己的投票权，其对公司的重大决策事项的影响也是非常小，甚至可以忽略不计，而且还需要承担行使投票权的成本。在这种条件下，表决权代理制度就应运而生了。广大小股东既为了节省成本又为了保护和行使自己的所有者权利，就将其手中的投票权委托给他人行使。

代理投票权是民事代理制度在公司法中的应用和发展。代理投票权在公司法中规定的初衷主要有两个：一是为了使公司法规定的股东大会顺利

---

① 何美欢：《公众公司及其股权证券》，北京大学出版社1999年版，第828页。
② 1992年4月深圳市颁布的《深圳市上市公司监管暂行办法》第四十六条规定："凡需经股东大会通过的关联人士交易或与该项交易的利益关系的人士，必须放弃在该次股东大会的投票权。"但是，1994年施行的《公司法》并没有采纳该项制度。1997年证监会颁布的《上市公司章程指引》第七十二条再次明确规定："股东大会审议有关关联交易事项时，关联股东不应当参与投票表决，其所代表的有表决权的股份数不计入有效表决总数；股东大会决议的公告应当充分披露非关联股东的表决情况。如有特殊情况关联股东无法回避时，公司在争得有关部门的同意后，可以按照征程程序进行表决，并在股东大会决议公告中作出详细说明。"1998年施行的《上市公司股东大会规范意见》、2000年修订的《上市公司股东大会规范意见》和2006年修订和颁布的《上市公司股东大会规则》都规定"股东与股东大会拟审议事项有关关联交易时，应当回避表决"。2006年修订的《上市公司章程指引》第七十九条规定 "股东大会审议有关关联交易事项时，关联股东不应当参与投票表决。而我国2005年修订的《公司法》仅在第十六条规定 "接受公司担保的股东或接受公司担保的支配实际控制人的股东不得参加对该担保事项的表决"和在第一百二十五条规定 "上市公司董事与董事会会议决议事项所涉及的企业有关联关系的，不得对该项决议行使表决权，也不得代理其他董事行使表决权"。

召开需要的表决权数量得到满足；二是为了有效保护广大小股东的利益。所以，各国公司法一般都允许代理投票权。在德国，银行是公司的主要控制人，小股东经常把自己的投票权委托给银行行使，从而使银行在公司治理中发挥着极其重要的作用。在英国，公司法开始并没有规定代理投票权，是否实行代理投票要依据公司章程的规定，而后来的公司法不仅明确规定了代理投票权，而且还规定代理投票的具体程序。在美国，鼓动委托他人代为投票是股东的一项固有权利。股东可以签署一份"投票委托书（proxy）"将其投票权委托给其他股东或其他任何自然人及机构行使。我国《上市公司治理准则》第九条规定"股东既可以亲自到股东大会现场投票，也可以委托代理人代为投票，两者具有同样的法律效力"。我国《公司法》(2005年修订)第一百〇七条明确规定"股东可以委托代理人出席股东大会，代理人应当向公司提交股东授权委托书，并在授权范围内行使表决权"。我国《上市公司章程指引》(2006年修订)进一步明确规定："股东可以亲自出席股东大会，也可以委托代理人代为出席和表决"[1]，"委托代理他人出席会议的，应出示本人有效身份证件、股东授权委托书"[2]，而股东出具的授权委托书应当载明"代理人的姓名；是否具有表决权；分别对列入股东大会议程的每一审议事项投赞成、反对或弃权票的指示；委托书签发日期和有效期限；委托人签名或盖章"[3]，"委托书应当注明如果股东不作具体指示，股东代理人是否可以按自己的意思表决"[4]，等等。我国《上市公司股东大会责任》第二十四条也明确规定"代理人"出席股东大会应当提交"股东授权委托书和个人有效身份证件"。

如果说代理投票权在开始的时候是股东为了自己的便利和利益考虑而主动将自己的投票权授予他人行使，完全体现了股东的意思自治，但发展到现在，代理投票权已经不再是股东主动委托他人行使，而是其他股东或机构为了控制公司等特定目的主动向广大小股东征集代理投票权。这就是征集代理投票权。所以，从代理投票权发展到征集代理投票权就是从股东

---

[1] 我国《上市公司章程指引》(2006年修订)第五十九条。
[2] 我国《上市公司章程指引》(2006年修订)第六十条。
[3] 我国《上市公司章程指引》(2006年修订)第六十一条。
[4] 我国《上市公司章程指引》(2006年修订)第六十二条。

的主动委托发展到其他人的主动征集，从而反映了投票权已经成为争夺公司控制权的重要工具。并且，在股东主动将投票权委托他人行使的情况下，股东的委托行为不会造成较为复杂的公司法律问题，相关法律问题基本上可以用民事法律的委托制度加以解决。但是，如果征集者利用劝诱等方式促使股东将其投票权委托给自己行使，从而实现征集者目的的行为则会带来复杂的公司法律问题。需要公司法律对此作出一些规定。所以，征集代理投票权又称为征集投票权、投票代理权的征集、征集表决权、委托书收购、委托书劝诱等，是指在公众公司的股东由于特定原因不出席股东大会并且没有将自己的投票权主动委托给他人行使的情况下，由他人将记载有必要记载事项的空白授权委托书交付给该股东并劝说其将自己的投票权委托给自己或指定的第三人行使的行为。如果该股东同意，则受托人就可以在被授予的权限范围内行使委托股东的权利。

征集代理投票权主要在三种情况下发生：一是为了使股东大会的召开具备法定的投票权数量或者使董事会提出的方案能够获得股东大会的通过；二是其他人利用征集的投票权而集中控制公司的股东大会，进而使股东大会形成有利于自己的决议；三是小股东相互之间通过征集代理投票权而壮大自己的力量，从而能够在股东大会上对抗大股东以保护自己的利益，平衡不同股东之间的利益。所以，如果征集者是公司以外的人，则由于其既不是股东也不是公司内部人员，其不可能顾及公司的长远发展。并且，有时候，征集代理投票权也会成为公司的控制者和非控制者之间争夺公司控制权的工具。因此，征集代理投票权既可以有效保护广大小股东的利益，也可以被公司的管理层和公司以外的其他人所利用，进而形成少数人操纵公司的局面，给公司和股东造成潜在的损失。故各国公司法一般都对征集代理投票权进行严格的规定，以避免道德风险的发生。美国1934年《证券交易法》第14（a）规定，任何人为了争取选票而向股东发出材料都必须提前10天将发出的材料上报给联邦证券交易委员会登记；联邦证券交易委员会将在10天以内对这些材料进行审核；任何人都不得通过争取选票的材料对事实真相加以隐瞒或进行欺骗；如果管理机构为了在股东年会上争取选举董事会成员的选票，则其必须将公司的年度报告和空白的投票委托书一起寄给股东；投票委托书的内容必须具体详细。我国相关法律法规对征集代理投票权也有具体的规定（笔者在下文有详述）。

二、美国机构投资者征集代理投票权的实践

在美国的实践中，一般情况下都是由现任董事会征集代理投票权，因此董事会的提议每次都能获得股东投票权的大多数支持。但是，现实中偶尔也会出现个别股东（反对股东）站出来征集代理投票权用以反对董事会的提议。在这种情况下，就会出现董事会和反对股东之间争夺代理投票权的情形。

在争夺代理投票权的情况下，反对股东取得成功的可能性受公司股东的组成和数量的影响。股东的数量越多越分散，反对股东取胜的可能性就越小。并且，小股东的数量越多，反对股东取胜的可能性也越小。因为，一方面，广大小股东普遍认为自己的持股比例较少，根本无法影响股东会的投票结果，存在"搭便车"的心理，进而对代理投票权的争夺没有兴趣。另一方面，反对股东与董事会相比，不具有经济和信息上的优势，而且其他投资者对反对股东存在不信任，这些都使反对股东在与董事会争夺股东代理投票权时处于不利地位。以至于有学者直言争夺代理投票权是"为取得公司控制权而进行的最昂贵、最不确定和最少使用的手段"。[①] 在美国，一些州的法律允许公司采取一系列措施，如分类董事会、取消累积投票、双重股份计划等，使反对股东很难通过征集代理投票权的方式取得对董事会的控制权。而对反对股东而言，其最大的障碍还是资金上的不利地位。争夺代理投票权非常耗费金钱，需要聘请律师、会计师、财务顾问等专业人员，当一个反对股东需要联系数以千计甚至万计的股东时，其金钱成本非常巨大。但是，董事会常常把这种争夺成本转化为公司的经营成本，从而取得争夺上的金钱优势。依据州法的规定，董事会可以用公司的资金来支付对抗反对股东所产生的费用，只要这些费用的金额合理，且双方争议的议题涉及公司的政策而非"纯粹的个人权力斗争"。[②] 董事会只要

---

① [美] 斯蒂芬·M. 贝恩布里奇：《理论与实践中的新公司治理模式》，赵渊译，法律出版社 2012 年版，第 182 页。

② Rosenfeld v. Fairchild Engine & Airplane Corp., 128 N. E. 2d 291 (1955), （申请再审被驳回）130 N. E. 2d 610 (1955).

让自己的律师对反对股东的争夺代理投票权的材料进行分析即可满足这一标准。相反,反对股东无权从公司资金中获得补偿。所以,在股东高度分散的情况下,如果反对股东没有足够的实力,在争夺代理投票权中基本上无法取胜。机构投资者的出现及其对征集代理投票权的参与极大地提高了其在争夺代理投票权中获胜的可能性。

机构投资者积极投身于代理投票权的争夺活动中,不仅在内部设立代理投票管理部门,而且还雇用机构投资者服务机构和投资者责任研究机构等投票咨询和服务专门机构,加强对征集代理投票权的研究,从而提高其作为反对股东在征集代理投票权中获胜的可能性。据有关资料显示,从1984年10月到1990年9月间,美国共发生192起争夺代理投票权案件,而机构投资者获得胜利的案件占74%,具体情况如下:机构投资者获得全胜从而完全控制董事会的案件占28%,机构投资者在年度董事会选举中成功将自己的利益代表者安排进入董事会的案件占15.9%,机构投资者成功获得董事会的控制权后将效益不佳的公司加以拍卖的案件占15.9%,机构投资者通过协商的方式获得公司的控制权的案件占6.5%,机构投资者成功实现对公司的重组的案件占5%,机构投资者迫使董事会作出重大让步的案件占3%,在其余26%的案件中,机构投资者以失败而告终,没有能够从代理投票权争夺中获得实际利益。[①] 这些数据表明,机构投资者争夺代理投票权并非都要获得公司的控制权,争夺战本身就可能使公司发生有利于股东的变化。例如,美国洛克希德公司1990年的年度股东大会上,一个个人股东企图通过征集代理投票权获得公司的控制权,但是没有成功。尽管如此,但该个人股东受到了一些机构投资者的支持,公司经营者对此采取了欢迎的态度,决定吸收了1~3名外部董事并请求股东参与主要公司事务,最终在机构投资者的积极参与下,有4名外部董事加入董事会,并且其管理人员不断与公司主要股东进行个别会晤。[②]

[①] W. Skowronski and J. Pound, *Building Relationships with Major Shareholders: A Case Study of Lockheed*, Journal of Applied Corporate Finance, Vol. 6, 1993.

[②] W. Skowronski and J. Pound, *Building Relationships with Major Shareholders: A Case Study of Lockheed*, Journal of Applied Corporate Finance, Vol. 6, 1993.

三、我国机构投资者征集代理投票权的选择

作为代理投票权制度进一步发展的征集代理投票权制度在我国公司法律制度中尚处于初级发展阶段,尽管我国《公司法》第一百〇七条明确规定"股东可以委托代理人出席股东大会会议……代理人在授权范围内行使表决权,"为征集代理投票制度奠定了法律基础,而且证监会于 2005 年发布的《关于提高上市公司质量的意见》的第十八条明确规定"要进一步加强上市公司监管制度建设,建立累积投票制度和征集投票权制度",但我国目前尚未建立专门的征集代理投票权制度,相关的规定散见于各种规范性文件中,如:1993 年国务院发布的《股票发行与交易管理暂行规定》第六十五条规定:"股票持有人可以授权他人代理行使其同意权或者投票权,但是,任何人在征集二十五人以上的同意权或者投票权时,应当遵守证监会有关信息披露和作出报告的规定";证监会于 2002 年发布的《上市公司治理准则》第十条规定:"上市公司董事会、独立董事和符合有关条件的股东可向上市公司股东征集其在股东大会上的投票权,投票权征集应采取无偿的方式进行,并应向被征集人充分披露信息";证监会于 2005 年发布的《上市公司股权激励规范意见(试行)》第三十六条规定:"独立董事应当就股权激励计划向所有的股东征集委托代理投票权";证监会于 2006 年发布的《上市公司章程指引》第七十八条规定:"董事会、独立董事和符合相关规定条件的股东可以征集股东投票权";证监会于 2006 年发布的《上市公司股东大会规则》第二十条规定:"股东可以亲自出席股东大会并行使表决权,也可以委托他人代为出席和在授权范围内行使表决权"。此外,国务院证券委和国家体改委于 1994 年联合发布的《到境外上市公司章程必备》第五十九条至六十三条规定:"任何有权出席股东会议并有权表决的股东,有权委任一人或者数人(该人可以不是股东)作为其股东代理人,代为出席和表决";"股东应以书面形式委托代理人";"表决代理委托书至少应当在该委托书委托表决的有关会议召开前二十四小时,或者在指定表决时间前二十四小时,备置于公司住所或者召集会议的通知中指定的其他地方"等。《上海证券交易所上市公司治理指引》第六条规定:"任何机构或个人可以依法向股东征集代理投票权;投票委托书征集应采取无偿

的方式；投票委托书征集者应向被征集者提供充分的信息，并向上海证券交易所备案。"总结上述这些规定，我们可以看出，尽管相关规范性法律文件对征集代理投票权进行了零星的规定，但这些文件的法律效力层级较低，并且规定的内容不完备且存在矛盾，具体而言，主要表现在几个方面：

第一，代理投票权的征集者。《上市公司治理准则》规定的征集者为"上市公司董事会、独立董事和符合有关条件的股东"，《上市公司章程指引》也将征集者限定为"董事会、独立董事和符合相关规定条件的股东"，但至于何谓"符合有关条件"和"符合相关规定条件"的股东，有关法律法规并没有作出明确的规定。而《上海证券交易所上市公司治理指引》规定的征集者为"任何机构或个人"。所以，相关法律对代理投票权征集者的规定存在矛盾。对于是否应当限制征集者，学界主要存在两种看法：一是认为应当对征集者加以限制，以保证征集行为具有一定的代表性，防止公司经营权被过度干扰；二是认为不应当限制征集者，征集者可以是所有的人。鉴于我国目前大股东和中小股东之间地位差别悬殊，如果再对征集者进行限制，则更不利于广大中小股东对公司治理的参与，使大股东和中小股东之间的力量进一步失衡。故笔者主张代理投票权的征集者应为所有的人。

第二，信息披露和备案。相关规范性法律文件都规定了征集代理投票权必须进行信息披露或备案，但规定的内容也不一致，披露或备案的程序不明确。相关文件所规定的信息披露或备案主要涉及"向证监会报告"、"向被征集者披露信息"、"证券交易所备案"、"签署委托书"、"备置于公司或指定地方"等，至于报告和披露信息的内容、相关的程序以及披露不实的法律责任等，则没有作任何规定。故笔者认为，应当对相关程序和内容作出明确统一的规定。

第三，强制征集事项。《上市公司股权激励规范意见（试行）》规定"独立董事应当就股权激励计划向所有的股东征集委托代理投票权"，所以，"股权激励计划"为强制征集事项，但其他文件并没有作出类似规定。证监会曾于2004年在未公布的《公开征集上市公司股东委托代理投票权试点意见》中要求上市公司对可能导致公司控制权转移、重大关联交易等重大事项必须征集代理投票权。笔者认为，要求特定事项必须征集代理投票权在一定程度上有利于公众股东的利益保护和对公司治理的参与。

第四，委托书的格式及内容。相关文件对委托书的格式及内容作了相应的规定，主要包括书面形式、签署、是否有表决权、对每一项议题赞成与否的态度、代理人是否可以独立意思表示等。但这些都是针对代理投票权的一般性规定，而不是针对某一议题的委托书的具体规定。针对某一议题的委托书还应当载明待决事项以及待决事项和征集者的利害关系等内容。

第五，禁止有偿征集代理投票权。《上市公司治理准则》规定"投票权征集应采取无偿的方式进行"，《上海证券交易所上市公司治理指引》也规定"投票委托书征集应采取无偿的方式"。这与禁止买卖股东投票权的要求相一致。

此外，我国相关法律还没有对什么是"征集代理投票权"作出明确的规定，不利于该项制度的统一。

所以，我国的相关规范性法律文件对征集代理投票权制度作出了一些规定，但仍需要在上述几个方面进一步完善。完善的征集代理投票权制度可以为所有的代理投票权征集行为提供法律上的保障，进而也为机构投资者通过征集代理投票权积极参与公司的治理提供强有力的法律支持。

第二节　股东提案权

机构投资者行使股东提案权也是其积极参与公司治理的正式法律途径之一。机构投资者对股东提案权的积极行使，大大提高了股东所提议案的通过率和支持度。据有关资料显示，美国在20世纪80年代末之前的绝大部分股东提案都是由积极的个人投资者和社会团体提出的，从1979年到1983年间的股东提案没有一件获得通过，甚至很少有获得股东大会10%以上表决权的赞同。从1987年开始，美国的机构投资者积极参与提交股东提案，从而改变了股东提案不被通过和赞同的局面。从1987年到1993年间，美国5家最大的养老基金共递交股东提案226份，占股东提案总数的

18%,这些提案平均获得了 34%的赞成票,其中 15 项提案获得了超过 50%表决权的赞成。①

股东提案是一种建议性的提议,如果其获得了较高的支持率而最终没有获得股东大会的通过,其也表明了股东对所提议事项的不满从而可能进一步采取其他措施。在这个意义上,股东提案也是提醒董事会"驱逐"不称职的经理人员的一种手段。有关资料显示,美国 1987 年至 1994 年间在股东大会开会前撤回的提案主要是机构投资者所提的提案或者是其他投资者与机构投资者联合提出的议案,从而使提案成为机构投资者与公司经营管理人员协商的重要手段,在股东提案获得股东较高支持率的情况下,机构投资者就有了与公司经营者进行谈判的坚强后盾。

美国机构投资者对股东提案权的行使得到了美国相关法律制度的支持和保障,故我们有必要对美国的股东提案制度加以考察,在此基础上,对我国的股东提案制度加以审视并提出完善的建议。

一、美国股东提案制度的法律规定

根据 1934 年《美国证券交易法》第十四条的授权,美国联邦证券管理委员会(SEC)于 1942 年制定了委托书规则 X—14a—7,该规则就是美国股东提案制度的前身。该规则经过一系列修订,演变成现行的 14a—8 规则,即规定"具备一定资格的股东,有权提出符合内容和形式要件的提案,并有权要求公司将其所提出的议案刊登于公司寄发给各股东的委托书征求资料中,作为其他股东投票的参考",这就是美国的股东提案制度。根据相关法律的规定,美国的股东提案制度主要有以下几个方面的内容:

第一,提案股东的资格要求。并不是任何股东都能够享有提案权,能够行使提案权的股东应当满足法律规定的条件。根据 14a—8 规则的规定,提案人必须是公司的股东,并且该股东所拥有的股份及其拥有股份的时间还应当满足一定的条件,即提案人必须持续一年以上持有公司 1%以上的股份或者市值为 2000 美元以上的有表决权的证券。并且,公司经营者接到

---

① Randall S. Thomas and Kenneth J. Martin, *Should Labor be Allowed to Make Shareholder Proposals*? Washington Law Review, Vol. 73, 1998, pp. 34—42.

股东提案以后,要求提案股东在14日提交股东资格证明文件,且该股东应在被要求后21日内提交合格的股东资格证明材料,否则公司经营者可以不将其提案列入委托书征集材料中。[①]

第二,股东所提议案的期限、数量和字数要求。如果公司每年定期召开股东大会,则提案股东应根据股东大会的召开时间,在公司寄送委托书征集材料前120天将提案送达公司;如果公司的股东大会是每年不定期召开,则提案股东应当在公司复印、邮寄委托书征集材料前的合理时期内将提案送达公司。[②] 股东每次提案仅限一项,且提案及其辅助性文字总计不得超过500字,若股东提案超过500字,则公司应当通知股东在14日内将字数削减到500字以内。[③] 公司在收到股东提案14日以内,必须以书面的方式告知提案股东其所提议案存在的程序或资格问题,而提案股东应当在收到通知14日以内以邮寄或电子邮件的方式加以回复。如果提案的缺陷无法补救,则公司不必通知提案股东。如果公司通知提案股东其提案存在缺陷,且提案股东无法更正,则该提案可被排除。[④]

第三,股东提案的排除事由、排除程序及救济措施。根据14a-8规则的规定,股东提案的内容属于下列事项之一者,公司可以直接排除该项提案:(1)依据公司所在地的法律规定,股东提案所涉事项不是股东大会决议的"适当事项";(2)提案内容违反任何州法、联邦法及外国法的规定;(3)提案内容或其说明理由违反了联邦证券管理委员会关于代理表决权的规定;(4)提案仅为股东个人的诉请,或者仅涉及股东的个人利益,与其他股东的利益无关;(5)提案事项与公司业务没有重大关系;(6)提案事项不是公司权限能够执行的;(7)提案事项涉及一般营业事务;(8)提案与公司选举事务有关;(9)提案与公司拟向股东会的提案有冲突;(10)提案已被实质执行,从而使讨论不再必要;(11)提案与其他将被提交股东会表决的提案在内容上存在实质性相似;(12)实质上相同的提案在过去5年内曾经被提出且没有获得多数股东的赞同;(13)提案涉及特定数额

---

① Rule 14a-8 (b) (1) (1998).
② Rule 14a-8 (e) (2) (1998).
③ Rule 14a-8 (c) (1998).
④ Rule 14a-8 (f) (1) (1998).

的股利分配。[①]

如果公司认为股东的提案应当被排除,则其应当在委托书征集材料定稿前80日内向联邦证券管理委员会提交含有下列内容的材料6份:股东提案的内容、支持该项提案的说明、提案被排出的理由、提案被排出的法律依据等。并且,公司还应将排除结果及其理由通知提案股东。[②] 如果联邦证券管理委员会认为公司排除股东提案没有理由,则可以要求公司将该提案列入委托书征集材料中,如果公司拒绝这么做,则可能遭到证券管理委员会的起诉。如果联邦证券管理委员会认为公司排除提案是合理的,则其会向公司出具"无异议函"。如果证券管理委员会认为提案股东在将提案进行修后可以列入委托书征集材料中,则其应当在"无异议函"中说明。如果公司无视证券管理委员会的结论而不将股东提案列入委托书征集材料中,则证券管理委员会可以禁止公司进行委托书征集,并重新向各股东发送含有该项提案的委托书征集材料。证券管理委员会也可以命令公司延期召开股东大会,或者请求法院宣告股东大会的决议无效。法院对证券管理委员会的决定有最后的判决权,提案股东和申请"无异议函"的公司如果不服证券管理委员会的决定,都可以向法院起诉。

二、美国股东提案制度的实践

在美国,由于股东提案制度不要求提案股东支付大量的印刷和邮寄费用,深受股东的青睐。在历史上,主要是一些社会活动家在利用股东提案制度,如南非结束种族隔离之前,许多提案主张从南非撤资。现在,不仅一些社会活动家在利用股东提案,而且机构投资者也广泛使用提案来积极参与公司的治理。当股东援引14a—8规则进行提案时,不仅受到该规则的各种严格限制,而且还会被公司直接排除。其中,有两个提案排除理由尤其重要:一是依据公司所在地的法律规定,股东提案所涉事项不是股东大会决议的"适当事项",也即非适当事项排除;二是提案与公司选举事务有关,也即选举相关事项排除规则。

[①] Rule 14a—8 (i) (1) — (i) (13) (1998).
[②] Rule 14a—8 (m) (1998).

在非适当事项排除规则方面，由于几乎所有的州法都规定公司的权力应当由董事会行使或由董事会授权行使，所以，州法将公司的绝大部分的行动权赋予了董事会，股东无法单方面让公司采取行动，股东只能批准或否决被提交表决的公司行动。联邦证券管理委员会对该规则所作的解释性评注也确认了这种观点，认为强制性的股东提案是不恰当的，但该解释进一步指出，如果一项股东提案只是向董事会提出请求或建议，则该提案一般没有问题。所以，大多数股东提案都是用恳求性的语词来表述，声称其使提案被股东所持表决权过半数通过，也不会对董事会产生强制性约束力。所以，非适当事项排除规则实际上削弱了股东提案的实效。尽管股东提案在一般情况下不能强制要求董事会采取行动，但股东对公司章程细则的修改提议可能构成该规则的一项例外。最初的公司章程细则是由公司的设立人或公司的第一任董事们在公司的设立大会上通过的。根据早期的普通法，只有股东才有权修改公司的章程细则，随后许多州立法允许股东授权董事会对章程细则进行修改。如《特拉华州普通公司法》第109（a）条规定，只有股东有权修改章程细则，除非公司章程中明确将该项权利授予董事会。但章程条款授权董事会修改章程细则并不意味着对股东修改章程权利的剥夺。章程细则往往内容繁多，但《特拉华州普通公司法》第109（b）条对此作了一个重要限制，即"在不与法律或公司成立证书相抵触的情况下，章程细则可以包含任何涉及以下事项的条款：公司的经营、公司执行事务的行为、公司的权力和权利以及公司股东、董事、高管、雇员的权力和权利"。根据该条的规定，只是与公司的某个特定商业决策相关的章程细则才无效，因为这是对董事会独享的日常经营决策权的不当干涉。而对于更宽泛跟基本的章程细则，尤其是那些对董事会施加限制而非命令其采取行动的章程细则，就难以判定其是否无效了。如果这些章程细则根据州法的规定是有效的，则股东提出的要求采纳上述章程细则的强制性议案也许就不能依据非适当事项排除规则而被排除了。

但是，由股东通过的章程细则能否限制董事会管理公司的自主决策权呢？《特拉华州普通公司法》第141（a）条规定："所有依据本章规定组织设立的公司，其经营和事务应由董事会管理，或在董事会指导下进行管理。"所以，限制董事会经营权限的章程细则在表面上看和该法第109（b）

条规定的章程细则不得与"法律相抵触"相矛盾，但同时，该法第141(a)条还规定，董事会的管理权是无限的，"除非本章中另有规定"。这些规定让人感觉有些迷茫。在 Teamsters v. Fleming Companies 一案中，俄克拉荷马州最高法院支持了一项旨在限制董事会采用"毒丸方案"的章程细则，即"公司不应采用或维持一项毒丸方案、股东权利计划、权利协议或其他任何形式的'毒丸方案'……除非此方案首先经股东所持表决权过半数批准通过。公司应立即对现在生效的任何该等权利进行赎回"[①]。在该案中，董事会声称股东不能通过一项章程细则来限制其经营自主权，但法院否定了这一主张。因此，在公司章程不存在相反规定时，股东可以利用章程细则来限制董事会的管理权。

在选举相关事项排除规则方面，很明显，依据此规则，公司将排除一份提名特定人员参加董事选举的股东提案。但是，如果提案仅涉及修改公司章程细则或有关董事选举的章程条款，则会产生不一样的结果。2005年，美国国际集团（AIG）的一个机构股东——美国州县和市政工人联合会（AFSCME）向 AIG 提交要求修改公司章程（即允许一定数量的股东提名董事候选人）的股东提案，并要求将该议案加入年度股东大会委托书征集材料中。AIG 公司认为该项提案涉及公司选举事务，应当被排除，于是向联邦证券管理委员会申请了"无异议函"，并获得联邦证券管理委员会的批准。但 AFSCME 对联邦证券管理委员会的决定不服，并向法院提起诉讼，要求法院判决 AIG 公司接受该项提案。一审判决 AFSCME 股东败诉，证券管理委员会在为法官提供的意见中认为，该股东提案应当依据选举相关事项排除规则而被排除。但联邦第二巡回法院撤销了一审法院的判决，支持了 AFSCME 股东的请求，认为选举相关事项排除规则只能够排除那些"涉及在一次即将来临的选举中将被选出的某个特定董事职位"的股东提案，而不能排除"要求建立股东提名董事候选人机制"的提案。该案判决引起了股东和公司管理层之间的分歧，以 AFSCME 为代表的机构投资者股东认为，大型机构投资者进行这些提案的目的就是积极促进公

---

① International Broth. Of Teamsters General Fund v. Fleming Companies, Inc., 975 p. 2d 907 (Okla. 1999).

司的治理，这也是机构投资者对公司治理应当负有的义务，在联邦证券管理委员会对股东提案规则作出修订从而允许股东提名选举董事前，股东应当积极推动这一问题的解决；公司的管理层则表达了不同的意见，认为联邦证券管理委员会从1990年起就倾向于扩大解释选举相关事项排除规则，即只要股东提案可能导致选举竞争就可被排除，不论提案所涉及的是选举程序问题还是实体问题。针对该案的判决，联邦证券管理委员会也于2007年发表了两份不同的规则修改建议稿。一份是维持现状建议稿，根据该建议稿，证券管理委员会将对该规则作出权威解释，进而规定任何股东提出的有关董事提名的章程细则提案都将被排除。另一份是可进入建议稿，根据该建议稿，选举相关事项排除规则将被修改，从而允许股东提议修订公司章程细则进而建立一套股东提名董事候选人的机制。但证券管理委员会至今尚未作出明确的表态。

总体看来，美国机构投资者利用14a-8规则行使股东提案权时主要集中在董事会的组成结构、反并购措施、董事的薪酬等方面。

首先，机构投资者对于董事会的组成结构得用股东提案的方式进行干预。据有关统计资料显示，机构投资者所提出的股东提案中，有9%～16%的提案都是关于改变董事会的结构的，[1] 所以，董事会的结构乃是机构投资者大量运用股东提案的领域之一。机构投资者对董事会结构所关注的重心在于独立董事在董事会中的比例和地位，因而其提案的内容大部分都是关于独立董事的问题。但需要注意的是，通过股东提案而拥有大量独立董事的公司的经营业绩未必就比独立董事比例少的公司的经营业绩好，可能的原因是董事会是业务执行机构，如何以最有效率的方式获取最大的利益是董事会的职责，股东以提案的方式变更董事会的结构，可能发生的结果就是降低董事会的经营效率，使公司的获利能力变差，股东提案权的行使反而使股东不能获得最大利益，因此有学者建议，股东提案权的最佳运用时机乃是董事会所作出的经营决策有重大瑕疵时。[2]

---

[1] Roberta Romano, *Less is More*: *Making Institutional Investor Activism a Valuable Mechanism of Corporate Governance*, 18 Yale J. on Reg. Summer, 2001, p.174.

[2] Roberta Romano, *Less is More*: *Making Institutional Investor Activism a Valuable Mechanism of Corporate Governance*, 18 Yale J. on Reg. Summer, 2001, pp.194—195.

其次，反并购措施是机构投资者大量运用股东提案权的另一个领域，其占机构投资者提案总数的36%～48%，可以说是机构投资者股东提案权的最主要应用领域，其中最常用的反并购措施就是"毒丸计划"。[①] 由于"毒丸计划"乃是目标公司与公司章程中给予股东的特别权利，使其于非合意合并行为发生时，得向目标公司已约定之价格购买或卖出股份，或取得额外的股票股利，以稀释并购公司的持股比例。可见，机构投资者运用股东提案权促使公司行使"毒丸计划"，使得并购公司所需支付的并购成本大大增加，从而促使并购公司基于成本的考量而放弃并购行为，借此保障机构投资者在公司中所获得的利益。

最后，机构投资者也运用股东提案权对董事的报酬进行干预，具体手段包括投票反对董事报酬的计划、通过中断投票的方式抗议董事报酬的计划等，目的在于维护股东的利益。但是，机构投资者运用股东提案权对董事报酬进行干预的提案数量远比上述关于董事会结构和反并购措施的提案少，约占总提案数的10%，甚至更低。[②] 原因在于，董事的报酬与公司的经营绩效有正相关性，董事报酬越高，公司的经营绩效就越好，所以，基于最大利益的考量，除董事的报酬明显有不合理的情况外，机构投资者通常对董事的报酬不加限制，以避免因董事的报酬所受限制而影响公司利益的获取。

三、我国股东提案制度的现状及缺陷

我国相关规范性法律文件对股东提案制度的规定开始于2000年由中国证监会修订的《上市公司股东大会规范意见》（以下简称《意见》(2000)）。《意见》(2000)用专章规定了"股东大会讨论的事项与提案"。所谓"股东大会的提案"就是"针对应当由股东大会讨论的事项所提出的具体议案"[③]。"单独持有或者合并持有公司有表决权总数5%以上的股东或者监事会可以

[①] Roberta Romano, *Less is More*: *Making Institutional Investor Activism a Valuable Mechanism of Corporate Governance*, 18 Yale J. on Reg. Summer, 2001, p. 196.

[②] Diane Del Guercio and Jennifer Hawkins, *the Motivation and Impact of pension Fund Activism*, 52 J. FIN. ECON, 1999, p. 293.

[③] 《上市公司股东大会规范意见》(2000年) 第九条。

提出年度股东大会的临时提案"。① 董事会按照关联性原则（即董事会对股东提案进行审核，对于股东提案涉及事项与公司有直接关系，并且不超出法律、法规和《公司章程》规定的股东大会职权范围的，应提交股东大会讨论。对于不符合上述要求的，不提交股东大会讨论。如果董事会决定不将股东提案提交股东大会表决，应当在该次股东大会上进行解释和说明）和程序性原则（即董事会可以对股东提案涉及的程序性问题作出决定。如将提案进行分拆或合并表决，需征得原提案人同意；原提案人不同意变更的，股东大会会议主持人可就程序性问题提请股东大会作出决定，并按照股东大会决定的程序进行讨论）对年度股东大会的临时提案进行审核。② 这些规定使我国的股东提案制度有了雏形。

2002 年，有中国证监会和国家经贸委联合发布的《上市公司治理准则》明确要求"上市公司应在公司章程中规定股东大会的召开和表决程序，包括通知、登记、提案的审议、投票、计票、表决结果的宣布、会议决议的形成、会议记录及其签署、公告等"。③

2005 年，我国新修订的《公司法》明确规定了股东提案制度，即"单独或者合计持有公司 3% 以上股份的股东，可以在股东大会召开 10 日前提出临时提案并书面提交董事会；董事会应当在收到提案后 2 日内通知其他股东，并将该临时提案提交股东大会审议。临时提案的内容应当属于股东大会职权范围，并有明确议题和具体决议事项"。④ 这也是股东提案制度在我国《公司法》中的首次规定。

根据《公司法》（2005）对股东提案制度的规定，2006 年由中国证监会颁布实施的《上市公司章程指引》和《上市公司股东大会规则》进一步对股东提案制度作了规定。《上市公司章程指引》（2006）从第五十二条到第五十七条辟专节规定了"股东大会的提案与通知"，规定"董事会、监事会以及单独或者合并持有公司 3% 以上股份的股东，有权向公司提出提案。单独或者合计持有公司 3% 以上股份的股东，可以在股东大会召开 10

---

① 《上市公司股东大会规范意见》（2000 年）第十二条。
② 《上市公司股东大会规范意见》（2000 年）第十三条。
③ 《上市公司治理准则》第五条。
④ 《中华人民共和国公司法》（2005）第一百〇三条第二款。

日前提出临时提案并书面提交召集人。召集人应当在收到提案后 2 日内发出股东大会补充通知,公告临时提案的内容"①。要求"提案的内容应当属于股东大会职权范围,有明确议题和具体决议事项,并且符合法律、行政法规和本章程的有关规定"②。等等。《上市公司股东大会规则》第十三条规定"提案的内容应当属于股东大会职权范围,有明确议题和具体决议事项,并且符合法律、行政法规和公司章程的有关规定",并且,在第十四条中进一步规定:"单独或者合计持有公司 3% 以上股份的股东,可以在股东大会召开 10 日前提出临时提案并书面提交召集人。召集人应当在收到提案后 2 日内发出股东大会补充通知,公告临时提案的内容。除前款规定外,召集人在发出股东大会通知后,不得修改股东大会通知中已列明的提案或增加新的提案。股东大会通知中未列明或不符合本规则第十三条规定的提案,股东大会不得进行表决并作出决议。"

根据上述有关规范性法律文件对我国股东提案制度的规定,我们可以发现,我国的股东提案制度在以下几个方面还不完善,有待修改与完善。

第一,提案股东的资格方面。在提案股东的资格方面,我国法律所规定的股东持股标准单一,且比例较高,不利于股东提案权的行使。我国法律规定股东必须单独或联合持有公司 3% 以上的股份才可能享有提案权。而美国等其他发达国家一般都是从持股比例、持股市值、股份数等多个标准规定提案股东的资格,只要股东满足其中一个标准,即可能享有提案权。如美国规定股东持股比例和持股市值两个标准,日本规定持股比例和所持股份数两个标准③,德国规定持股比例和股份的票面金额两个标准④,等等。单一的持股标准很明显不利于股东满足提案资格的要求,进而不利于股东对提案权的行使。不仅如此,我国法律对股东的持股比例规定较高,为 3%,远远高于美国 1% 的持股比例要求,这也阻碍了股东提案权的行使。这些规定与世界各国对股东提案资格的放宽趋势不相符合,如韩国商法典规定少数股东的持股比例一般为 3%,但行使股东提案权只需持有

---

① 《上市公司章程指引》(2006)第五十三条。
② 《上市公司章程指引》(2006)第五十二条。
③ [日]末永敏和:《现代日本公司法》,金洪玉译,人民法院出版社 2000 年版,第 112 页。
④ 德国《股份公司法》第 126 条。

已发行股份的1%即可，如果公司的资本总额超过1000亿韩元，则股东持股比例可降低为0.5%。① 较高的持股比例要求，对于我国分散的股份公司股东而言，即使是多个小股东联合起来，也难以满足这一比例要求。

此外，为了防止股东无理取闹，仅以取得提案权为目的而临时取得股票，进而扰乱公司的正常经营管理活动，影响公司和广大股东的利益，所以各国一般都对提案股东的持股时间有一定的要求，即只有满足一定持股时间且符合持股比例要求的股东才能享有提案权。如美国法律规定股东持股满一年才能符合要求，日本法律规定满六个月，德国和韩国的法律也有相似的规定。而我国的相关法律并没有这种规定。并且，外国相关法律一般都规定提案股东所持有的股票为有表决权的股票，无表决权股股东没有提案权。这一点，我国法律也是空白。

第二，股东提案的范围方面。我国相关法律规定股东的提案内容应当属于"股东大会职权范围"，但由于现实中，股东大会的职权和董事会的职权区分界线存在一定的模糊性，进而导致股东提案内容的范围也存在一定的模糊性。而国外相关法律一般都对股东大会的职权有明确的规定，股东大会的职权一般限于"公司法和公司章程明确规定的事项"，除此之外的职权由董事会行使，而股东提案的内容范围就限于股东大会的职权范围，界限比较明显。

此外，国外相关法律一般都明确规定股东提案的排除范围，如美国法律规定了13项排除事项，而日本法律规定的排除事项虽然没有美国那么多，但也是有明确规定的，即"股东的提案违反法令或章程；同一议案曾向股东会提交，但没有获得十分之一以上的表决权支持，并且未逾三年"。这一规定可以大大提高公司对股东提案的审核效率，也可以指引股东进行有的放矢地进行提案。而我国相关法律并没有规定股东提案的排除事项。

第三，股东提案的程序及处理程序方面。首先，我国相关法律规定的股东提案时间不合理。我国法律规定股东可以在股东大会召开前10天将提案提交到董事会。这一规定不仅不利于其他股东对所提议案的了解，而且

---

① 习龙生：《韩国和台湾地区"公司法"近年修改及其中国内地立法的比较研究》，载郭锋主编：《证券法律评论》第4卷，法律出版社2005年版，第528页。

也不利于股东对其所提议案的修改。其次，我国法律对股东提案的数量和所提议案的字数没有规定，从而导致现实中一个股东提两项以上的议案以及提案的字数繁多，进而影响了公司正常的工作。如武汉精伦电子股份有限公司在 2006 年 2 月收到了刘起涛股东的两项提案，而招商局地产控股股份有限公司也在 2007 年 3 月收到其控股股东的两项提案。最后，国外法律一般都规定董事会是股东提案的审查机关，股东的提案要经过董事会的审查，看其是否符合相关的规定和要求，以及提案存在什么缺陷和建议股东如何进行补正，以及遵循什么程序来排除提案，进而决定是否将该提案列入股东大会的审议事项或列入委托表决权征集材料之中。而我国相关法律并没有明确规定股东提案的审查机关以及对股东提案的审查补缺程序。

第四，在股东提案的救济方面。我国相关的法律对股东提案权遭受侵害的救济没有作出规定，从而使我国的股东提案制度成为一纸空文，使现实中股东的提案遭拒的现象频频发生，且提案被拒之后无从获得法律救济，如"国际大厦股东提案再遭封杀、国际大厦二股东提案又遭否决"[1]，"山东巨力大股东提案遭拒"[2]，等等。而国外相关法律都对股东提案权提供一定的保护救济措施，如法律规定对审查主体的失职行为给予处罚，规定股东可以起诉公司要求法院判决公司将提案提交股东大会审议，如果股东大会已经作出决议，也可要求法院判决撤销公司的相关决议或宣布该决议无效。

四、完善我国股东提案制度的几点建议

鉴于上述我国股东提案制度的缺陷和不足，结合国外相关立法经验，并且，基于我国国有股一枝独大和机构投资者以及广大中小投资者持股比例较低较分散的特殊情况，笔者拟对我国股东提案制度的完善提出以下几点建议。

第一，提案股东资格的完善。对提案股东的持股比例应当采取双重持

---

[1] http://business.sohu.com/stockfeature/guojidasha.htm，搜狐财经网，2013 年 8 月最后浏览。

[2] http://www.cnstock.com/ssnews/2003－6－12/erban/t20030612_423756.htm，中国证券网信息内容，2013 年 8 月最后浏览。

股标准,并增加持股期限的限制。鉴于我国股份公司股权分置改革的实践以及广大中小股东持股分散的实情,我国应当采取世界各国普遍采取1%的持股比例。此外还应增加持股数量标准和持股期限限制标准,如我国有学者提出"连续持股超过六个月"以及"持有一万股以上的表决权股"等。① 所以,笔者认为,即为了防止控制股东对广大中小股东的压制,便于广大中小股东以及尚未成长壮大的机构投资者行使提案权利,也为了防止股东权利的滥用而给公司的经营管理带来不利影响,建议我国提案股东应为"在6个月中连续持有本公司已发行表决权股份总数1%以上的股东,或在6个月中连续持有本公司一万股以上有表决权股份的股东"较为可行。

第二,股东提案范围的完善。我国法律应当明确规定股东的提案范围和股东提案的排除事由,既便于对股东提案权的法律保护,也可以防止股东滥用提案权。

目前我国理论界对股东提案范围主要存在两种观点,一种观点认为股东提案的范围应严格限制在公司法和公司章程所规定的股东大会的职权范围之内,另一种观点认为在例外的情况下股东提案可以超出股东大会的职权范围。观点一可以较为明确的界定股东提案的范围,但是违背了股东大会中心主义的立法模式,对公司社会责任的落实也不利。观点二虽然过多地赋予股东参与公司治理的权利,但可能会导致股东提案权滥用从而扰乱公司的正常经营管理活动。笔者认为,股东提案仅仅是一项建议,它可能不被大多数股东赞同,也可能即使得到大多数股东的赞同但对董事会没有强制性拘束力,但无论结果如何,股东提案都可以引起人们对某一问题的关注,促使公司社会责任的落实,并改变不合理的经营管理活动。因此,笔者倾向于第二种观点。为了防止股东提案权的滥用,我国法律可以借鉴美国的做法,即并不是所有的股东提案获得通过后都对董事会产生强制性的拘束力,具体来说就是,在股东大会职权范围内的提案获得通过后对董事会产生拘束力,而超出股东大会职权范围外的股东提案即使获得通过也不会对董事会产生拘束力。不管提案是否获得通过,都会在实际上对董事会产生一定的影响,可以形成对董事会行使权力的有效监督。

---

① 赵旭东主编:《新公司法制度设计》,法律出版社2006年版,第90页。

对于股东提案的排除事由，我国法律应当借鉴日本法律的规定，允许股东提出有关董事选任的提案。因为，股东提案一般都由董事会审查，并且提案一般都会对董事会的职权和经营活动产生影响甚至是对董事会的经营管理不满，所以董事会一般都会刁难股东的提案，在这种情况下，如果不允许股东提出有关董事选任的提案，明显对股东的权利保护不利。并且，正如笔者在前文中论述的那样，美国法上规定有关选举排除事项的规定在现实中也颇具争议，甚至在实践中遭到法院的修正性适用。

第三，股东提案程序的完善。不仅为了防止股东滥用提案权，而且为了保护股东的提案权，提高公司审查提案的效率，我国法律应当对股东提案的程序作出明确的规定。首先应当规定提案股东在同一次股东大会上只能提出一项议案，并且每项提案的字数不得超过500字。其次，应当修改股东提案的时间，给提案修改留下足够的时间。最后，应当规定董事会为股东提案的审查主体，明确限制董事会收到提案后作出审查决定的期限，规定董事会审查提案的应当遵循的程序和标准以及对不合格提案的处理程序。具体可以作出如下规定：董事会在收到股东提案2日内进行审核，并于2日以内告知提案股东其所提议案存在的程序或资格问题，而提案股东应当在收到通知4日以内以邮寄或电子邮件的方式加以回复。如果提案的缺陷无法补救，且董事会将股东的提案加以排除，则董事会需向提案股东说明理由。

第四，股东提案权救济措施的完善。股东提案权的救济措施在广义上看包括两种途径：一是提案股东可以自行召集临时股东大会，这也是世界各国法律所明确规定的一项制度，我国法律也有相似的规定。① 二是对股东提案权自身的救济。在此，笔者关注的是股东提案权自身的救济措施。在这方面，国外立法一般都采取事前、事中和事后相结合的救济措施。在事前阶段，法律应当规定董事会滥用股东提案审查权的处罚措施，从而对董事会的审查权进行控制和约束。对此，国外多采取罚款的处罚措施，我国法律可以借鉴，规定董事会如果不按照法律的规定对股东提案进行审查

---

① 我国《公司法》第102条第2款规定"连续九十日以上单独或者合计持有公司百分之十以上股份的股东可以自行召集和主持"临时股东大会，但该规定明显和提案股东3%的持股比例要求不相协调。

时，可以对其负责人处以一定金额的罚款。在事中阶段，即董事会排除股东提案而股东大会尚未召开阶段，提案股东可以向法院提起诉讼，要求法院判决公司将该提案列入股东大会的审议范围。为了避免法院判决后股东大会已经做出决议从而导致法院判决不具有意义的情况发生，法律可以规定法院可以根据提案股东的申请，裁定暂停股东大会的召开，待判决作出后股东大会再继续进行。在事后阶段，即股东会已经召开并作出相应决议阶段，提案股东可以向法院起诉，请求法院判决公司所作出的与提案相关的决议无效。如果公司没有作出与提案相关的决议，而是作出了其他决议内容，则提案股东可以请求法院判决董事会承担相应的赔偿责任。

第三节　董事提名制度

美国机构投资者积极参与公司治理的正式法律途径还包括董事提名制度。在上一节中，我们已经知道，美国的股东提案制度将有关董事选举的提名议案排除在外，但该项排除在现实中遭到了巨大的争议和诟病，进而导致美国制定了另外的一项新制度，即董事提名制度，作为股东提案制度的必要补充。在这一节中，笔者拟对美国的董事提名制度进行考察的基础上，分析我国的股东（主要是机构投资者）对公司董事、监事人选的合法影响途径。

一、美国的董事提名制度

早在1942年的时候，美国联邦证券管理委员会就开始讨论股东利用委托书征集材料参与公司董事会候选人的提名问题，但由于各种原因，这一讨论在当时并没有得到践行。1977年联邦证券管理委员会在检讨股东参与公司治理问题时关注到了股东对董事候选人的提名问题，但仅仅要求公司说明其是否有专门的提名委员会以及该提名委员会是否考虑股东所提出的董事候选人，而没有直接规定股东可以利用委托书征集材料进行董事候选人提名。1992年联邦证券管理委员会再次对股东提名董事候选人问题进行检讨，并允许将股东所提的董事候选人名单在董事提名不足的情况下纳入董事的候选人中,从而使股东更容易参与公司董事的选举。2003年,联邦证券管理委员会指示有关部门提出股东参与公司董事选举的修正建议,该建议的内容之一就是增加股东利用委托书征集程序进行董事候选人提名的机会。但该建议由于引起选举争论、公司成本支出、对股东监控能力等问题的质疑而没有被联邦证券管理委员会采纳。2010年9月,联邦证券管理委员会重新修改美国《证券法》的规则14a-11,规定符合一定条件的股东可以使用委托书征集材料进行董事候选人提名,这就是美国的董事提名制度。该制度的法律规定主要体现在以下几个方面。

第一,股东提名董事候选人程序的启动条件。股东要提名董事候选人,必须满足下列两个启动条件之一:一是股东根据规则14a-8提出一项议案,要求授权实施股东提名程序,并且该议案被出席股东大会的表决权过半数通过;二是至少35%以上表决权的股东在其表决权委托书上明确反对现任董事会提名的任何候选人。当上述这两个启动事件任意发生一个,则符合一定条件的股东就可以将其提名的董事列入委托书征集材料中。

第二,对提名股东的资格要求。只有满足下列条件的一个股东或股东团体才能够提名董事候选人:(1)拥有公司超过3%的有表决权股票的受益所有权,并且至提名时持续满足该持股数额要求满3年;(2)声明愿意在相关股东大会召开期间持续保有上述持股条件;(3)符合按照清单13H申报持股情况的条件;(4)在向公司提交后选任提名前已经申报了一份清单13G。为了满足使用清单13G的要求,申报人必须提交一份放弃声明,表示申报人无意寻求对公司进行控制。

第三,股东提名候选人的数额限制。每一股东或股东团体一次最多可以提名的董事候选人数为董事会人数的25%,若不足1位时,按1位计算。

第四,被提名人与提名股东之间的关系限制。提名股东或股东团体不能与被提名的董事候选人之间不能存在"特定关系",要求被提名的候选人具有一定的"独立性",如被提名人不能是提名股东本人或提名股东团体的成员,而且不能是提名股东的亲属;如果提名股东或股东团体是法人,则被提名人及其家庭成员不能是该提名股东所雇用的成员;等等。从而防止了被提名人当选董事后与提名股东之间存在利益冲突。

除上述几个方面的规定之外,美国证券法律还规定股东提名不能够违反相关的法律规定,否则提名无效。并且,为了保证将所提候选人列入公司的委托书征集材料中,提名股东应当在公司寄发委托书征集材料 80 天前将有关声明和信息材料提交给公司。

很明显,规则 14a—11 所规定的具有提名资格的股东必须持有公司股份总数的 5% 以上。实际上,在美国股权高度分散的情况下,大部分投资人都难以达到这一持股标准,而实际上能够达到这一标准的只有作为少数股东的机构投资者。美国证管会指定该规则的前提假设是,机构投资者不仅财力雄厚,而且还愿意监督董事会及个别董事的行为,并于适当的时机积极介入公司的经营行为。而在实践中,美国机构投资者在公司治理中的确扮演了极其重要的角色,其中以共同基金和退休基金最为重要,它们不但有内部的专业评估部门,而且聘请机构投资者服务公司、投资者责任研究中心或泛宗教社会责任中心等外部专业机构,并依据此类外部专业机构的意见作为其参与公司治理的辅助。[①] 并且,理论界也积极主张,要使机构投资者在公司治理中扮演积极的监控角色,应赋予其更大的权限,使其能够于适当的时刻介入公司的经营。因此,美国证管会才赋予机构投资者提名公司董事的权利。

从上述的规定我们可以看出,董事提名制度和股东提案制度虽然有共同之处,但二者是不同的制度。二者都为了保护中小股东的利益,都存在具体的使用条件,都通过提案和表决的方式参与公司的治理,但二者在内容上不一样。董事提名制度只是通过董事提名进而使股东将自己的利益代言人插入公司的管理层的方式参与公司的治理。

但是,就在规则 14a—11 还未生效时,美国商业圆桌于 2010 年 9 月 29 日向美国哥伦比亚特区联邦上诉法院提起诉讼,认为规则 14a—11 的制定超出了联邦证券管理委员会的权限,从而使联邦证券管理委员会于同年 10 月 4 日宣布推迟实施该规则。2011 年 7 月 22 日,哥伦比亚特区联邦上诉法院依据联邦行政程序法规定,判决规则 14a—11 的制定程序违法,认

---

① Patty M. Degaetane, *the Shareholder Director Access Teeter－totter*：*Will Increased Shareholder voice in the Director Nomination Process Protect Investor?* 41 Cal. W. L. Rev. 413.

为联邦证券管理委员会对该规则的审查不够审慎,从而宣告该规则无效。而联邦证券管理委员会对此判决结果没有提出上诉。[①] 从而导致美国的董事提名制度在尚未实施的情况下被宣布无效。

尽管规则 14a-11 被宣布无效,但这并不意味着董事提名制度没有任何积极意义。其实董事提名制度在改善公司治理、实现股东真正的所有权、体现董事会的独立性和有效性、保护中小股东的利益等方面都具有极其重要的意义。[②] 对于美国董事提名制度的进一步发展,我们还拭目以待。

二、我国董事提名制度的问题现状及完善建议

(一)建立董事提名制度有利于我国机构投资者对公司治理的积极参与

建立和完善我国中小股东的董事提名制度有利于机构投资者对公司治理的积极参与,从而可以提高我国机构投资者参与公司治理的积极性。如果机构投资者持股比例的多少是衡量一个国家股市是否成熟的标志的话[③],那么,建立董事提名制度也可以促进我国机构投资者的发展,进而促使我国的股市走向成熟。机构投资者对现代公司治理的积极参与使得公司的管理者和所有权在分离之后逐渐走向统一。随着机构投资者的实力增强,其对公司的目标不再像中小股东那样追求短期利益的满足,而是积极主动参与到公司的治理中,对公司的经营管理人员进行严格的监督,从而使公司的各项经营决策能够体现自己的意志和利益,从而可以成为制约上市公司大股东的一个可靠的力量。并且,机构投资者是集中广大中小投资者的力量对公司的经营管理活动施加监督和约束,能够代表广大中小投资者的利益。[④] 由于董事的行为深受选举和撤换他们的人的意志的影响,所以,应

[①] 李诗鸿:《从"美国证监会 14a-11 规则无效案"看董事提名权改革》,《法学》2013 年第 5 期。

[②] 金莉娟:《上市公司董事提名规则之法律探析》,华东政法大学 2008 年硕士学位论文,第 41~48 页。

[③] 刘纪鹏:《法人股的困惑与思考》,载厉以宁主编:《中国资本市场发展的理论与实践》,北京大学出版社 1998 年版,第 196 页。

[④] 李东方、张俊娟:《机构投资者在公司治理中的角色定位及其法律规制》,载赵旭东主编:《国际视野下公司法改革》,中国政法大学出版社 2007 年版,第 393 页。

当加强机构投资者在董事选举中的影响力,鼓励其在董事会中获得一定的席位,因为机构投资者的利益在很大程度上与广大外部中小股东的利益是一致的。①

如果建立董事提名制度,机构投资者在该制度的行使中存在自己独特的优势。一方面,对于股权高度分散的股份有限公司,尤其是上市公司而言,机构投资者的持股比例一般较高,较容易满足董事提名制度对提名股东的持股比例要求,从而使机构投资者凭借持股集中化的优势直接实现其对目标公司的控制权。另一方面,机构投资者一般是由自己的专门机构和专业人员对目标公司的运行进行分析和研究,而不是像个人投资者那样依据上市公司的定期报告及网络资料对目标公司进行分析,从而使机构投资者对目标公司的了解更为全面、真实和科学,容易获得广大中小股东信服,进而实现在董事提名和选举中获得胜利。

所以,在我国目前机构投资者的力量还不够大,而且国家还要大力发展机构投资者的情况下,建立董事提名制度可以在一定程度上促使机构投资者的发展,激励机构投资者积极参与公司的治理,制约大股东,保护中小股东的利益。

(二)我国董事提名制度的现状及问题

就我国目前相关的法律规定而言,董事提名制度还没有明确的法律规定。更确切地说,董事提名在我国尚没有形成一套完整的制度,这也使得我国的董事提名在现实中的运作由于没有法律的规制而存在诸多问题。

首先,我国现实中的董事提名基本上都由大股东所掌控。在我国,上市公司一般都存在控股股东。控股股东利用自己的控股优势在"一股一票"表决制度下实际上控制着上市公司治理的各个方面。在这种情况下,控股股东虽然可以较好地监督控制公司的经营管理人员,但其也有谋取私利的强大动力。为了自己的利益,控股股东一般都想方设法把自己的人安排进入董事会。上海证券交易所的一项调查结果表明,我国上市公司董事

---

① [德]西奥多·鲍姆、[美]肯·斯科特:《认真对待权力——公司治理在美国和德国》,李园园译,载赵旭东主编:《国际视野下公司法改革》,中国政法大学出版社2007年版,第329页。

会的大多数成员都是由大股东安排进来的，其中来自于第一大股东的董事人数超过了董事会总人数的一半。在这种情况下，大股东就可以轻易地控制着公司的经营决策和管理活动。在这种情况下，如果没有广大中小股东的集体行动，则公司的管理控制永远保留在大股东的手中。研究表明，由大股东控制的董事会所作出的决策的错误率很高，并且，一旦出现严重的决策错误，就有可能给公司带来巨大的损失。①

其次，股东所享有的提名权模糊化，致使股东对董事的选举无法实质性地参与。在理论上，股东作为公司的出资人应当享有选举公司董事的权利，这也是我国《公司法》所赋予股东的一项重要权利。如我国《公司法》第三十八条明确规定股东有权"选举和更换非由职工代表担任的董事、监事，决定有关董事、监事的报酬事项"，第一百条也作了同样的规定。而《公司法》对选举之前的董事提名程序并没有作出明确的规定。在现实中，股份有限公司，尤其是上市公司，广大中小股东没有提名董事的能力，只能够对别人提名的候选人进行投票，对董事候选人也不是很了解，这样的投票机制实际上和股东的选举权貌合神离了。并且，董事候选人的提名都先于股东投票表决，股东对董事的提名不享有权利，从而使股东对董事的选举所享有的权利是一种被动的权利。在这种情况下，许多中小股东并不热衷于董事的选举（即使热衷，也难以把自己的人安排进入董事会），在选举中用脚投票，致使大股东更加容易控制董事的选举，使董事会实际上成为大股东的利益代表机构。所以，在现实中，股东虽然享有选举权，但董事提名权却由大股东所掌控，从而使股东选举的也是大股东的利益代表，进而使控股股东实质上掌握着董事的选举。要想使股东真正享有董事选举权，就要赋予中小股东的董事提名权。

最后，多数股东的"理性冷漠"和"搭便车"心理助长了大股东的嚣张气焰，使中小股东的利益受到更大侵害。在股权高度分散的股份有限公司中，广大中小股东很难形成对抗控股东的力量，进而无法参与到公司的经营管理事务中去，从而使自己的关注重点集中在自己所持股份的价值上，而对公司的日常经营管理活动不感兴趣。正如有学者指出的那样，

---

① 梅慎实：《现代公司机关权力构造论》，中国政法大学出版社2000年版，第364页。

"在现代公司的发展中，公司的股东尤其是大型的上市公司的股东并不热衷于公司的管理，他们并不关心公司的管理人是谁，管理能力如何，他们只关心自己所有的股份价值如何。"[①] 从而使股东对出席股东大会表现出冷漠的态度，甚至不出席股东大会。由于广大中小股东的理性冷漠致使其在公司行动中普遍存在"搭便车"的心理，即希望别人承担监督公司经营管理活动的成本，自己享受别人付出的收益。因为广大中小股东很明白，如果公司的管理者违背了公司利益最大化原则时，个别小股东的进行监督所获得的收益无法弥补其监督成本，进而没有足够的动力去监督公司管理人员的行为。

并且，我国《公司法》第一百〇四条第二款明确规定："股东大会作出决议，必须经出席会议的股东所持表决权过半数通过。但是，股东大会作出修改公司章程、增加或者减少注册资本的决议，以及公司合并、分立、解散或者变更公司形式的决议，必须经出席会议的股东所持表决权的三分之二以上通过。"但是，公司法并没有对出席股东大会的股份数额设置最低标准，所以，在现实中可能出现这种结果，即只需要少数股东甚至是一个股东就能作出一项股东大会的决策。这样就更加方便大股东对公司的控制。在理论上，小股东也享有与其所持股份相对应的公司控制权，但由于其所持股份的数额与大股东相比简直微不足道，所以小股东很难享有对公司的实际控制权，从而进一步弱化了小股东参与公司治理的动力。具体到董事选举事项上，广大中小股东的冷漠和"搭便车"使其对董事的提名和选举不关心，从而进一步巩固了控股股东对董事提名和选举的掌控。

此外，我国公司法中的监督机制不健全，如监事会对董事会的依附性、累计投票制度自身的缺陷及其孤军奋战的状态、独立董事的"不独立"等等[②]，都助长了大股东对董事提名和选举的控制，从而进一步阻碍了广大中小股东对董事提名的参与。

---

① 张民安：《公司少数股东的法律保护》，载梁慧星主编：《民商法论丛》（第9卷），法律出版社1998年版，第112页。

② 金莉娟：《上市公司董事提名规则之法律探析》，华东政法大学2008年硕士学位论文，第60~66页。

（三）完善我国董事提名制度的几点建议

基于上文的论述，笔者认为首先应当明确董事提名制度的法律地位。建议在我国的《公司法》及其相关的法律中明确规定董事提名制度，从而使董事提名制度成为一项正式的法律制度，消除实践中董事提名运作上的模糊性和随意性。对董事提名制度运行的相关权利、义务和责任作出明确规定，对违反董事提名制度的行为施以相应的法律制裁。具体而言，笔者认为应当在以下几个方面作出明确的规定。

第一，董事提名制度的启动条件。我国设立董事提名制度的目的就是为了赋予中小股东以董事提名权，通过一系列公正的程序保障中小股东选派的董事能够进入公司的董事会，从而实现对公司管理的间接参与。尽管我国设立董事提名制度的背景和美国制定董事提名制度的背景一样，都是股东民主理论盛行的产物，但我国设立董事提名制度还有自己独特的任务，即制约"一股独大"股权结构给公司治理带来的副作用，故此，笔者建议我国的董事提名制度不需要特殊的启动条件，只要公司选举董事，就可以使用董事提名制度。

第二，提名股东的资格要求。首先，对提名股东的持股比例要求。我国证监会2001年发布的《中国证监会关于在上市公司建立独立董事制度的指导意见》第四条第（一）款规定："上市公司董事会、监事会、单独或者合并持有上市公司已发行股份1％以上的股东可以提出独立董事候选人，并经股东大会选举决定。"这一规定只适用于独立董事的提名股东，即持有上市公司已发行股份1％以上的股东，就可以提名独立董事的候选人。我国《公司法》第一〇三条第二款规定"单独或者合计持有公司百分之三以上股份的股东，可以在股东大会召开十日前提出临时提案并书面提交董事会"，这里的临时提案应当包括董事提名。而通过前文的论述我们已经知道，美国法律要求进行董事提名的股东的持股比例为5％。但是，由于我国国有股"一股独大"以及中小股东十分分散的特殊情况，本着激励中小股东参与公司治理的主旨，不仅美国5％的持股比例不符合我国的情况，而且公司法规定的3％的比例也实在太高。因此，建议我国提名股东的持股比例采取独立董事提名股东的1％的持股比例比较合适。其次，对提名股东持股期限的要求。为了使董事提名权能够真正由那些关心公司长远发展且乐意积极参与公司治理的股东所掌握,对提名股东的持股期限作出一定的限制是必要的。对于短期炒作、只注重股票价值而不注重公司发展的短线股东,没有必要赋予其董事提名权,否则只会给公司的经营管理带来麻烦,从而不利于公司的发展。根据我国的现实,笔者认为,我们可以借鉴美国法律规定的2年的持股期限限制,即股东行使董事提名权时应当连续两年持有符合比例的股票。

第三,被提名人的资格要求。由于公司的董事直接关系到公司的发展,所以股东提名的董事应当在知识技能、道德品质等方面具有较好的表现。对于特定条件的人员,不得成为被提名者,对此,可以参照我国《公司法》第一百四十七条固定的情形,即"(一)无民事行为能力或者限制民事行为能力;(二)因贪污、贿赂、侵占财产、挪用财产或者破坏社会主义市场经济秩序,被判处刑罚,执行期满未逾五年,或者因犯罪被剥夺政治权利,执行期满未逾五年;(三)担任破产清算的公司、企业的董事或者厂长、经理,对该公司、企业的破产负有个人责任的,自该公司、企业破产清算完结之日起未逾三年;(四)担任因违法被吊销营业执照、责令关闭的公司、企业的法定代表人,并负有个人责任的,自该公司、企业被吊营业执照之日起未逾三年;(五)个人所负数额较大的债务到期未清偿。"凡有上述情形之一者,不得成为被提名者。此外,被提名人还应当符合"独立性标准"的要求。[1]

第四,股东的提名人数。为了防止股东滥用提案权,提高股东提案的质量,大多数国家的公司法都规定提案股东在一次股东大会上只能提出一个议案,但并不等于规定股东在董事提名上一次只能提出一名候选人。笔者认为,法律对股东的董事提名数额的限制应当为董事会总人数的一定比例,例如可以采取美国法律规定的董事会总人数的25%,从而体现股东的平等权利。不仅如此,法律还应当规定,在提交股东大会表决的董事名单中,由中小股东提名的人数应当占一定的比例,只有这样,才能保证中小股东的董事提名权得以真正落实。否则,虽然中小股东行使了提名权,但

---

[1] Usha Rodrigues, *Let the Money Do the Governing: The Case for Reuniting Ownership and Control*, Stanford Journal of Law, Business and Finance, Vol. 9, 2004, p. 254.

在股东大会的表决名单中没有中小股东所提名的代表,这实际上等于中小股东没有提名权。

此外,提名股东在提名之前应当征得被提名人的同意,并在充分了解被提名人基本情况的前提下,向公司董事会提交被提名人的简历等书面材料。同时,被提名人应当承诺所提交材料的真实性以及当选后能够认真履行董事职责。法律还应当为董事提名程序作出一系列规定,包括各项行为的时间要求。并且,为了使董事提名制度得到预期的效果,我国法律还必须对累积投票制度等相关制度加以完善。

第四节 公司归入权的行使

公司归入权又称为公司介入权[①]、公司夺取权[②],是指公司依照相关法律的规定,有权将公司内部人之特定违法行为的收益收归公司所有。公司归入权既然是公司的一项权利,而且公司又是具有法人资格的独立法律主体,所以归入权一般情况下是由公司自己行使的。但在特殊的情况下,公司无法行使或怠于行使归入权,机构投资者作为符合法定条件的股东,可以代表公司行使归入权,不仅使公司的利益得到有效的维护,而且也可以防止董事、经理等内部人员从事违法行为,促进和改善公司的治理。但机构投资者对公司归入权的有效行使需要有相对完善的归入权制度的存在为前提。因此,我们有必要对公司归入权及我国相关法律规定的完善加以探讨。

公司归入权最早产生于美国,后来被日本、韩国、我国台湾等国家和地区所接受,进而被我国法律所采纳。美国1934年《证券交易法》第十六

[①] 雷兴虎:《论公司介入权》,《法学研究》1998年第4期。
[②] 史尚宽:《债法各论》,台湾荣泰印书馆1981年版,第414页。

条第二款对公司归入权作出了明确的规定①，我国《证券法》第四十七条②和《公司法》第一百四十九条③也对公司归入权作出了相应的规定。此外，我国《公司法》第一百五十二条④关于股东代表诉讼的规定在一定程度上也是公司归入权制度的一个必要补充，也是公司归入权的一个组成部分。从这些法律的规定我们不难看出，公司归入权制度主要包括归入权的行使事由、归入权的行使对象、归入权的行使主体、归入权的行使期间以及归入权行使的豁免等问题。

---

① 美国1934年《证券交易法》第十六条第二款规定："为了防止不公平地使用这些受益所有人、董事或官员由于自己同发行者的关系而可以获得的信息，他在少于6个月的任何时期内从任何购买出售或从任何出售和购买该发行者的任何权益证券（豁免的证券除外）所实现的任何利润，如果该证券不是与以前所负债务有关而善意地获得的，应对发行者生效和由发行者获得，不考虑这样的受益所有人、董事或官员在超过6个月的时期参加持有已购买的证券和未重新购买已售出的证券的贸易的任何意图。发行者可以向有足够司法权的法院提出诉讼或权益要求，以获得上述利润，如果发行者在要求后60天内未能或拒绝提出诉讼或权益要求，以后未能努力检举同样的事情，则可由发行者任何证券的所有人以发行者的名义或为发行者的利益提出；但是，在利润实现之日后超过两年，不得提出这样的诉讼。本款不应看作是适用于上述受益所有人在购买和出售或出售和购买证券的时间都不是这样的任何交易，或者委员会认为不包括在本款目标内可以以规则和规章豁免的任何交易。"

② 我国《证券法》第四十七条规定：
"上市公司董事、监事、高级管理人员、持有上市公司股份百分之五以上的股东，将其持有的该公司的股票在买入后六个月内卖出，或者在卖出后六个月内又买入，由此所得收益归该公司所有，公司董事会应当收回其所得收益。但是，证券公司因包销购入售后剩余股票而持有百分之五以上股份的，卖出该股票不受六个月时间限制。
公司董事会不按照前款规定执行的，股东有权要求董事会在三十日内执行。公司董事会未在上述期限内执行的，股东有权为了公司的利益以自己的名义直接向人民法院提起诉讼。
公司董事会不按照第一款的规定执行的，负有责任的董事依法承担连带责任。"

③ 我国《公司法》第一百四十九条规定："董事、高级管理人员不得有下列行为：（一）挪用公司资金；（二）将公司资金以其个人名义或者以其他个人名义开立账户存储；（三）违反公司章程的规定，未经股东会、股东大会或者董事会同意，将公司资金借贷给他人或者以公司财产为他人提供担保；（四）违反公司章程的规定或者未经股东会、股东大会同意，与本公司订立合同或者进行交易；（五）未经股东会或者股东大会同意，利用职务便利为自己或者他人谋取属于公司的商业机会，自营或者为他人经营与所任职公司同类的业务；（六）接受他人与公司交易的佣金归为己有；（七）擅自披露公司秘密；（八）违反对公司忠实义务的其他行为。董事、高级管理人员违反前款规定所得的收入应当归公司所有。"

④ 我国《公司法》第一百五十二条规定：
"董事、高级管理人员有本法第一百五十条规定的情形的，有限责任公司的股东、股份有限公司连续一百八十日以上单独或者合计持有公司百分之一以上股份的股东，可以书面请求监事会或者不设监事会的有限责任公司的监事向人民法院提起诉讼；监事有本法第一百五十条规定的情形的，前述股东可以书面请求董事会或者不设董事会的有限责任公司的执行董事向人民法院提起诉讼。
监事、不设监事会的有限责任公司的监事，或者董事会、执行董事收到前款规定的股东书面请求后拒绝提起诉讼，或者自收到请求之日起三十日内未提起诉讼，或者情况紧急、不立即提起诉讼将会使公司利益受到难以弥补的损害，前款规定的股东有权为了公司的利益以自己的名义直接向人民法院提起诉讼。
他人侵犯公司合法权益，给公司造成损失的，本条第一款规定的股东可以依照前两款的规定向人民法院提起诉讼。"

第一,归入权的行使事由。公司归入权的行使并不是随意的,而只能在特定事实下才能进行。从国外相关立法和司法实践看,公司归入权主要在以下两种情况下行使:一是董事违反竞业禁止的规定,二是内幕人员从事短线交易。

竞业禁止义务作为大陆法系的董事对公司的忠实义务之一种,一般是指董事在没有经过特别许可的情况下不能够为自己或他人的利益而从事属于公司营业范围内的业务。英美法系中并没有竞业禁止义务这一概念。竞业禁止义务在英美法系中是以"公司商机原则"体现出来的,是指如果某一商业机会被认为属于公司所有,则公司的董事不应该在该商机未向社会公布且未获公司的许可之前,不得利用该商机牟取私利。董事作为公司的日常管理和决策人员,对公司的业务发展规划、经营计划、投资计划、财务状况以及人事调动等重大情况都比较熟悉,如果允许董事可以自己任意从事与其任职公司相同的业务,则必然会导致董事为了自己私利而篡夺公司的商机、泄露公司的商业秘密,进而损害公司的利益。所以,董事的竞业禁止义务被世界各国法律所认可,成为董事应当承担的重要法律义务之一。对于董事竞业禁止义务的含义,一般认为主要包括以下几个方面:首先,不论董事是为自己利益还是他人利益从事交易,只要该交易使自己或他人获得直接或间接的利益,即为违反竞业禁止义务;其次,竞业禁止行为以营利性为前提,非营利性行为不属于竞业禁止行为的范畴;其三,董事违反法律规定从事竞业禁止行为的收益归公司所有,但是考虑到善意第三人的利益,其行为本身并非当然的无效;其四,特定机构对于董事竞业禁止行为的许可,仅指事前的特别许可,不包括事后的免责。[①]

在证券市场中,短线交易是相对于中长期投资而言的,是指投资者在较短的时间内进行买入、卖出或卖出、买入的投机性交易行为,如投资者买入股票和基金后最早可在买入后的第二个交易日卖出,而期货则可以在买入当日卖出。在一般情况下,这种短线交易是符合我国证券市场的交易规则的,是一种合法的投机性投资行为,并无违法可言。但是,如果短线交易是由特定的主体,如公司的董事、监事、高级管理人员以及持有特定

---

① 陈丽春:《公司归入权制度研究》,中国政法大学硕士学位论文,2011年,第6页。

比例以上的股东等进行的，则该短线交易就被法律所禁止。因为特定人员所进行的短线交易会扰乱证券市场的秩序，损害广大普通投资者的利益。

我国《公司法》和《证券法》对公司归入权的行使事由作出了较为详细的规定，并且还扩大了公司归入权的行使的事由。我国《公司法》第一百四十九条规定的公司归入权行使的事由包括：挪用公司资金；将公司资金以其个人名义或者以其他个人名义开立账户存储；违反公司章程的规定，未经股东会、股东大会或者董事会同意，将公司资金借贷给他人或者以公司财产为他人提供担保；违反公司章程的规定或者未经股东会、股东大会同意，与本公司订立合同或者进行交易；未经股东会或者股东大会同意，利用职务便利为自己或者他人谋取属于公司的商业机会，自营或者为他人经营与所任职公司同类的业务；接受他人与公司交易的佣金归为己有；擅自披露公司秘密；违反对公司忠实义务的其他行为。而我国《证券法》第四十七条规定的公司归入权的行使事由仅为特定主体的短线交易行为。总结归纳起来，主要为以下几种类型：

1. 挪用公司资金。按照我国公司法的规定，挪用公司资金指的是公司的董事、高级管理人员利用职务上的便利将公司的资金挪作个人使用。在此，法律并没有关注董事、高级管理人员挪用公司资金的目的以及从事何种活动，也就是说，只要董事和高管存在挪用公司资金的行为，其所获利益就应当归公司所有，而不问其挪用的意图和用处。公司有权要求挪用人返还被挪用的资金及其收益，因为公司对被挪用的资金享有所有权。

2. 将公司资金借贷给他人或者以公司财产为他人提供担保。这是指公司的董事、高级管理人员利用职务上的便利将公司的资金借贷给其他法人、组织和个人的行为。公司本来是可以为他人提供担保的，但必须符合公司法第十六条的规定，即"公司向其他企业投资或者为他人提供担保，依照公司章程的规定，由董事会或者股东会、股东大会决议；公司章程对投资或者担保的总额及单项投资或者担保的数额有限额规定的，不得超过规定的限额。公司为公司股东或者实际控制人提供担保的，必须经股东会或者股东大会决议。前款规定的股东或者受前款规定的实际控制人支配的股东，不得参加前款规定事项的表决。该项表决由出席会议的其他股东所持表决权的过半数通过"。所以，如果公司的董事、高级管理人员将公司的资金借贷给他人使用而没有事先经过股东（大）会或董事会的决议同意，则该借贷产生的收益应当归公司所有。

3. 董事、高级管理人员的自我交易行为。这是指董事、高级管理人员作为交易的一方受益者与公司所进行的交易。按照董事、高级管理人员是否直接为交易的一方当事人，自我交易可分为直接自我交易和间接自我交易。直接自我交易的一方当事人是董事、高级管理人员自己。间接自我交易的一方当事人是与董事、高级管理人员有利益关联关系的第三人。但无论是直接自我交易还是间接自我交易，都有可能损害公司的利益。因为交易的双方在交易中的利益是相冲突的，各自都会为了自己的利益着想。所以，自我交易一般都在各国法律中用各种不同的形式加以约束。但是，不排除在特定情况下的自我交易行为对公司是无害的，这种自我交易是可以进行的。我国《公司法》第一百四十九条允许符合公司章程规定的自我交易和经股东（大）会授权的自我交易，否则，董事、高级管理人员自我交易的收益应当归公司所有。但是，我国公司法只规制了董事、高级管理人员的直接自我交易行为，而对间接自我交易行为并没有规定，从而导致董事、高级管理人员容易规避法律的约束而从事损害公司利益的间接自我交易行为。故我国公司法应当进一步完善自我交易行为的规定。

4. 董事、高级管理人员违反竞业禁止义务。我国《公司法》第一百四十九条第二款第五项明确规定的竞业禁止义务是指公司的董事、高级管理人员"未经股东会或者股东大会同意，利用职务便利为自己或者他人谋取属于公司的商业机会，自营或者为他人经营与所任职公司同类的业务"。该条规定并没有绝对排除董事、高级管理人员的竞业行为，只要其竞业行为得到股东（大）会的同意，即为合法，公司就不能对此收益行使归入权。并且，该条规定把竞业的对象限于"同类业务"，即类似或完全相同的商品或服务业务。

5. 其他违反公司忠实义务的行为。除了上述四类行为以外，我国《公司法》第一百四十九条还规定了三类其他违反忠实义务的行为，即"将公司资金以其个人名义或者以其他个人名义开立账户存储"、"接受他人与公司交易的佣金归为己有"和"擅自披露公司秘密"。除此之外，《公司法》第一百四十九条还有一个兜底条款，即"违反对公司忠实义务的其他行为"。如果公司的董事、高级管理人员实施了这些行为，则其收益应当归公司所有。公司的资金本当属于公司所有，按照相关的财务会计法律制度的要求，应当存放于公司的账户。如果公司的董事、高级管理人员私自以个人名义或者其他人的名义另立账户，把本属于公司所有的资金转移到另立的账户中，则违反了公司的财务会计制度，扰乱公司的正常经营活动，是一种违反忠实义务的行为。在商业交往中，本应属于公司的正当合法的佣金应当归入公司的账户，由公司所有，如果公司的董事、高级管理人员私自把本属于公司的佣金占为己有，则是对公司财产权的侵害。商业秘密对于公司而言尤其重要，也是公司的一项重要财产，如果公司的董事、高级管理人员私自泄露公司的商业秘密，则会给公司带来损失。所以，上述这些行为都是违反忠实义务的具体行为，如果董事、高级管理人员因此而获得收益，则该收益应当归公司所有。

6. 特定主体的短线交易行为。这是我国《证券法》所规定的公司归入权行使的事由。根据我国《证券法》第四十七条的规定，作为公司归入权行使事由的短线交易为内部人短线交易，即交易的主体为上市公司董事、监事、高级管理人员、持有上市公司股份5%以上的股东，并不包括上市公司董事、监事、高级管理人员的配偶、父母、子女等直系血亲或姻亲以及与上市公司董事、监事、高级管理人员及其配偶、父母、子女等直系血亲或姻亲有关联利益关系的其他人。并且，短线交易的期间为6个月，即特定主体在6个月内分别在两个时间点上进行了两次相反方向的交易行为。

第二，归入权的行使对象。归入权的行使对象包括归入权所指向的人和物。在人的方面，根据世界各国相关法律的规定，公司归入权的行使对象一般都包括两类主体：一类是公司的董事、监事和高级管理人员；二是持有公司股份特定比例以上的大股东。我国公司法和证券法也对这两类主体进行了相应的规定。在物的方面，世界各国相关法律的规定用语不一致。在此，笔者拟从人和物这两个方面对归入权的行使对象加以探讨。

1. 公司的董事、监事和高级管理人员。把公司的董事和高级管理人员作为公司归入权的行使对象是世界各国各地区的通行做法，这种做法是与董事、高级管理人员在公司中的特殊地位密不可分的。因为公司的董事、高级管理人员掌控公司的日常经营活动，对公司的相关运营信息了如指

第四章 机构投资者参与公司治理的法律途径

掌,他们的每一个行动都可能对公司的生存和发展产生至关重要的影响,他们也比其他人更有机会盗取公司的利益,所以,法律一般都要求他们承担更多的责任和义务,以保障公司的利益不致遭受他们的侵害。如果董事、高级管理人员实施了归入权行使的法定事由,则其毫无疑问就成为归入权的行使对象。如我国《公司法》和《证券法》、美国《证券交易法》、我国台湾地区的"证券交易法"[①]、日本《公司法》[②]、德国《股份公司法》[③] 等都规定董事、高级管理人员为归入权的行使对象。至于监事是否是公司归入权的行使对象,法律存在不同的规定。日本1988年的《证券交

[①] 我国台湾地区"证券交易法"第一百五十七条规定:"发行股票公司董事、监察人、经理人或持有公司股份超过百分之十之股东,对公司之上市股票,于取得后六个月内再行卖出,或于卖出后六个月内再行买进,因而获得利益者,公司应请求将其利益归于公司。发行股票公司董事会或监察人不为公司行使前项请求权时,股东得以三十日之限期,请求董事或监察人行使之;逾期不行使时,请求之股东得为公司行使前项请求权。董事或监察人不行使第一项之请求以致公司受损害时,对公司负连带赔偿之责。第一项之请求权,自获得利益之日起二年间不行使而消灭。第二十二条之二第三项之规定,于第一项准用之。关于公司发行具有股权性质之其他有价证券,准用本条规定。"

第157—1条规定:"左列各款之人,获悉发行股票公司有重大影响其股票价格之消息时,在该消息未公开前,不得对该公司之上市或在证券商营业处所买卖之股票或其他具有股权性质之有价证券,买入或卖出:一、该公司之董事、监察人及经理人。二、持有该公司股份超过百分之十之股东。三、基于职业或控制关系获悉消息之人。四、从前三款所列之人获悉消息者。

违反前项规定者,应就消息未公开前其买入或卖出该证券之价格,与消息公开后十个营业日收盘平均价格之差额限度内,对善意从事相反买卖之人负损害赔偿责任;其情节重大者,法院得依善意从事相反买卖之人之请求,将责任限额提高至三倍。

第一项第四款之人,对于前项损害赔偿,应与第一项第一款至第三款提供消息之人,负连带赔偿责任。但第一项第一款至第三款提供消息之人有正当理由相信消息已公开者,不负赔偿责任。

第一项所称有重大影响其股票价格之消息,指涉及公司之财务、业务或该证券之市场供求、公开收购,对其股票价格有重大影响,或对正当投资人之投资决定有重要影响之消息。

第二十二条之二第三项之规定,于第一项第一款、第二款准用之;第二十条第四项之规定,于第二项从事相反买卖之人准用之。"

[②] 《日本公司法典》,中国政法大学出版社2006年版,第197页。

[③] 德国《股份公司法》第八十八条规定:"(1) 未经监事会许可,董事会成员既不允许经商,也不允许在公司业务部门中为本人或他人的利益从事商业活动。未经许可,他们也不得担任其他商业公司的董事会成员或者业务领导人或者无限责任股东。监事会的许可只能授予某些商业部门或商业公司或某种商业活动。(2) 如果一名董事会成员违反了这一禁令,监事会可以要求赔偿损失。公司也可以要求该成员将他为个人利益而从事的商业活动作为是为公司的利益而从事的商业活动,以及要求交出他在为他人利益而从事的商业活动中所获得的报酬或者放弃对报酬的要求。(3) 自其他董事会成员和监事会成员得知产生赔偿义务的行为的那一刻起三个月后,公司的要求失效。如果不考虑得知的时间,这些要求自提出之日起五年后失效。"

易法》第一百八十九条的规定把监事作为公司归入权的行使对象。① 我国《公司法》第一百四十九条只把董事、高级管理人员作为归入权的行使对象，而把监事排除在外，但是，我国《证券法》第四十七条的规定却把监事也作为归入权的行使对象。尽管监事在公司中与董事、高级管理人员的职责和地位不一样，功能也不一样，致使其承担的义务也不尽相同，但监事作为公司的高层，其与公司的经营管理人员存在密切的接触，企业掌握着公司的重要信息，也会与公司的利益发生冲突。所以我国《公司法》第一百四十八条②规定了监事与董事、高级管理人员承担同样的忠实义务和勤勉义务。所以，笔者认为监事也应当是公司归入权的行使对象。

并且，在公司法律实践中，也存在个别公司的组织机构与公司法规定的不一致的情况，这样就会产生一部分人在公司中的实际地位和作用与其在公司中的职位名称不一致的情形，对此，应当分不同情况行使归入权。如果某人具有董事、监事职位并且实际上也行使着董事、监事的职权，当然成为归入权的行使对象。如果某人具有董事、监事职位但实际上并不行使董事、监事的职权，即实际上有名无实的董事、监事，由于其已经具有相应的职位，所以应当成为归入权的行使对象。如果某人不具有董事、监事职位而实际上却行使着董事、监事的职权，即实际上有实无名的董事、监事，对此，笔者认为也应当成为归入权的行使对象。因为，其虽然不具有董事、监事的名称，但其实际上已经掌控着公司的日常经营管理活动，接触着公司的重大秘密信息，理应对公司承担相应的忠实义务，从而应当成为归入权的行使对象。这也与国外相关立法和司法实践相一致。如美国法院和证监会以有无接触公司内部信息的机会来判断其是否成为归入权的行使对象，而不拘泥于表面形式，是否具有董事名称并不重要。③ 而美国《证券交易法》第三条把"董事"定义为"一个公司的任何董事或具有与任何组织有关联的类似职能的任何人，无论该组织是否为股份有限"。美国证监会《规则3b—2》则把

---

① [日] 河本一郎、大武泰南：《证券交易法概论》，法律出版社2001年版，第285页。

② 我国《公司法》第一百四十八条规定："董事、监事、高级管理人员应当遵守法律、行政法规和公司章程，对公司负有忠实义务和勤勉义务。董事、监事、高级管理人员不得利用职权收受贿赂或者其他非法收入，不得侵占公司的财产。"

③ 刘邦兴：《内部人短线交易归入权制度研究》，载王保树主编：《商事法论集》（第8卷），法律出版社2005年版，第204页。

"高级管理人员"解释为"发行人、总裁、副总裁、秘书、财务总监、审计总监及其他实际执行上述类似职务的人"。[①] 我国《公司法》第二百一十七条也把"高级管理人员"规定为"公司的经理、副经理、财务负责人,上市公司董事会秘书和公司章程规定的其他人员"。

此外,不仅公司的董事、监事、高级管理人员是公司归入权的行使对象,而且与董事、监事、高级管理人员等内部人员有关联关系的利害关系人,也应当成为归入权的行使对象,如董事的配偶、亲属等。根据我国《公司法》第二百一十七条的规定,关联关系是指"公司控股股东、实际控制人、董事、监事、高级管理人员与其直接或者间接控制的企业之间的关系,以及可能导致公司利益转移的其他关系。但是,国家控股的企业之间不仅因为同受国家控股而具有关联关系"。既然这些利害关系人与公司的董事、监事、高级管理人员等存在着这样的可能导致公司利益转移的关联关系,则其就可能侵害公司的利益,应当成为归入权的行使对象。并且,根据我国《股票发行与交易管理暂行办法》第三十八条的规定[②],持有公司5%以上有表决权股份的法人股东及其董事、监事和高级管理人员也是归入权的行使对象,而我国现行的《证券法》并没有将关联公司的董事、监事和高级管理人员纳入归入权的行使对象,有待进一步完善。

2. 持有法定比例股份的股东。公司的股东在一般情况下不同于公司的董事、监事、高级管理人员,不参与公司的经营管理业务,不知悉公司的内部重大信息,所以也就不承担类似于董事、监事、高级管理人员那样的法定义务。尽管如此,并不能排除有些股东,尤其是持股比例达到一定程度的股东可以对公司产生重大的影响力和控制力。在这种情况下,就需要对这种股东施以法律约束,防止其侵害公司的利益。正因为如此,世界各国相关法律一般都认可或规定控股股东应当对公司负有信义义务,致使其承担相应的法定义务。并且,当股东的持股比例达到一定程度时,其接触

---

① 参见黄振中:《美国证券法上的民事责任与民事诉讼》,法律出版社2003年版,第263页。
② 《股票发行与交易管理暂行办法》第三十八条规定:"股份有限公司的董事、监事、高级管理人员和持有公司5%以上有表决权股份的法人股东,将其所持有的公司股票在买入后6个月内卖出或者在卖出后6个月内买入,由此获得的利润归公司所有。前款规定适用于持有公司5%以上有表决权股份的法人股东的董事、监事和高级管理人员。"

公司信息和控制公司的机会也较多，所以，公司归入权的行使对象也将持股比达到一定程度的股东包括在内。

对于持股比例达到多少的股东才能成为归入权的行使对象，各国法律存在不同的规定，我国规定为 5%，而美国、日本等则规定为 10%。至于哪一个比例更科学更合理，则要根据本国的实际情况而定。在实践中，如果股东以自己的名义持股达到法定比例，则其当然成为归入权的行使对象。但是，如果股东以自己的名义持股并没有达到法定的持股比例，但其与亲属及其他关联者的共同持股却达到了法定的持股比例，其是否也应当成为归入权的行使对象，世界各国相关法律也规定不一。根据我国台湾地区"证券交易法"第一百五十七条第五项的规定，内部人的配偶、未成年子女以及利用他人名义持有的股份也都包括在归入权的行使对象之列。美国《证券交易法》(1934)采取"受益所有人"标准来计算是否达到法定的持股比例，该标准把利用配偶、未成年子女、共同生活的家属和利用其他人名义持有的股份都计入持股数量之内，从而判断持股人是否达到法定持股比例。我国相关法律对此并没有明确规定。笔者认为，为了防止部分股东利用亲属、朋友等利益关联者规避法律对其的管控，我国应当按照美国的"受益所有人"标准来计算持股比例，对于利用亲属、配偶、家庭成员及其他利益关联者的名义所持的股份，也应当计算在内部人的持股数量之内。但是，如果该亲属、配偶、家庭成员及其他利益关联者在经济和意识上独立于内部人并且其交易也是基于自己的独立判断作出的，而且相关内部人员并没有从交易中获得利益，则该亲属、配偶、家庭成员及其他利益关联者不能被认定为"受益所有人"，其所持股份不能被计算在内部人持股总数之内。

此外，根据我国法律的表面规定，达到法定持股比例的股东作为归入权行使的对象只适用于特定主体的短线交易行为，而我国《公司法》第一百四十九条所规定的归入权行使对象并不包括任何股东。但是，根据我国台湾地区的"公司法"第五十四条的规定[①]，执行业务的股东如果违反相

---

① 我国台湾地区"公司法"第五十四条规定：股东非经其他股东全体之同意，不得为他公司之无限责任股东或合伙事业之合伙人。执行业务之股东，不得为自己或他人为与公司同类营业之行为。执行业务之股东违反前项规定时，其他股东得以过半数之决议，将其为自己或他人所为行为之所得，作为公司之所得。但自所得产生后逾一年者，不在此限。

关规定，为自己或他人从事与公司同类的营业，其行为所得归公司所有。所以，达到法定持股比例的股东也应当成为我国《公司法》规定的归入权的行使对象，从而更好地保护公司的利益。

3. 归入权行使对象的物的方面。归入权行使对象的物的方面是指归入权针对什么范围内的标的行使，部分学者认为该标的是公司内部人违反法定义务所获得的利益，包括公司内部人违法所获的报酬、其他物品、有价证券、交易机会及其他财产权利。[①] 但是该标的在法律上表述不尽相同，如我国《公司法》第一百四十九条表述为"收入"，我国《证券法》第四十七条表述为"收益"，美国《证券交易法》第十六条和我国台湾地区的"证券交易法"第一百五十七条表述为"利益"，等等。笔者认为，"收益"和"利益"的意思相差无几，都比"收入"宽泛，较为合理。因为归入权行使的标的不仅包括公司内部人的违法收入，而且还应当包括其他非金钱利益，如无形财产权、交易机会等。

至于作为归入权行使标的的收益如何计算，则是一个既复杂又具有现实重要性的问题。在美国，根据不同种类的有价证券分别进行计算。(1) 股票短线交易获利的计算方式。1943 年，美国联邦第二巡回上诉法院在 Smolowe v. Delendo Corporation 一案中首先采用最高卖价减去最低买价的计算方式，依次抵配后计算所得利益，亏损部分不计算在内。[②] 此后，联邦法院一直采取这种计算方式，即用最高卖价搭配最低买价的配对方式计算收益，且只计算获利部分，损失部分加以扣除，并且经纪商的佣金和证券交易税也得从获利中扣除。但对于是否计算从利益发生到归入公司之间的利息，以及买进后到卖出前所发生的股息，并没有统一的见解，由法院根据个案的具体情形而定。(2) 衍生性证券短线交易获利的计算方式。普通股票短线交易获利的计算相对比较简单，但是，衍生性证券短线交易获利的计算因为不同类型的有价证券在性质上存在差异而比较复杂。对此，美国《证券交易法》第 16b−6 条 c 项作出了分类规定，即分为"具相同特

[①] 雷兴虎：《论公司的介入权》，《法学研究》1998 年第 4 期。
[②] (中国台湾) 余雪明：《证券交易法》，证券及期货市场发展基金会 2000 年版，第 540 页。

征之衍生证券"和"具不同特征但与同一基础证券相关之衍生性证券"两类。对于买进并卖出同一种衍生性证券的情况，因为其有明确的买价和卖价记录，故其计算方式与股票买卖的计算方式相同，只需要把其最低买价和最高卖价配对计算出差额即可。但由于归入权的目的是为了防止不当得利，并非对董事、监事和大股东的股票转让进行全面限制，所以，严格上必须是可以转换成股权的衍生性证券的短线交易才可以纳入归入权的行使对象。对于不同种类的衍生性证券的交易，应当转换成普通股权后才进行计算。美国证监会认为，能以固定价格取得普通股的衍生性证券以及可转换证券都可以与其相对应只普通股合并配对，以认定其是否属于短线交易。当内部人的交易行为构成短线交易时，其短线利益的计算仅为该证券在买卖两时点的价差，但最高额不得超过两时点的股票市价价差。在1984年的Grun一案中，公司内部人卖出可转换债券并买进远超过卖出债券实际数额的普通股股票，当时债券转换为普通股股价为每股12美元1/8美分，而他所取得的股票价格约为该转换价格的一半，地方法院认为，按照证管会规则16b-6的规定，为缓和以市场现价卖出价格与预先设定的买进价格的选择权在价格配对上的不公平现象，应对其获利有所限制，以实际买进普通股的价格与可转换公司债券卖出时市场上普通股的最高价格配对。[①] 该案在第十一巡回上诉法院审理时也采取相同见解。

我国的公司法和证券法都没有规定如何计算应当归入的利益，应当借鉴国外的成功经验并结合我国的实际情况，对此加以完善。

第三，归入权的行使主体。公司归入权实际上是公司的一种权利，其行使主体一般情况也是公司本身。但由于公司是一种拟制的主体，一般都是由特定的机构或人员代表公司进行一定的活动，如股东（大）会、董事（会）、监事（会）等。那么，究竟由什么机构代表公司行使归入权，则是一个直接关系归入权能否顺利实现的重要问题。由于股东（大）会并不是公司的常设机构，显然不利于归入权的随时主张和行使，所以，世界各国一般都把股东（大）会排除在归入权行使主体的范围之外。由于董事会是公司的日常经营管理和决策机构，也是股东大会决议的执行机构，把董事

[①] Grun v. First Fla. Bank, Inc., 726 F. 2d. 682 (11th Cir. 1984).

会作为归入权的行使主体是世界各国的普遍做法。并且，监事会虽然主要履行监督职能，但它也是为了维护公司的利益的，所以，监事会在一定程度上也能代表公司行使归入权，尤其是当公司董事成为归入权的行使对象时。这一点也体现在各国的法律规定中。如德国的《股份公司法》把董事会和监事会都作为归入权的行使主体，我国台湾地区的"证券交易法"第一百五十七条也把董事会和监察人（监事）作为归入权的行使主体。我国《公司法》并没有对归入权的行使主体加以规定，而《证券法》第四十七条将董事会作为归入权的首要行使主体，当董事会不行使时，则可以由股东行使，并没有把监事会列入在内。所以，考虑到董事会、监事会和股东的地位和职责，笔者认为，归入权的行使主体首先应当是董事会，当董事会不行使时，则应当由监事会行使，当件事会也不行使时，应当由股东行使。

由于归入权是因公司内部人员违反法定的忠实义务而产生的，是为了维护公司的利益，防止公司内部人对公司利益的侵害。公司内部人之所以能够侵害公司的利益，就是因为他们参与公司的日常经营和管理，了解公司的内部信息，从而可以做出违反公司利益的行为。当内部人的利益和公司利益相冲突时，内部人往往会竭力维护自己的利益，在这种情况下，如果让内部人去行使公司归入权，一方面内部人没有足够的动力，另一方面，他们可能利用自己的地位优势千方百计地维护自己的利益，所以，就要寻求保护公司利益的其他途径，有必要赋予其他主体代位公司行使其归入权，使归入权得以实现，以保障公司的利益。此时，符合条件的股东就可以通过股东代表诉讼的方式行使归入权。（这一点关系到股东代表诉讼制度的内容，笔者在下一节中具体论述，在此不再赘述。）

第四，归入权的行使期间。权利是保护权利主体的利益，但它保护的是合理勤奋的人的利益，而不保护躺在权利上睡大觉的人的利益，归入权也是这样。正因为如此，世界各国的法律一般都规定归入权存在一个行使期间，超过此期间，归入权不再受到法律的保护。如德国《股份公司法》第八十八条规定公司归入权的行使，自公司其余董事会成员和监事会成员知悉产生归入权行为之时起，经过3个月时效消灭；如果不考虑对产生公司归入权之行为知情与否，则自其产生之时起，经过5年失效。日本《证券交易法》第一百八十九条第三款规定公司对于其董事、监事或者主要股东之短线交易行为的归入权,自该内部人获得利益之日起2年内不行使即消灭。我国台湾地区的"公司法"第二百〇九条第三款规定公司对董事违反竞业禁止义务的归入权,自所得产生后逾1年不行使即消灭,而我国台湾地区的"证券交易法"第一百五十七条第四款却规定短线交易行为归入权,自获得利益之日起2年内不行使而消灭。① 而我国的《公司法》和《证券法》对归入权的行使期间并没有明确的规定,这不能不说是个缺憾,应对此加以完善。考虑到公司治理的效率问题以及对公司利益的及时保护,建议我国公司归入权的行使期间为1年较为合适。

第五,归入权行使的豁免。归入权的行使并不是无条件的、绝对的,而是存在一定的豁免事由的。对此,美国的相关法律作出了详细的规定。按照美国《证券交易法》授权美国证监会制定的《规则》第16a—1条a款(5)项、第16a—11条、第16a—12条、第16a—13条、第16b—1条、第16b—5条、第16b—7条、第16b—8条等针对公司所发行的证券,或因特殊因素而持有公司的证券可豁免适用《证券交易法》第16条b项的规定。豁免的具体规定如下:

1. 第16a—1条a款(5)项规定了三种获利应当予以豁免:控股公司持有,依照1935年《公用事业控股公司法》登记的有价证券利益;投资公司所持有的依照1940年《投资公司法》所登记的有价证券利益;由联邦政府核准交易的大范围(broad—based)计算基础之一篮子(basket)或指数(index)所组成的有价证券之一部分所获的利益。

2. 第16a—11条规定:因定期性再投资计划所取得的利益或股利。

3. 第16a—12条:以《国家财政规则》或《员工退休金认股计划法》所定义的股权交易。

4. 第16a—13条规定:非以买卖或转换衍生性证券或利用对公司的投票权的方式转换原股权所有权形式者。

5. 第16b—1条规定:主管机关基于其他法律规定(如1940年《投资公司法》、《公用事业控股公司法》等)所核准的交易也可豁免适用。

---

① 封芳:《论公司归入权的行使》,西南政法大学硕士学位论文,2012年,第32页。

6. 第16b—5条规定：基于善意的赠与以及因继承而取得者可豁免适用。

7. 第16b—7条规定：因合并、再评级或结合所进行的股权证券交易，在该条规定的条件下，可豁免归入权的适用。

8. 第16b—8条规定：取得或转让有表决权信托契约的证明或基于保证金契约处分股权证券，可豁免适用。

一般而言，股权证券的范围为具有股权性质且不属于上述豁免规定的有价证券，因此，除了最常见的普通股、特别股之外，美国司法判例多认为，只要涉及转换权行使或买入选择权的行使，即构成股权买进，可与其后转换而得的证券卖出配对，如果二者间隔在六个月以内，则必须归入。①因此，美国证管会另外制定规则第16b—6条，将衍生性证券涵盖在内，包括股票选择权、附认股权的公司债、可转换公司债、股票增值差额请求权及以一定价格转换、行使其他持股证券权利、与持股证券的价值有联动性的证券等。这就涉及基础证券与衍生性证券的转换与认定问题，具体内容如下：

首先，1934年《证券交易法》第16条b项的规定。如何界定适用归入权的衍生性证券的范围，《证券交易法》第16条b项规定，所谓买权部位（call equivalent position）是指一衍生性证券部位将因基础证券价格上升而增加其价值，应包含，且不限于，买进可转换证券、买进买权部位和卖出卖权部位。该法同条c项规定，衍生性证券包括任何选择权、认购权证、可转换证券、各类换股权利证书或新股认购权利证书等使股票增值的权利，或其他得以一定价格履约或转换的类似权利，或其他得因一种有价证券的价格而衍生其价格的类似权利，但不包括下列六项：（1）证券质权人卖出设质证券的权利；（2）发行人所发行的一种证券的持有人按持有比例所为处分的权利或义务，如因合并、交换要约或发行的结合行为；（3）衍生性证券的收受或履约，或因股权证券的收受或赋予，而让出、保留证券的权利或义务，其目的是为了满足履约价格或因收受该权利而生的课税需要；（4）由联邦政府核准以大范围为计算基础的指数选择权、指数期

---

① （中国台湾）余雪明：《证券交易法》，证券及期货市场发展基金会2000年版，第536页。

货、公开交易市场之一篮子权证所获的利益;(5)参与发行人的员工收益计划所获的利益或权利;(6)非基于固定价格而履约或转换所获的权利。

其次,《规则》第16b-6条的规定。该条另外针对衍生性证券履约或卖出是否符合《证券交易法》第16条b项所规定的"股权证券"加以规范。具体如下:

(1)对于该发行股权证券建立或增加买权部位,或为清算或减少卖权部位,应被视为《证券交易法》第16条b项所规定的买进基础证券的情形。反之,对于发行人证券建立或增加卖权部位,或为清算或减少买权部位,应被视为《证券交易法》第16条b项所规定的卖出基础证券的情形。但是,如果该类股权证券发行时没有固定价格,而其后对持有部位的增加或减少的目的是为固定该权利的履约价格,而该价格的固定之日并非事先得知,且不是领受者所能控制,则其持有部位的增加或减少应豁免《证券交易法》第16条b项规定的适用。

(2)衍生性证券部位因其以契约为履约或因转换而平仓时,应豁免《证券交易法》第16条b项规定的适用。因买权部位执行或转换而以固定价格收购基础证券,或因卖权部位执行或转换而以固定价格处分基础证券,也应豁免《证券交易法》第16条b项规定的适用。但是,执行价外选择权、认购权证或其他权利不应豁免《证券交易法》第16条b项的适用,除非其执行是依照《国内收支规则》的规定所进行的必要行为。

但是,就我国的《公司法》和《证券法》而言,我国在《公司法》第一百四十九条中规定"违反公司章程的规定,未经股东会、股东大会或者董事会同意,将公司资金借贷给他人或者以公司财产为他人提供担保;违反公司章程的规定或者未经股东会、股东大会同意,与本公司订立合同或者进行交易;未经股东会或者股东大会同意,利用职务便利为自己或者他人谋取属于公司的商业机会,自营或者为他人经营与所任职公司同类的业务";也就是说,对于"将公司资金借贷给他人或者以公司财产为他人提供担保"、"与本公司订立合同或者进行交易"和"利用职务便利为自己或者他人谋取属于公司的商业机会,自营或者为他人经营与所任职公司同类的业务"这三类行为,如果符合公司章程的规定,或者经过股东会或股东大会的同意,则不适用归入权。但是,我国《公司法》对股东会或股东大会的"同意"并没有作出具有可操作性的规定。而我国《证券法》也只规定"证券公司因包销购入售后剩余股票而持有百分之五以上股份的,卖出该股票不受六个月时间限制",从而可以豁免归入权的适用。这种规定很显然过于狭窄。笔者认为,我国《公司法》和《证券法》对此应作出以下几个方面的完善:其一,借鉴美国关于归入权豁免的经验,在《证券法》中进一步扩大和明确可以豁免的短线交易。其二,在《公司法》中进一步明确董事、高级管理人员在从事违反忠实义务行为施行的披露义务,以便于对其违法性的发现和监督,更好地维护公司的利益。其三,明确"同意"不必由股东会或股东大会作出,可以改由董事会或监事会作出,但有利害关系的人必须回避。因为,一方面,股东会或股东大会虽然是公司的最高权力机关,但它毕竟不是公司的常设机构,如果由他批准,则不利于有些合理的公司业务的开展,毕竟有些业务对董事和公司双方都有好处。另一方面,董事会和监事会能够代表公司的利益对此类交易进行批准,可以提高公司的运行效率,但有利害关系的董事、监事在批准的过程中必须回避。

总之,从上面的论述我们不难发现,公司归入权对于机构投资者而言实际上是一把双刃剑。一方面,由于机构投资者一般对公司的持股数量较大,比例较高,如果其持股比例达到法定的持股比例,则其应当受到归入权制度的限制和约束,从而使归入权保障机构投资者股东不至于侵害公司的利益。另一方面,机构投资者一般作为公司的较有实力和能力的股东,能够较好地监督董事会和监事会在符合条件的情况下有效地行使归入权,否则,机构投资者可以挺身而出,直接以自己的名义代替公司行使归入权,从而使公司的利益得到有效的保护,使公司的治理更加合理和科学。无论如何,完善的归入权制度对于有效保护公司利益是必要的,对于发挥机构投资者在公司治理中的积极作用而言也具有极其重要的意义。

第五节 机构投资者提起股东诉讼

机构投资者作为股东,提起股东诉讼,行使诉讼权,既是其参与公司治理的有效法律途径之一，也是其他股东权利得以有效实现的重要保障。世界各国公司法一般都规定了股东诉讼制度，具体包括股东直接诉讼和股东代表诉讼。对于这两种诉讼权利，机构投资者都可以积极主张。

一、股东直接诉讼

股东直接诉讼是指股东作为股份的所有者为了自己的利益而向侵害其利益的公司或其他人员提起诉讼。这里的"直接"，主要表明的是股东是以自己的名义提起的诉讼，主张的是自己的权利，并且诉讼的目的也是为了保护自己的利益。根据诉讼性质的不同，股东直接诉讼一般包括决议效力之诉、知情权请求之诉、损害赔偿之诉和解散公司之诉。

决议效力之诉讼主要指向公司所作的决议，包括股东会决议无效之诉、股东会决议撤销之诉、股东会决议不存在之诉、公司合并无效之诉、公司分立无效之诉、新股发行无效之诉、公司减资无效之诉，等等。世界各国法律一般都规定公司的股东会或董事会的决议内容以及决议程序不得违反法律、公司章程的规定，否则，就会影响股东会决议或董事会决议的法律效力，从而构成决议的瑕疵，进而导致决议无效或可撤销。我国《公司法》第二十二条明确规定："公司股东会或者股东大会、董事会的决议内容违反法律、行政法规的无效。股东会或者股东大会、董事会的会议召集程序、表决方式违反法律、行政法规或者公司章程，或者决议内容违反公司章程的，股东可以自决议作出之日起六十日内，请求人民法院撤销。"这一规定实际上包括两种效力诉讼，即无效之诉和撤销之诉。具体而言，如果股东（大）会、董事会的决议内容违反了法律、行政法规的规定，则决议无效。如果股东（大）会、董事会的会议召集程序、表决方式违反法律、行政法规或者公司章程的规定，或者决议内容违反了公司章程的规定，则股东可以提起撤销之诉。无效的决议自始无效，可撤销的决议被撤销后自始无效。

知情权请求之诉是针对公司拒绝提供公司章程、股东会会议记录、董事会会议记录、监事会会议记录、公司财务会计资料等相关信息而提起的诉讼。该类诉讼的提起以法律规定股东有权知悉这些信息为前提。股东提起诉讼的目的就是要请求法院判令公司向起诉股东提供这些信息资料。我国《公司法》第三十四条明确规定："股东有权查阅、复制公司章程、股东会会议记录、董事会会议决议、监事会会议决议和财务会计报告。股东可以要求查阅公司会计账簿。股东要求查阅公司会计账簿的，应当向公司提出书面请求，说明目的。公司有合理根据认为股东查阅会计账簿有不正当目的，可能损害公司合法利益的，可以拒绝提供查阅，并应当自股东提出书面请求之日起十五日内书面答复股东并说明理由。公司拒绝提供查阅的，股东可以请求人民法院要求公司提供查阅。"这一规定为我国包括机构投资者在内的股东提起知情请求权诉讼奠定了法律基础。

损害赔偿请求权之诉是股东针对公司、其他股东（一般为大股东）、董事会以及其他高级管理人员所从事的违背股东个人意愿而损害股东财产权益的行为而提起的诉讼，目的是为了获得损害赔偿。例如，当公司有利润可以分配，但由于大股东操纵公司的决策权而故意不分配时，或者大股东为了自己的利益而将可分配利润挪作他用，或者通过表面合法的借款等方式占为己有时，股东可以对其提起损害赔偿诉讼。实践中比较常见的是分配股息、红利时所引发的争议。该诉讼的原告为股东，被告为负有支付义务的公司，诉讼理由是公司的董事会或者股东大会已经作出了拒绝向原告支付股息、红利，或者退股的决议并且该股东不同意该决议。如果此类决议不存在，则法院难以判断公司是否存在过错。

解散公司之诉是指如果公司的大股东、董事的行为损害了少数股东的权利，法院可以支持少数股东的请求而强行解散公司。世界上许多国家的法律都规定了这一制度。如韩国《商法》第五百二十条规定，如果有不得已的事由，持有相当于发行股份总数10%以上的股东可以请求法院解散公司。这种"不得已事由"包括：因公司业务持续处于显著的停滞状态，致使发生回复不能的损失时，或者因公司的财产管理或处分明显不当，危及公司的存在时。《日本商法》第四百〇六条第二款规定，公司财产的管理或处分显著失当，危及公司的存在时，持有发行股东总数十分之一的股东可以请求法院解散公司。根据《纽约州商事公司法》第一一〇四条第四项第六款第一目的规定，如果控股股东采取压榨行为，法院可以命令公司解散。公司解散诉讼主要是为了解决处于困境而无发展希望的公司，即公司经营状况不佳，财务状况恶化，虽然没有达到破产界限，但如果继续经营下去将不利于股东，并且由于股东之间存在分歧，导致股东会、董事会难以做出解散公司的决议。在通常情况下，解散公司的决议应当由公司自行作出，但由于存在特殊情况，通过公司决议这一正常途径难以解决相关问题，法院则可以基于股东的请求而强行解散公司。但是，解散公司毕竟是对公司最为严厉的惩罚，如果少数股东动辄采取这种救济途径，将不利于公司的稳定和发展，也不利于股东的根本利益。因此，在大多数情况下，法院还是倾向于采取其他措施保护少数股东的利益，如异议股东的股份收买请求权制度等。我国《公司法》第一百八十三条明确规定："公司经营管理发生严重困难，继续存续会使股东利益受到重大损失，通过其他途径不能解决的，持有公司全部股东表决权百分之十以上的股东，可以请求人民法院解散公司。"从这一条的规定我们不难看出我国公司法所规定的公司解散之诉的适用应当具备以下两个条件：第一，公司的经营管理发生严重困难。一方面，公司经营确实已经处于持续恶化状态，即一段时间以来难以遏制而且将继续下去的公司业绩的严重亏损，或者必将发生重大损失，即现有经营管理状态下将直接导致公司资不抵债或者股东投资利益遭受严重损失；另一方面，公司管理确实已经处于僵局状态，即公司的内部决策和经营管理机制运行停止，股东会或董事会因为股东或董事之间的存在分歧而无法召集或形成有效决议。第二，公司继续存在会使股东利益遭受重大损失，但通过其他途径无法解决。公司继续存在会使股东的利益遭受重大损失一般是指公司的经营管理已经发生了严重的困难，无法正常开展经营活动，公司的资产无法保值增值，甚至不断减损，股东将无法通过公司经营获得红利，甚至直接面临投资失败的损失。而"通过其他途径不能解决的"这一规定，充分体现了我国公司法对股东请求解散公司这一措施所采取的谨慎态度，力求使公司存续，避免公司解散所带来的社会负面影响。这一规定意味着，即使公司的经营管理发生了严重的困难，并且继续存在会使股东的利益遭受重大损失，但是如果通过其他途径能够解决问题的，则不能允许股东请求解散公司。也就是说，如果现实中存在"通过其他途径"解决问题的客观可能性，法院就应当驳回股东解散公司的诉讼请求。

上述这些股东可以直接提起的诉讼，机构投资者作为公司的股东，也可以有权行使。并且由于机构投资者的力量和影响较为强大，当机构投资者行使直接诉讼时，其直接诉讼行为会给公司带来更大的影响。所以，公司及其高级管理人员不可能不顾及机构投资者的利益，从对公司治理产生影响。

二、股东代表诉讼

如果说机构投资者行使直接诉讼是为了保护自己的个人利益，那么，其作为股东提起代表诉讼则是为了公司的利益，进而也是为了所有股东的利益。

股东代表诉讼又称股东派生诉讼、股东代为诉讼，是指当公司的合法权益遭受侵害，特别是遭受控股股东或实际控制人的侵害时，公司怠于行使损害赔偿请求诉权，则符合法定条件的股东可以自己的名义为公司的利益对侵害人提起诉讼，追究其法律责任的诉讼制度。现代公司是一个多元利益混合体，其作为一个法人也具有自己独立的利益和独立的法律主体资格。当公司的权力遭受侵害时，公司以自己的名义提起诉讼是理所应当的事情。但是在现实生活中，公司的多元利益混合性导致了公司大股东、董事、经理等公司机关成员的利益和公司的利益相冲突，在特定的情况下，他们危害公司的利益可以增进自己的利益，并且，期望公司对控制公司的大股东、董事、经理提起诉讼几乎是不可能的，进而产生了股东代表诉讼。股东代表诉讼就是为了更好更周全地保护公司的利益免遭不当行为的侵害，其最早可以追溯到1843年英国的 Foss v. Harbottle 一案。[①] 该案确立了法院不干预公司事务的资本多数决原则，并在英美国家早期的公司诉讼中被遵守。但是，如果机械地适用该原则，广大中小股东难免会受到大股东的压制。所以，英美国家在确立资本多数决原则的同时还创造了例外，允许股东个人提起诉讼，而这一例外诉讼就是股东代表诉讼。股东代表诉讼制度产生以后被世界各国广泛采用。我国《公司法》第一百五十二

---

① 参见卢瑞娟：《英国股东派生诉讼制度研究》，外交学院硕士学位论文，2012年，第7~8页。

条也明确规定了股东代表诉讼制度。[①] 该制度主要涉及公司的诉讼地位、穷尽内部救济、起诉人的资格、诉讼费担保等问题。

第一，公司的诉讼地位问题。从股东代表诉讼的字面意义我们就可以很清楚地看出，其在本质上就是公司对侵害其权益的人进行的诉讼。但是，公司在股东代表诉讼中的法律地位取决于其对诉讼所持的态度。如果公司支持股东代表诉讼，则公司和股东处于相同的原告地位。如果公司授权股东提起诉讼，则公司处于被代理人的地位。如果公司拒绝提起诉讼，则公司在形式上处于被告的地位。在英美公司法中，如果公司拒绝提起诉讼，则公司就不能作为原告。并且，公司拒绝提起诉讼可能会损害公司的利益，所以，公司应当与损害人一样处于被告地位，即公司作为名义上的被告。但是这种分类只是形式上的，是解决诉讼主体的一种技术操作。具体而言，在美国，股东代表诉讼被认为是由两个诉讼合并而成的，即原告股东对公司提起诉讼，要求公司对损害公司利益的人提起诉讼。[②] 所以，符合条件的股东只是名义上的原告，而公司则为实质上的原告。公司是名义上的被告，但实质上的被告则为侵害公司利益的人——既可以是公司内部人，也可以是公司外部人。[③] 在英国，因为公司拒绝提起诉讼而无法成为公司的原告，但是公司还必须是股东代表诉讼的当事人，故法院认为公司作为形式上的被告比较合理，但如果法院判决是指被告承担损害赔偿责任，则公司为受益人。而日本公司法将公司视为诉讼参加人。如日本《商

---

① 《中华人民共和国公司法》第一百五十二条：

"董事、高级管理人员有本法第一百五十条规定的情形的，有限责任公司的股东、股份有限公司连续一百八十日以上单独或者合计持有公司百分之一以上股份的股东，可以书面请求监事会或者不设监事会的有限责任公司的监事向人民法院提起诉讼；监事有本法第一百五十条规定的情形的，前述股东可以书面请求董事会或者不设董事会的有限责任公司的执行董事向人民法院提起诉讼。

监事会、不设监事会的有限责任公司的监事，或者董事会、执行董事收到前款规定的股东书面请求后拒绝提起诉讼，或者自收到请求之日起三十日内未提起诉讼，或者情况紧急、不立即提起诉讼将会使公司利益受到难以弥补的损害的，前款规定的股东有权为了公司的利益以自己的名义直接向人民法院提起诉讼。

他人侵犯公司合法权益，给公司造成损失的，本条第一款规定的股东可以依照前两款的规定向人民法院提起诉讼。"

② [美] 罗伯特·C. 克拉克：《公司法则》，胡平等译，工商出版社1999年版，第531页。

③ 沈四宝：《西方公司法原理》，法律出版社2006年版，第246页。

法典》第二百六十八条第二款规定，公司可以参加诉讼，但在当地延迟诉讼或者法院负担显著增大时，则不在此限。并且，日本《公司法》对此作了进一步明确的规定。[①] 所以，各国法律有关公司诉讼地位的规定不尽相同。

我国《公司法》及相关法律并没有对公司在股东代表诉讼中的地位作出明确的规定，基于此，笔者认为应当作出以下处理：（1）公司必须成为诉讼主体之一。尽管在股东代表诉讼中，原告是提起诉讼的股东，但是直接遭受董事、经理等公司内部人或外部人侵害的主体并不是提起诉讼的股东，而是公司本身。原告股东只不过是公司的投资者，并不参与公司的经营管理，所以，当公司的利益遭受侵害时，公司的管理者一般比原告股东更清楚案件的详情。为了查清案件的事实真相，公司有必要参加到诉讼中来。（2）参加到诉讼中的公司适合作为无独立请求权的第三人，公司既不合适作为名义被告，也不适合作为原告。因为公司本身并不是起诉的对象，即使公司拒绝提起诉讼，原告股东的起诉对象依然是公司利益的侵害者，公司依然是法院判决损害赔偿的受益者。并且，公司本身并没有起诉的意图，不是诉讼的原告。如果公司具有起诉意图，则公司自己直接起诉即刻，没有必要采取股东提起间接的代表诉讼。公司参与到诉讼中来是查清案件事实所必要的，本身对诉讼标的并没有独立的请求权，所以，所谓无独立请求权的第三人比较合适。

第二，穷尽内部救济的前置程序。由于股东代表诉讼实际上是股东代表公司提起的诉讼，故其提起诉讼前应当征求公司的意见，即穷尽内部救济。穷尽内部救济是指股东在提起代表诉讼之前必须请求公司相关机关采取救济措施。如果公司在股东提出请求之后一定的时期内不采取救济措施或者不提起诉讼，则股东可以代位公司向侵害人提起诉讼。但是，在特定的情况下，穷尽内部救济的前置程序也可有例外。如日本公司法第二百六

[①] 《日本公司法》第八四九条第一至三项规定："（1）只要是不会给诉讼造成不当的迟延，不影响法院审理案件，公司就可以作为共同诉讼人或为协助当事人的一方当事人，参加到诉讼中来。（2）股份公司为董事、高级管理人员以及清算人和公司的员工，必须按照列下各项股份公司的区分，获得有关管理人的同意：一是设置监事公司；两人以上监事的情形为各监事；二是设置委员会公司或者各监察委员。（3）股东提起股东派生诉讼时，必须及时地告知股份公司。"

十七条第三项规定，如果经过原告股东提起诉讼申请30天内尚有发生对公司的不可恢复的损害的情况时，股东可以不经过前置程序而向大院提起诉讼。美国部分州的公司法也规定了免除前置程序的例外情况：董事是所诉的过错行为人；董事在过错行为人的支配之下；董事否认所诉过错行为的发生；董事们已经批准了该过错行为。我国《公司法》第一百五十二条也规定了诉讼前置程序，但此程序并非绝对，如果"情况紧急、不立即提起诉讼将会使公司利益受到难以弥补的损害"时，股东可以直接向人民法院提起诉讼。

股东代表诉讼前置程序的设置不仅有利于维护公司的独立人格，而且还可以和平化解公司的矛盾，防止恶意诉讼的产生。但是，纵观世界各国相关法律的规定，不难看出我国公司法对股东代表诉讼前置程序规定的不完善之处。首先，各国公司法一般都规定应当提出书面请求，并且明确请求的相关内容。如日本公司法规定写明请求目的、不法侵害人及诉讼请求等，美国规定写明起诉宗旨、必要性及相关责任的承担等。而我国公司法并没有对此作出明确规定。鉴于此，笔者认为，我国的股东代表诉讼前置程序应当要求起诉股东提交书面请求，并在请求书中写明起诉目的、必要性及相关责任的承担等情况。虽然我国公司法规定了股东代表诉讼前置程序的例外情况，但是这种"情况紧急、不立即提起诉讼将会使公司利益受到难以弥补的损害"的规定并不明确，建议相关的法律法律作出进一步明确的解释性规定。其次，关于请求期限的规定，有的国家规定为60日，有的国家规定为30日，我国公司法规定为30日。但这种规定还应当作出以下进一步细致的补充规定：股东应当在向公司提出申请之前去法院备案，以防止与公司串通的股东提起诉讼；如果原告股东在30天内发现公司与他人恶意串通，且有充分的证据，则可以不受30天的限制而可以随时起诉。

第三，原告股东的资格。股东代表诉讼并不是随意提起的，作为原告的股东应当符合一定的法律条件。世界各国的法律一般都对原告股东的持股数量或持股时间作出一定的限制性规定。在持股时间方面，英美法系国家采取的是"当时持股原则"[①]，即要求股东在侵害行为发生时必须为公司

---

① 张民安：《公司法上的利益平衡》，北京大学出版社2003年版，第288页。

的股东。所以，如何界定侵害行为发生的时间在实践中就非常重要。通常情况下，如果侵害行为是持续进行的或者其危害是持续存在的，即使在该行为发生后，也即在损害行为或危害的持续期间取得股票的人，也可以享有起诉资格。大陆法系国家一般采取"持股期限原则"，即要求股东在提起诉讼之前必须持有公司股份达到法律规定的期限，如日本规定持股期限为6个月、德国规定持股期限为3个月以上、我国台湾地区规定持股期限为1年以上等。在持股数量方面，英美法系国家并没有作出要求，大陆法系国家则对此作出不同的规定。如日本《商法典》以前规定股东的持股比例为10%，但现行《商法典》则将这一要求删除了。我国台湾地区"公司法"也要求原告股东的持股比例要达到10%。很明显，10%的持股比例要求过于严格，将大多数中小股东排除在原告范围之外，不利于中小股东利益的保护。鉴于此，我国《公司法》规定，有限责任公司的任一股东都可以提起代表诉讼，但对于股份有限公司而言，必须是持有1%以上股份的股东才有资格提起代表诉讼，而且要求连续持股达到180天以上。法律之所以对股份有限公司的股东提起代表诉讼作出明确的资格限制，主要是因为股份有限公司一般股东人数众多，如果每个股东都有权提起代表诉讼，可能会导致董事、经理等频繁面临诉讼的威胁，进而影响公司的业务。并且也为了恶意并购者通过迅速取得公司股票进而提起诉讼，扰乱目标公司的经营，致使目标公司股价下跌，从而实现恶意收购之目的。

第四，诉讼费用的担保则是法院依照被告的申请而责令原告向被告提供一定数额金钱的担保，以便当原告股东败诉时，被告能够从原告提供的担保金中获得诉讼费用的补偿。在实践中，有关诉讼费用的担保大体上有四种立法体例。一是纽约模式，即将原告股东持股数额的大小作为判断其应否提供费用担保的标准。《纽约普通公司法》第六百二十七条明确规定："股东的股份或公司利益持有人利益所代表的股份在公司发行在外的股份总额中所占比例低于5%，且市场价值不超过50000美元的，可根据公司的请求责令原告股东提供诉讼费用担保。"[①] 二是加利福尼亚和日本模式，即不将原告股东的持股数额作为其应否提供费用担保的标准，代之以原告

---

① 陶军：《股东派生诉讼法律制度研究》，《江汉大学学报（社会科学版）》2005年第3期。

股东对于代表诉讼的提起具有恶意，且被告对此负举证责任[①]。三是 1982 年以来美国《示范公司法》模式，即将费用担保问题纳入整个民事诉讼，再将其视为一个公司法的特殊问题。四是我国台湾地区的模式，即只要被告提出申请，法院即可责令原告股东提供担保，被告无须证明原告股东存在恶意或其他事实。

我国公司法并没有规定诉讼费用担保制度，其原因是认为诉讼费用担保制度不仅无法防止原告股东的滥诉，而且还大大降低了中小股东的诉讼动力。对此，笔者认为应当建立我国的股东代表诉讼费用担保制度，既要调动中小股东的诉讼热情，又要防止股东滥诉现象的发生。鉴于此，我们可以借鉴日本和美国加利福尼亚模式，明确规定担保的数额，并且法院对是否提供担保享有自由裁量权，并且以被告的主动要求为前提。

此外，美国、日本等国的相关法律还规定了原告股东的诉讼费用补偿制度，即如果在股东代表诉讼审判后，法院对该情况不予支持时，即认为该诉讼行为已损害到公司的实质性利益抑或被告的提议、书面文件事实不清证据不足，法官应当责令公司就股东支出的必要诉讼费用给予合理补偿。[②] 而我国公司法并没有对此作出规定。为了激励中小股东正当提起股东代表诉讼，建议我国法律对此作出相应的规定，对原告股东的诉讼费用进行适当的补偿。

基于我国现实的法律规定，即根据我国《公司法》第一百五十条和第一百五十二条的规定，公司的董事、监事、高级管理人员执行公司职务时违反法律、行政法规或者公司章程的规定给公司造成损失的，以及他人侵犯公司合法权益给公司造成损失的，都应当承担赔偿责任。连续持股 180

[①] 《加利福尼亚公司法》第八百条规定："只要原告所在公司，作为被告的董事和经理能够证明下列两种情形之一，法院即根据其请求，责令原告股东提供费用担保：一是原告股东对被告（原告所在公司除外）提起的诉讼请求缺乏使其所在公司或其股东受益的合理可能性；二是被告（原告所在公司除外）根本没有参与原告追诉的行为。法院有权酌定费用担保数额，但最多不超过 5 万美元。"《日本商法典》第二百六十七条规定："股东提起派生诉讼时，法院可以根据原告的请求，命该股东提供相应的担保；被告提出此种请求时，应当阐明原告提起该项诉讼出于恶意。如果在命令下达之后一定期限不提供担保，法院可以驳回原告的起诉。"（参见潘海洋：《股东代位诉讼诉权属性研究——兼论我国股东代位诉讼制度的完善》，《湖南财经高等专科学校学报》2009 年第 2 期）

[②] 李涛：《股东派生诉讼问题研究》，沈阳师范大学硕士学位论文，2013 年，第 20 页。

天以上单独或合计持股达 1% 以上的股份有限公司的股东，在满足法律规定的程序要求和条件时，可以提起股东代表诉讼。这一持股期限和持股比例的要求，对于机构投资者股东更为有利。因为机构投资者股东一般都倾向于长期持股并且持股比例较大，较容易满足股东代表诉讼的股东资格要求。

在美国，1995 年美国的《私人证券诉讼改革法案》中增加了一条"主要原告"（lead plaintiff）条款，其主要目的就是为了鼓励机构投资者在此类案件中扮演主要原告，从而抵消律师在此类诉讼中的主导作用。起初，《私人证券诉讼改革法案》并没有明显改变机构投资者在股东代表诉讼众人担任主要原告的比例，但是自从三个公共养老基金作为主要原告在胜腾公司证券欺诈诉讼中取得胜利以后，其他机构投资者也积极提起代表诉讼，截至 2006 年，美国机构投资者在 50% 和解的证券诉讼中担任主要原告，但也并非所有的机构投资者都同样积极，在现实中，工会、州和地方公务员退休基金在诉讼中要比保险商、银行信托部门或共同基金这样的私人机构投资者要积极得多。[①]

机构投资者之所以能在股东代表诉讼中担任主要原告，主要是因为机构投资者自身所具有的独特优势，如：机构投资者对诉讼策略、和解协议以及诉讼成本具有较大的控制权；机构投资者财力较为雄厚，对起诉或和解的申请较为有利，并可以借此为其他利害相关人获取利益；机构投资者多与被告公司之间具有持股关联关系，故在股东代表诉讼进行期间可以尽量取得原告与被告之间的利益平衡；等等。[②]

第六节　机构投资者行使其他股东权

除了前述机构投资者参与公司治理的几种法律途径以外，机构投资者

[①] ［美］斯蒂芬·M. 贝恩布里奇：《理论与实践中的新公司治理模式》，赵渊译，法律出版社 2012 年版，第 191 页。

[②] Craig C. Martin, Matthew H. Metcalf, *the Fiduciary Duties of Institutional Investors in Securities Litigation*, 56 Business Lawyer, August, 2001.

还可以依法行使其他股东权利，从而积极地参与目标公司的治理。

一、知情权

知情权是股东的一项重要权利，机构投资者作为股东之一，可以有效地行使知情权，积极参与目标公司的治理。股东知情权是保障股东对公司业务进行监督的必要前提条件，如果股东对公司的运营活动一无所知，则其无法对公司的业务进行有效的监督。股东之所以要对公司的业务进行必要的监督，最终原因就是股东是公司的出资者。股东为了维护自己的利益，也有必要对公司的运营活动进行必要的监督，而股东的知情权就是有效保护股东权益的切入点。股东知情权的直接目的就是使股东获得必要的信息，直接服务于股东对公司信息的获取，主要包括查阅权、询问权、检查人选人请求权等。

股东查阅权是股东知情权的一个重要组成部分。股东行使查阅权也使股东有效获取公司经营信息的一个重要渠道。世界各国公司法一般都规定股东有权查阅公司章程、股东会会议记录、董事会会议记录、财务会计报告等文件。尽管查阅权属于股东的一项基本权利，但为了维护公司的正常经营活动，有些国家和地区的法律规定符合一定条件的股东才能够有权查阅相关文件。如美国1969年的《示范公司法》第五十二条规定，只有持股6个月以上或者持股比例达到5％的股东才可以行使查阅权；美国纽约州1997年之前的《商业公司法》第六百二十四条也有类似的规定。日本2001年修订的《商法典》第二百九十三条第六款规定，只有持有公司3％以上股份的股东才可以行使查阅权。但也有国家和地区的法律对股东行使查阅权不作限制，即只要是股东，就可以行使查阅权。如1997年修订后的美国纽约州《商业公司法》不再要求股东行使查阅权时的持股比例和持股时间要求，任何股东都有权查阅公司的账簿记录，美国特拉华州2005年修订的《普通公司法》也有同样的规定；我国台湾地区的"公司法"第四十八条规定"不执行业务之股东，得随时向执行业务之股东质询公司营业情形，查阅财产文件、账簿、表册"。

我国《公司法》对股东查阅权也作了规定，但对有限责任公司和股份有限公司的股东查阅权分别作出了不同的规定。《公司法》第三十四条适用于有限责任公司的规定:"股东有权查阅、复制公司章程、股东会会议记录、董事会会议决议、监事会会议决议和财务会计报告。股东可以要求查阅公司会计账簿。股东要求查阅公司会计账簿的,应当向公司提出书面请求,说明目的。公司有合理根据认为股东查阅会计账簿有不正当目的,可能损害公司合法利益的,可以拒绝提供查阅,并应当自股东提出书面请求之日起十五日内书面答复股东并说明理由。公司拒绝提供查阅的,股东可以请求人民法院要求公司提供查阅。"而该法第九十八条适用于股份有限公司的规定为:"股东有权查阅公司章程、股东名册、公司债券存根、股东大会会议记录、董事会会议决议、监事会会议决议、财务会计报告,对公司的经营提出建议或者质询。"所以,对于有限责任公司而言,股东有权查阅公司的财务账簿,并且当公司拒绝股东查阅时,股东可以向人民法院提起诉讼,以保护自己的查阅权得以实现,而股份有限公司的股东并没有请求法院保护其查阅权的权利。之所以会有这样差别,这主要是因为有限责任公司具有很强的人合性,股东人数较少并且彼此熟悉且相互信任,故应赋予有限责任公司的股东较大的查阅权。而股份有限公司属于典型的资合性公司,股东一般人数众多且关系松散。在实践中,不能排除个别股东为了谋取自己的私利,以查阅公司账簿为名盗取公司的商业秘密信息以损害公司利益的可能性,故有必要对股份有限公司股东的查阅权作出一定的限制。

股东行使查阅权是股东了解公司经营状况的一个基本途径,当股东基于正当的目的行使查阅权而遭到公司拒绝时,股东有权就相关问题询问公司的董事和高级管理人员,这就涉及了股东的询问权。股东的询问权主要涉及以下四个方面的内容:

其一,股东询问的内容。股东对公司及其关联公司的业务、财务、盈余分配、管理等情况进行询问。

其二,股东询问的对象。在股东大会召开时或者在平常时,股东可以向董事和高级管理人员进行询问,但股东行使询问权不得影响公司的正常经营活动。例如,《德国股份公司法》第一百三十一条就对股东的询问权作出了较为详细的规定:1.只要所询问的是实际判断议题所必需的,那么经要求,应给予每一位股东在股东大会上向董事会询问公司业务的权利。

答询义务也扩展到公司同它的关联企业的法律与业务关系上。如果一个公司需要按照《商法典》第266条第1款第2句、第276条或第288条的规定加以简化，那么每个股东都可以要求在有关年度账目的股东大会上向他提供不采用这项规定他就可以得到的年度账目。2. 询问必须符合认真、可信的基本原则。3. 董事会在下列情况下可以拒绝回答询问：（1）只要回答这项询问，按照明智商人的判断会给公司或者一个关联企业带来并不是微不足道的损害；（2）只要询问涉及税收方面的财产估价或涉及个别税额；（3）涉及物品在年度资产负债表中定价的价值与这一物品更高的价值之间的差额，除非股东大会已经确认了年度账目；（4）关于结算和估价方法，只要在附件中有关这些方法的说明已经足够给人一个《商法典》第264条第2款意义上的、与实际情况相符合的公司财产、金融和盈利状况的大概情形；（5）只要回答这一询问会使董事会受到刑罚；（6）无须就已经运用的结算和估价方法以及在年度账目、情况报告、康采恩年度账目或康采恩情况报告中的预计结算方法向一家信贷机构或者金融服务机构作说明；（7）依据其他理由不能拒绝回答询问。4. 如果在股东大会之外因为其股东身份而给予一名股东一份询问答复，那么经要求在股东大会上也要给予其他每一位股东这份询问答复，即使这项答复对于实际判断议题并不是必需的。董事会不得根据第3款第1句第1项至第4项的规定拒绝作答复。如果是一个子公司（《商法典》第290条第1款、第2款）、一个协作企业（《商法典》第310条第1款）或一个联合公司（《商法典》第311条第1款）为使该公司列入母公司的康采恩账目中而需要母公司（《商法典》第290条第1款、第2款）的一份询问答复，并且为此目的该答复是必不可少的话，上述第1句和第2句的规定不适用。5. 如果一名股东的询问遭到拒绝，那么他就可以要求将他的问题及拒绝答复的理由记载到讨论记录上。

其三，股东询问的形式。股东行使询问权应以书面的形式为宜。如法国1966年《商务公司法》第十七条规定："不担任经理的股东有权每年两次获取公司的账册和文件，并有权对公司的经营状况以书面的形式提出质疑。对其质疑应书面予以答复。"

其四，只要股东本着善意的目的提出询问，公司的董事和高级管理人员都应当作出适当的答复。如果股东询问的内容涉及公司的商业秘密，董事和高级管理人员有权拒绝回答,但应当给予合理的解释。

我国《公司法》第九十八条规定了股份有限公司股东的建议权和质询权,第一百五十一条①规定了股东(大)会期间有限责任公司和股份有限公司的股东质询权。由此可见,我国股份有限公司股东的建议权和质询权是随时存在的,而有限责任公司股东的质询权只有在股东会召开期间才能享有。但我国《公司法》并没有规定询问权的内容、行使形式等内容,有待进一步完善。

在公司法理论上,一般还认为检查人选人请求权也属于股东知情权的一个部分。所谓检查人选人请求权是指符合法定条件的股东有正当理由认为公司在经营管理过程中存在违反法律或公司章程的重大事项时,可以通过股东大会请求法院聘请独立于公司利益的第三人担任检查员,对公司的经营业务和财务状况进行临时检查的一种法律制度。目前我国法律还没有对此作出任何规定。

二、临时股东大会召集权

在股份有限公司中,股东作为公司的出资人并不参与公司的经营管理活动,股东表达其出资人意愿的主要方式之一就是在股东大会上行使其投票权,从而对公司的重大决策行为产生一定的影响。但是,股东行使投票权的前提是股东大会的召开,如果股东大会不能召开,股东就失去其行使投票权的平台。世界各国和地区的法律一般都规定股东大会是由董事会召集,但在某些情况下,董事会只不过是大股东的代言人,在特殊的情况下,尤其是大股东侵害公司利益的情况下,董事会很有可能不召集起应当召集的股东大会。所以,为了有效保护股东的利益,赋予股东临时股东大会的召集权是很有必要的。这也是世界各国的通常做法。但各国法律一般都对股东行使股东大会的临时召集权给予一定的限制。例如,《德国股份公司法》第一百二十二条作出了根据少数股东的要求而召集股东会的规

---

① 我国《公司法》第一百五十一条规定:"股东会或者股东大会要求董事、监事、高级管理人员列席会议的,董事、监事、高级管理人员应当列席并接受股东的质询。董事、高级管理人员应当如实向监事会或者不设监事会的有限责任公司的监事提供有关情况和资料,不得妨碍监事会或者监事行使职权。"

定：(1) 如果其股份总计已达到基本资本二十分之一的股东以书面形式说明了目的和理由要求召集股东大会时，股东大会应当召集；这项要求应呈交董事会。章程也可以规定，那些只拥有基本资本中较少份额的股东也有权要求召集股东大会。(2) 其股份总计已达到基本资本二十分之一或者其股票的票面价值已经达到 50 万欧元的股东，可以以同样方式要求公布股东大会将要作出决议的议题。(3) 如果要求没有得到满足，那么法院可以授权提出要求的股东召集股东大会或公布议题。法院同时可以确定股东大会的主席。在召集股东大会或公布议题时应说明授权一事。对于法院的裁决允许提出即时抗告。(4) 如果法院同意申请，那么应由公司承担股东大会的费用，并且在第 3 款的情况下也承担法院费用。

根据我国《公司法》第四十一条第三款的规定[①]，在有限责任公司中，董事会或者执行董事不能履行或者不履行召集股东会会议的职责时，股东会由监事会或者不设监事会的公司的监事负责召集和主持。当监事会或监事不召集时，代表十分之一以上有表决权的股东可以自行召集和主持。并且，根据我国《公司法》第一百〇二条第二款的规定[②]，在股份有限公司中，如果董事会不能履行或者不履行召集股东大会的职责时，监事会应当及时召集和主持股东大会。若监事会也不召集和主持时，则连续 90 日以上单独或者合计持有公司 10% 以上股份的股东可以自行召集和主持股东大会。但是，我国公司法所规定的行使临时股东大会召集权的股东的持股比例必须达到 10%，尽管可以合计持股，但也给广大的中小股东排除在临时股东大会召集权的行使之外。尽管 10% 的持股比例要求对广大中小股东不利，但对于机构投资者而言确有一定的优势。由于机构投资者一般持股数额较大，并且也能争得广大中小股东的信任，所以，其较容易满足临时股东大会召集权的行使要件，从而及时行使临时股东大会的召集权，保护公司的利益。

---

① 我国《公司法》第四十一条第三款规定："董事会或者执行董事不能履行或者不履行召集股东会会议职责的，由监事会或者不设监事会的公司的监事召集和主持；监事会或者监事不召集和主持的，代表十分之一以上表决权的股东可以自行召集和主持。"

② 我国《公司法》第一百〇二条第二款规定："董事会不能履行或者不履行召集股东大会会议职责的，监事会应当及时召集和主持；监事会不召集和主持的，连续九十日以上单独或者合计持有公司百分之十以上股份的股东可以自行召集和主持。"

第五章　机构投资者参与公司治理的非法律途径

机构投资者除了可以采取一些正式的法律途径积极参与公司的治理以外，还可以采取一些非正式的途径对目标公司的治理施加影响，这已经得到国外机构投资者参与公司治理的实践的证实和检验。所以，不仅正式的法律途径可以为我国机构投资者利用，而且非正式的途径也可以有助于我国机构投资者对公司治理的积极参与。机构投资者参与公司治理的非正式途径主要包括与公司管理层进行磋商、公开发表公司治理意见、发布公司治理准则等。

一、机构投资者与公司管理层磋商

在一般情况下，如果机构投资者对公司的经营管理现状不满意而打算采取一定的行动时，他们会在向公司提交议案之前或者在向公司提交议案之后但该议案尚未被公司寄出之前与公司的管理层私下进行沟通和交换意见，把自己的想法以及准备提案的原因向公司管理层进行解释，并希望公司管理层能够采取一定的改善措施。如果机构投资者在与公司管理层的磋商中达成了一定的共识和协议，则机构投资者就会放弃提案或者撤回已经提交的议案，并且对这些事情保密，不向公众宣扬。如果公司的管理层不配合，致使机构投资者与公司的管理层达不成协议，则机构投资者继续行使提案权并采取委托书征集等方式更换公司的管理人员。

早在 20 世纪 90 年代早期，与公司管理层进行磋商就已经成为美国机构投资者参与公司治理的一个有效的途径。1997 年，美国一共有 869 件股东提案，其中只有一小部分是公共养老基金提出的，使公共养老基金所提议案的数量呈下降的趋势。以公共养老基金为代表的机构投资者所提股东提案数量的减少并不是说机构投资者积极参与公司治理的行动减弱和机构投资者消极主义卷土重来，而是因为机构投资者更倾向于采取以私下非公开的方式和公司管理层进行沟通磋商，以及通过其他非正式方式向公司的管理层施压，从而实现机构投资者想要达到的目标。

和机构投资者通过行使提案权以及进行委托书征集等针锋相对的措施相比，机构投资者通过私下与公司管理层进行磋商是在友好、和谐、轻松的环境中进行的，如与公司管理层举行定期会晤、参加公司的推介会、在了解公司年度财务数据之后与公司管理层沟通、对公司进行考察访问等，有效缓解了机构投资者与公司之间的紧张关系，从而避免了双方在争斗中所消耗的大量的时间和金钱成本，并且可以避免公司股价的大幅波动。机构投资者运用此种方式参与公司的治理，不需要去费时费力说服其他投资者和机构投资者一同行动，只需要机构投资者自己就可以单独完成。并且，由于机构投资者的力量一般都很大，而且其提案的成功率一般都很高，所以，公司管理层一般都不敢怠慢机构投资者在私下磋商中所提的各种意见。这样，通过与公司管理层私下磋商，机构投资者就可以以较低的成本付出获得较为满意的公司治理效果。正如有学者所明确指出的那样，"对于机构投资者来说，股东提案和委托书征集作为'可信的威胁'和'最后的手段'是必不可少的"，但是这些手段可以备而不用，在一般情况下，机构投资者可以通过"信件、拜访、电传、电话等方式和公司管理层进行私下接触和商讨，从而表达自己的意见和建议，进而避免和管理层进行昂贵的投票大战"。[①] 所以，与公司管理层进行私下磋商已经成为机构投资者参与公司治理的一种首选方式，当这一方式失败后，机构投资者才进行正式的提案和发动委托书争夺战。所以，大多数机构投资者都建立了这种私下沟通制度，也被称为"安静的大棒"（Quiet Big Stick）策略。

在有些情况下，公司的管理层也可以主动与机构投资者进行协商交流，向机构投资者解释公司所作出的一些重大决策，如发售新购、配股、收购等交易决策，公司经营管理人员的变动决策，公司进行融资、重组等

[①] Gillan S. L., Starks L. T., *A Survey of shareholder Activism: Motivation and Empirical Evidence*, Forthcoming Contemporary Finance Digest, Autumn 1998, Vol. 2, pp. 310—334.

重大经营决策等，以期获得机构投资者的理解和支持。

在实践中，即使机构投资者已经提交了股东提案，若事后公司管理层和机构投资者通过沟通协商达成一致意见后，股东提案也会被机构投资者撤回。例如，在美国，1998年机构投资者委员会的会员所提股东提案中有40%的提案在与公司管理层达成协议后被撤回；1992年至1996年间，美国教师退休基金会（Teachers Insurance and Annuity Association－College Retirement Equities Fund，以下简称 TIAA－CREF）与45家公司的管理层进行过私下磋商，致使其所提议案的71%由于在股东投票前达成磋商协议而被撤回；1988年至1994年间，美国加州公共雇员退休基金（CalPERS）也成功地与72%的目标公司的管理层通过私下协商达成协议。[①]

此外，由于机构投资者是以非公开的方式与公司的管理层进行磋商，进而达成协议，实现改善公司治理的目标，所以，这种方式对公司的股价一般不会有负面不良影响，从而保障了公司经营秩序的稳定。因此，公司的管理层也愿意通过这种方式与机构投资者合作，以改善公司的治理，提高公司的业绩。

在我国，与公司管理层进行私下磋商也可以成为机构投资者积极参与公司治理的有效途径，并且现实中已经发生过此类先例。例如，笔者在前文中所述的招商银行发行可转债事件中，招商银行的行长马蔚华于2003年11月19日至12月1日亲自带领招商银行的高层管理人员分别去北京、上海和深圳拜访当地的基金公司，就招商银行发行可转债的融资方案与三地的基金公司进行私下沟通和协商，以获得基金公司的理解和支持，并取得了理想的效果。2004年年底，招商银行成功发行65亿可转债。[②]

二、机构投资者公开发表意见

如果机构投资者与公司的管理层通过私下沟通磋商没有达成一致意见，则机构投资者除了行使股东提案权和启动委托书征集大战之外，在股

---

① Smith M. P., *Shareholder Activism by Institutional Investors: Evidence from CalPERS*. Journal of Finance, Vol. 51, 1996, pp. 227－252.

② http://money.163.com/10/1120/18/6LV2LII200254KAG.html，网易财经，2013年8月最后浏览。

东大会召开前,还会通过报纸、电视、网络等方式向公司提出意见、建议及批评,把其与公司管理层的分歧公开化,从而引起其他机构投资者和广大中小股东对分歧问题的关注,对公司的管理人员产生一种无形的压力,进而期望公司的管理层能够改善公司的经营管理活动。

此外,机构投资者公开发表意见的另一种方式是通过媒体定期发表目标公司名单。机构投资者采取一定的标准,如公司的治理结构标准、公司的股票价值及会计收益等业绩标准等,对目标公司进行评估,从而选出评价较差的一部分公司,定期在报纸、杂志等媒体上进行公布曝光,进而对公司的管理层施加压力,使公司的经营管理活动朝着有利于机构投资者利益的方向发展。从1990年开始,美国加州公共雇员退休基金(CalPERS)就对其所投资的公司的业绩进行评估,确定其中业绩表现最差的公司,定期在《华尔街月刊》等报刊上公布它们的名单,即"关注名单"。美国加州公共雇员退休基金(CalPERS)的做法是,根据前五年的股票收益率选定250家公司,然后从这250家公司中再选出业绩表现最差的10家公司进行公布。不过,美国加州公共雇员退休基金(CalPERS)在确定业绩表现最差的公司名单之后,还会与这些公司的高级管理阶层进行会晤商谈,讨论公司的业绩及将来的改善和发展问题。如果公司的管理层接受美国加州公共雇员退休基金(CalPERS)的意见,和美国加州公共雇员退休基金(CalPERS)达成协议,则美国加州公共雇员退休基金(CalPERS)不再将其名单加以公布。

美国机构投资者对目标公司的选择标准也有一个转化发展的过程,公司业绩标准只是后来才采取的标准。在开始时,机构投资者一般采取公司治理结构标准选择目标公司,即以公司治理结构是否完善为标准,选出那些治理结构不完善的公司加以公布。例如,美国加州公共雇员退休基金(CalPERS)在1987年到1989年间主要以"毒丸计划"和秘密投票等治理结构问题为标准选择差评公司,从1990年开始才以公司业绩为标准选择目标公司。[①]

[①] Nesbitt S. L., *Long—term Rewards from Shareholder Activism: A Study of the "CalPERS Effect"*. Journal of Applied Corporate Finance, Vol. 6, 1994, pp. 75—80.

但是，机构投资者对公司业绩标准的关注只是作为其公司治理结构标准的补充，而不是要替代公司治理结构标准。因为，机构投资者们很明白，只有良好完善的公司治理结构才能保障公司具有长远的发展潜力，并能在将来提高公司的业绩表现从而给广大股东带来较丰的收益。而公司业绩的一时表现良好有可能是昙花一现，无法持久。所以，大多数机构投资者都制定了公司治理结构指引标准，不把公司的业绩考虑在内。TIAA－CREF用其自己公布的公司治理守则为标准选择表现不佳的公司，并于1993年颁布了较为详细的实施细则用以评价公司的治理结构。

总之，根据机构投资者对目标公司选择的标准，那些既没有良好治理结构又没有良好业绩表现的公司往往成为机构投资者关注的对象。机构投资者通过公开发表意见，无论是批评性意见，还是定期公布黑名单，都会给公司带来积极的影响。研究已经表明，在1992年至1997年间，美国加州公共雇员退休基金（CalPERS）在向其选出的目标公司公开发表意见之后，很多公司在一年内就能根据意见作出公司重组、出售非核心业务、削减公司成本、变更公司高层管理人员、公司债务或股本的发行等重大变革决策，并且目标公司的股价也在一周内有明显上升，尤其是因业绩欠佳而被公布的公司，其股价上升表现更为灵敏。①

就我国而言，我国机构投资者对公司的管理层进行公开批评和提出意见在现实中已经很常见，如笔者在前文所述的招商银行发行可转债事件中，华夏、长盛、博时、鹏华、易方达、南方、富国等基金公司的经理以及世纪证券公司的代表们都纷纷给招商银行提意见，对公司在融资规模、融资方案推出的时机以及配售比例等方面提出意见和建议，并公开指责招商银行不顾流通股股东的权益"恶意圈钱"。② 但是，我国的机构投资者还没有对目标公司进行评估并定期公布一些差评公司，即发布目标公司"关注名单"。这一点也与我国目前机构投资者自身的力量不足有关。所以，笔者认为，随着我国机构投资者的进一步发展壮大，机构投资者自身关于

---

① 罗栋梁：《机构投资者参与公司治理途径分析》，《徐州师范大学学报（哲学社会科学版）》2008年第5期，第122页。

② http://business.sohu.com/34/90/article213449034.shtml，搜狐财经，2013年8月最后浏览。

公司治理的专业水平也会不断上升，对目标公司按照一定的准则进行评估并定期公布目标公司"关注名单"是一种可行的参与目标公司治理的途径。

三、机构投资者发表公司治理准则

从广义上来说，机构投资者公开发表自己的公司治理准则是机构投资者公开发表意见的一个组成部分，因为，一方面，机构投资者的公司治理准则也是机构投资者对在公司治理方面的意见的一种；另一方面，机构投资者定期公布目标公司"关注名单"也是以自己的公司治理准则为标准对目标公司进行评估之后产生的。尽管如此，笔者认为，机构投资者公开发表公司治理准则与前文所论述的公开发表意见还有一定的差别，前者不是针对特定的公司而制定的，后者是针对特定的目标公司而发表的，因此有必要把机构投资者公开发表公司治理准则作为机构投资者参与公司治理的方式之一单独加以阐述。

在国外，一些较大的机构投资者一般都会发表自己的有关公司治理的准则，这一准则普遍适用于该机构投资者所投资的公司。尽管机构投资者发表的公司治理准则对目标公司没有强制性约束力，但是，如果目标公司不遵守该治理准则，则可能招致机构投资者的差评，进而可能会成为机构投资者所"关注名单"的一员。尽管同一个机构投资者所发表的公司治理准则应当具有统一的原则和框架，以便于目标遵守，但也不排除机构投资者根据不同行业和不同地区的特殊情况而制定不同的公司治理准则。一些机构投资者的公司治理准则甚至在全世界范围内都具有广泛的影响并发挥着示范作用，对目标公司的治理产生了较为深远的影响，如美国加州公共雇员退休基金（CalPERS）制定《美国公司治理的核心原则与指南》、《日本公司良好治理准则》、《全球公司治理准则》都是机构投资者发表的公司治理准则的典范。

在我国，目前就公司的治理准则而言，只有证监会和上海证券交易所发布了相关的公司治理准则[①]，而普通的机构投资者则没有发表相关的公司治理准则。随着我国的机构投资者不断发展壮大及其公司治理专业水平的不断提高，在将来通过发表公司治理准则的方式参与公司治理也是可行的。

四、机构投资者的组织行动与联合行动

虽然机构投资者的实力比较大，持股比例比普通个人股东高得多，但相对于富可敌国的大型公司或企业集团而言，仅凭单个机构投资者的力量，很难对公司的治理产生积极有效的影响。并且，为了保护机构投资者投资人的利益，限制机构投资者的投资风险，各国的法律和政策一般都对机构投资者的持股比例作出了一定的限制[②]，这也大大限制和影响了单个机构投资者对所投公司之治理的参与程度。在这种情况下，机构投资者就寻求采取有组织的行动和联合行动，以求增强自身的力量，扩大在目标公司治理中的影响力。

1. 机构投资者采取有组织的行动。为了增大机构投资者的力量，同一

---

① 证监会发布了《中国上市公司治理准则》、《证券公司治理准则》、《期货经纪公司治理准则》等，上海证券交易所发布了《上海证券交易所上市公司治理指引》。

② 例如：我国《证券投资基金运作管理办法》第三十一条明确规定："基金管理人运用基金财产进行证券投资，不得有下列情形：（一）一只基金持有一家上市公司的股票，其市值超过基金资产净值的百分之十；（二）同一基金管理人管理的全部基金持有一家公司发行的证券，超过该证券的百分之十；（三）基金财产参与股票发行申购，单只基金所申报的金额超过该基金的总资产，单只基金所申报的股票数量超过拟发行股票公司本次发行股票的总量；（四）违反基金合同关于投资范围、投资策略和投资比例等约定；（五）中国证监会规定禁止的其他情形。"
我国《关于保险机构投资者股票投资有关问题的通知》第二条明确规定："（1）保险机构投资者股票投资的余额，传统保险产品按成本价格计算，不得超过本公司上年末总资产扣除投资联结保险产品资产和万能保险产品资产后的5%；投资联结保险产品投资股票比例，按成本价格计算最高可为该产品账户资产的100%；万能寿险产品投资股票的比例，按成本价格计算最高不得超过该产品账户资产的80%。（2）保险机构投资者投资流通股本低于1亿股上市公司的成本余额，不得超过本公司可投资股票资产（含投资联结、万能寿险产品，下同）的20%；（3）保险机构投资者投资同一家上市公司流通股的成本余额，不得超过本公司可投资股票资产的5%；（4）保险机构投资者投资同一上市公司流通股的数量，不得超过该上市公司流通股本的10%，并不得超过本公司总股本的5%；（5）保险机构投资者持有可转换债券转成上市公司股票，应当转入本公司股票投资证券账户，并一并计算股票投资的比例；（6）保险机构投资者委托保险资产管理公司投资股票，应当在委托协议中明确股票投资的资产基数和投资比例。"
此外，我国相关法律法规还对企业年金、全国社会保障基金、商业银行、合格境外机构投资者等的持股比例都作出了一定的限制。

行业的机构投资者联合起来组织行业组织参与对目标公司的治理，如美国的 CII（公共养老金机构投资者委员会）、英国的 ABI（保险公司协会）和 NAPF（全国养老基金协会），他们分别代表美国的公共养老基金和英国的保险公司、养老基金这些类别的机构投资者。机构投资者组织主要通过颁布一些不具有强制约束力的公司治理原则和核心政策，向其成员提供目标公司的有关信息，并且有时还向政府提出保护股东权利的一些要求和建议。

CII 作为美国大型公共养老基金的联合组织，主要是为了鼓励和帮助其成员发挥更为积极的作用来保护和增加养老基金的资产。1998 年，CII 的成员从最初的 20 个增加到 100 多个，总资产超过 1 万亿美元，成为机构投资者利益的代言人。CII 颁布一系列不具有强制约束力的核心政策和公司治理原则，向其成员提供一些经营状况不佳的公司的治理信息，指导作为其成员的养老基金积极参与目标公司的治理。CII 的核心政策主要有五项：公司的董事应当由每年的秘密投票选举产生；董事会中独立董事的席位应占 2/3；公司应当充分披露有关信息，让股东能够判断每个董事是否独立，无论法律是否要求公司这样做；公司应当设立审计委员会、提名委员会和薪酬委员会，且其成员应当是独立的；有关公司资产的出售、抵押的决策如果对股东的价值有实质性影响，则必须由普通股的多数票批准。1998 年，CII 成员总计向 100 家公司提出 120 项议案，其中有关公司治理的议案占 80%。此外，CII 还建议将经理人员的股票期权价格定在市价以上或者与行业领头公司进行指数化连接、恢复股东要求举行特别会议的权利、取消对董事支付会务费等。并且，CII 还对美国联邦和州的政策制定中起到重要的作用。[①]

在英国，机构投资者行业协会的具体事务是由他们内部的投资委员会具体负责。投资委员会除了对公司治理的有关领域发表一系列指引和声明以督导公司进行最佳治理以外，还与政府部门讨论有关股权回购、管理层股票期权计划等政策问题，与证券交易所讨论有关管理层收购、股份回购、信息披露、股息红利的分派等问题，与保险业委员会讨论公司财务活

---

① 参见刘胜军：《股东行动主义与公司治理》，《证券市场导报》1999 年 8 月号。

动等问题，与会计准则委员会讨论各种信息披露问题，与注册会计师协会讨论公司财务活动等问题。但是，投资委员会一般不参与个别公司的治理活动，对于个别公司的具体治理问题，由其内部的具体部门负责处理，具体协助机构投资者表达他们的担忧以及能够对公司管理层有影响的一些决定，并且还向公司有关成员提出投票建议。[①]

总之，机构投资者采取有组织的行动大大提高了其在公司治理中的作用和地位。据研究表明，对上市公司的批评更多的是来自机构投资者委员会等机构投资者行业组织，利用行业组织表达机构投资者的公司治理意见和建议还可以避免单个机构投资者或基金经理出面批评目标公司而易于招致的报复。事实上，通过行业组织来表达机构投资者的公司治理意见已经是比较普遍的了。[②]

2. 机构投资者的联合行动。机构投资者采取有组织的行动一般是由同一行业的机构投资者进行的，而对于分属不同行业的机构投资者而言，他们一般难以组成一个相对稳定的组织，当他们需要联合起来采取对共同的目标公司的一致性的时候，就需要相关机构投资者之间的临时联合。由于一家机构投资者对某一目标公司的持股数额较为有限，单凭自己一个机构投资者的力量，很难引起目标公司管理层对其治理意见的足够重视，这样，如果两个或两个以上的机构投资者联合起来共同对付目标公司，对目标公司采取一行的行动，就会得到目标公司的高度重视，从而较容易实现对目标公司的治理参与。例如，1990 年，美国 CalPERS 联合其他几个较大的公共养老基金共同向通用汽车公司的董事会发函，要求该公司的董事会对董事会主席的继任候选人的确定程序加以解释；1993 年，美国大学教师退休权益基金号召 20 家大型养老基金，在投票选举中反对柯达公司的 3 名董事；等等。[③] 有关的调查研究表明，在美国，采取联合行动，形成机构投资者联盟的机构投资者数量一般为 2～6 家，他们的持股总数一般占目

[①] 罗栋梁：《机构投资者参与公司治理途径分析》，《徐州师范大学学报（哲学社会科学版）》2008 年第 5 期。

[②] 刘子兰、刘万：《养老金积极主义与公司治理》，《湖南师范大学社会科学学报》2005 年第 6 期。

[③] 封丽萍：《机构投资者的积极股东行为分析——从希尔斯百货董事会之争看机构投资者的作用》，《商业经济与管理》2006 年第 4 期。

标公司的 20%～40%。[①] 在采取共同的行动之前，作为联盟成员的机构投资者之间都会秘密地联络和协商，以便对目标公司采取一致的对目标公司的治理有重要影响的行动。当然，机构投资者的联合行动会受到法律的约束，如美国证管会（SEC）在 1992 年规定，联合行动的多个股东如果持有一家公司发行在外的股份的 5%，应当向证管会备案。[②]

此外，机构投资者的联合行动不仅包括机构投资者与机构投资者之间的强强联合，而且，在现实中，还包括机构投资者与广大中小投资者之间的联合。在股东积极主义的大趋势下，广大的中小投资者不再仅仅是"搭便车者"，而是寻找机会积极行使自己的投票权利。并且，单个的机构投资者也需要广大中小投资者的积极支持，只有这样，才能够使机构投资者对目标公司所采取的行动更有胜算。而现代通信技术的发达为机构投资者与广大中小股东之间的联合提供了便利和客观的可能性。

[①] Stapledon, G. P., *Institutional Shareholders and Corporate Governance*, Clarendon Press, 1996, p. 80.

[②] 罗栋梁：《机构投资者参与公司治理途径分析》，《徐州师范大学学报（哲学社会科学版）》2008 年第 5 期。

第六章 机构投资者正确参与公司治理的法律保障

在现代公司法律制度中，机构投资者通过一系列正式途径和非正式途径积极参与公司的治理并不意味着机构投资者可以为所欲为，机构投资者参与公司治理要受到一定的法律限制，这种限制除了体现在机构投资者参与公司治理的途径不能违反法律的规定以外，还进一步体现在世界各国法律所普遍规定的机构投资者应当负有的信义义务（fiduciary duty）。在这一章中，笔者拟对机构投资者参与公司治理过程中所应承担的信义义务进行探讨。

第一节 机构投资者信义义务的内容

信义义务是一个源于英美公司法的概念，是英美公司法对公司的董事、经理等高级管理人员以及公司的控股股东所要求的一种相当于信托受托人那样的诚实信用、勤恳专业地为公司利益而兢业付出的义务。后来，信义义务被大陆法系国家的公司法所引进，我国公司法中也有相应的规定。根据美国《布莱克法律词典》的解释，"Fiduciary"作为名词有两种意思，一是指"被要求就他们关系范围内的所有事项为另一个人的利益而行事的人；向他人负有善意、坦诚、信任、良心义务的人"；二是指"在管理他人的金钱或财产中必须运用最高标准的注意的人"。[①] 而"Fiduciary

---

① 《布莱克法律词典》（第八版），2004年，第1864页。原文为：1. A person who is required to act for the benefit of another person on all matters within the scope of their relationship; one who owes to another the duties of good faith, trust, confidence, and candor (the corporate officer is a fiduciary to the corporation). 2. One who must exercise a high standard of care in managing another's money or property (the beneficiary sued the fiduciary for investing in speculative securities).

Duty"的意识是指"受托人（如一个律师或公司的管理人员）向受益人（如律师的客户或公司的股东）所负有的最善意、最真诚、最坦率、最有良心的义务；按照最高标准的诚实和忠诚向另外一个人行事并为其最佳利益而行事的一种义务"。① 总之，在公司法中，信义义务就是要求义务的负担主体对义务的受益主体所承担的，为了受益主体的利益而负担的在善意基础上的注意、忠诚、勤勉的义务。

对于机构投资者而言，首先应当确定其应当对谁负担信义义务。根据机构投资者信义义务对象的不同，可以将其分为对目标公司所负担的信义义务、对目标公司股东所负担的信义义务和对自己的投资者所负担的信义义务。由于机构投资者特殊的双重代理身份，其在目标公司和自己的股东面前具有不同身份，因而也应当对不同的对象承担信义义务。一方面，由于机构投资者是用其集聚的广大中小投资者的资金进行再投资，所以，在本质上，我们可以说，广大中小投资者将自己的资金委托给机构投资者进行投资，机构投资者应当为作为自己资金来源的广大中小投资者的利益服务，所以，机构投资者理所应当对其广大中小投资者负有信义义务。另一方面，对于目标公司而言，机构投资者又是其股东之一，并且在一般情况下，机构投资者都是目标公司的大股东，对目标公司的经营决策具有举足轻重的影响作用，所以，现代公司法一般都要求具有大股东地位的机构投资者应当对公司及其他股东负有信义义务。

其实，在公司法的传统理论中，只有董事、经理等公司的高级管理人员才对公司及股东负有信义义务，大股东或控股股东一般不对公司及其他股东负有信义义务。因为股东毕竟不同于董事等公司的高级管理人员。股东作为公司的出资者，实际上是公司的最终所有者，其最终目的就是为了追求自身利益的最大化，没有必要顾及其他股东的利益。并且，公司，尤其是股份公司一般都具有独立的法律人格，股东和公司在法律上是不同的

---

① 《布莱克法律词典》（第八版），2004年，第1536页。原文为：A duty of utmost good faith, trust, confidence, and candor owed by a fiduciary (such as a lawyer or corporate officer) to the beneficiary (such as a lawyer's client or a shareholder); a duty to act with the highest degree of honesty and loyalty toward another person and in the best interests of the other person (such as the duty that one partner owes to another).

第六章 机构投资者正确参与公司治理的法律保障

独立的人,他们各自追求自身的利益无可厚非,股东没有义务照顾公司的利益。但是董事就不一样了。董事并不是公司的出资者,不是公司的最终所有者,而是为了公司的利益服务的受托管理者,他们理应为了公司利益的最大化而努力,不应当侵害公司的利益,对公司承担信义义务。但是,随着公司股权的高度分散以及大股东,尤其是控股股东对控制权进行滥用,导致对公司和其他股东利益受损的情况频繁发生,英美法系国家逐渐建立了控股股东的信义义务制度,要求控股股东像公司的董事一样对公司及其他股东承担信义义务。

并且,无论是在法律上还是在实践中,股东大会毫无疑问都是公司的权力机构,有权决定公司的变更、重大经营决策、董事等高级管理人员的任免等直接影响公司经营管理活动及发展的事项,而股东大会作出这些决策的原则就是股权多数决原则,也就是说拥有公司多数表决权股份的股东可以控制股东大会的决策,所以,虽然公司的日常经营管理活动是由公司的董事等高级管理人员作出的,但董事等公司的高级管理人员最终是由公司的控股股东决定的,这实际上相当于公司的控股股东拥有公司的经营管理决定权,扮演着公司的决策者、执行者、管理者、所有者等多种身份,甚至可以使整个公司以及其他股东都为自己的利益服务。在这种情况下,公司及其他股东实际上在为控股股东的不当行为买单。所以,要求公司的控股股东善意地、诚实勤恳地为公司利益的最大化而谨慎行使其手中的控制权是必要的。

此外,在一般情况下,控股股东控制权的直接对象是公司而不是其他股东。在表面,控股股东控制权的损失后果也是由公司承担的,但其他股东也是公司的出资者,也是公司的最终所有者之一,公司所承担的损失最终也要转嫁到其他股东身上,所以,控股股东在行使控制权的时候不仅要对公司承担信义义务,而且还要照顾其他股东的利益,对其他股东也承担信义义务,只有这样,才能实现真正的股东平等。如德国最高法院开始只承认控股股东对公司的信义义务,直到1976年才在一次判决中首次承认控股股东对其他股东的信义义务,指出拥有多数表决权的控股股东在实践中可能对公司及其他股东的利益产生不利影响,因此,为了避免这些不利影响的发生,应该对控股股东课以公司法上的特殊义务,即信义义务。[1]

早在 20 世纪初期,美国就在 Southern Pacific Co. v. Bogert 一案中确立了控股股东的信义义务,该案大法官布兰蒂斯(Brandeis)直言控股股东实际上掌握着公司的控制权力,当控股股东行使其控制权力时,公司的经营管理活动都要受其影响,从而应当使控股股东承担信义义务。[2] 随后,股东的信义义务在英美法系的衡平法和成文法中得到广泛的确立。

在确定机构投资者所应负担的信义义务的对象之后,我们还有必要进一步了解机构投资者对这些主体承担什么样的义务,也就是说,机构投资者所承担的信义义务的内容是什么。关于信义义务的内容,英美法理论上主要存在两种观点:一种观点认为,信义义务包括注意义务和忠实义务;另一种观点认为,信义义务包括注意义务、忠实义务和善意义务。从表面上看,这两种观点的主要区别在于是否将善意义务作为信义义务的内容。到底应当如何取舍,还有待于我们进一步了解注意义务、忠实义务和善意义务之后才能作出。

在英美公司法中,注意义务是指在处理公司事务的时候应当尽到一个合理谨慎的人在相同的情况和条件下能够给予其所处理事务的注意程度的谨慎义务。[3] 对于机构投资者而言,注意义务要求他应当这样去行动,即一个合理谨慎的人在特定情况和条件下会怎样行动,机构投资者就应当怎样行动。这就要求机构投资者首先应当出于善意,尽最大审慎努力为公司的最大利益服务。正如美国著名公司法学家汉密尔顿先生所指出的那样,控股股东在向第三者转让其控股权等涉及公司重大利益的交易的时候,应当向公司和其他股东负有注意义务,而注意义务的核心标准是"正常审慎的人"应当具有的注意能力,但在实践中根本无法确定什么样的人才算是"正常审慎的人",所以,依据该标准无法确定注意义务的标准。因此,汉密尔顿先生又提出了以"经营判断"标准作为确定注意义务的标准,即依照合理的信息和理性判断作出的决策即使给公司造成了不利影响甚至是灾

---

[1] 赵志钢:《公司集团基本法律问题研究》,北京大学出版社 2006 年版,第 195 页。
[2] 参见陈琛韫:《论公司治理中控制股东的信义义务》,华东政法大学 2008 年硕士论文,第 14 页。
[3] 参见王保树:《论股份公司控制股东的义务与责任》,《法学》2002 年第 2 期。

第六章　机构投资者正确参与公司治理的法律保障

难性的损害后果,决策者也可以免予承担责任。[①] 换言之,如果机构投资者作出的某项经营决策是从公司整体的利益出发,并且根据当时情况下的知识经验也认为是对公司有利的,即是该项决策在后来被实践证明不利于公司的利益,也不应该追究机构投资者违反注意义务的法律责任。

所谓忠实义务就是指不得做出损害公司及其他股东利益的行为。忠实义务一般是在公司的经营过程中产生的,有时又称为公平交易义务,其内容主要包括不得对股东实施欺诈、不得自我交易、不得篡夺公司的机会、不得内发转移公司的资产等行为。[②] 所以,忠实义务实际上也是要求行为者以善意为基础,不得背叛委托人或受益人的信任,不得做出损害受益人的事情。一个负有忠实义务的人不得滥用自己的机会优势通过损害受益者的利益的方式谋取自己的不正当利益,正如美国第七巡回法院的法官所指出的那样,"控股股东在表决中在管理中应该全心地、真诚地、诚实地忠实于公司和公司最佳利益,必须忽略自己的个人利益"[③]。所以,机构投资者不得利用自己的优势地位谋取自己的私利而做出有损于公司和其他股东利益的行为。

而善意义务就是要求行为者在采取行动和作出决策时必须是善意的,不得故意做出有损于公司和其他股东利益的行为。所以,从上面的论述我们就可以看出,注意义务和忠实义务实际上是一个问题的两个方面,注意义务要求的是积极的作为方面,而忠实义务要求的消极的不作为方面,这两个方面共同的目标都是要求机构投资者为了公司利益的最大化而努力,但这两个方面的前提条件之一就是机构投资者在行动时是善意的,正因为如此,我们可以说善意实际上是注意义务和忠实义务的一个组成部分,因此,美国学者一般都认为善意义务包含于"注意义务"之中。[④]

综上所述,机构投资者应当对公司及其他股东承担注意义务和忠实义务,这就是机构投资者所负的信义义务的内容,也是机构投资者积极参与

---

① 参见赵小华、赵宝奇:《控制股东公司法框架下的责任重构》,《河北法学》2004 年第 5 期。
② 美国法律研究院:《公司治理原则:分析与建议(上卷)》,楼建波等译,法律出版社 2006 年版,第 157~159 页。
③ 董钰:《论控制股东滥用控制权的法律责任》,《价值工程》2004 年第 5 期。
④ See In Re the Walt Disney Company Derivative Litigation, 2006 WL 1562466.

公司治理的过程中应当受到的限制。接下来，我们有必要对美国有关机构投资者信义义务的立法经验加以考察，试图为我国机构投资者信义义务的完善提供一定程度的借鉴。

第二节 美国机构投资者信义义务的立法经验

美国相关法律法规对机构投资者信义义务的规定相当丰富，从总体上来看，可以分为衡平法规定的机构投资者概括的信义义务和成文法规定的机构投资者具体的信义义务，笔者在本节分别对这两个方面加以考察。

一、美国机构投资者概括的信义义务

美国信托法和有关机构投资者的自律性文件对机构投资者的信义义务作了概括性的规定。信托法在美国有较长的发展历史，信托受托人要对受益人承担注意义务和忠实义务是信托法的核心要求之一。

在上文的论述中，我们已经知道，注意义务是一种积极的义务，要求义务人应当勤勉而专业地为受益人的利益行事。但是，在实践中，受托人究竟达到什么标准才能判定其履行了注意义务呢？对此，美国有关的法律一直处于发展变化之中。早在1830年的时候，马萨诸塞州最高法院在 Harvard College v. Amory 一案中确立了判定受托人是否履行注意义务的标准是"审慎的人"规则（Prudent Man Rule），即受托人只要像一个审慎的人处理自己的财产那样处理受托财产，就认为该受托人履行了注意义务。到1869年的时候，纽约州上诉法院在 King v. Talbot 一案中把判定受托人注意义务的标准重新确立为"法定的投资组合"（Legal List），即除非受托人接到委托人的特别指示，否则受托人只能将信托财产投资于法定的事项之内。而到了20世纪中期，美国《模范审慎人投资法》（1942）和《信托法重述（二）》（1959）又将判定受托人注意义务的标准确定为"审慎人"规则，要求受托人应当具有合理的行业技能和注意，着眼于投资的保值增值。而1990年的《信托法重述（二）》（修订）和1994年的《统一审慎投资人法》（Uniform Prudent Investor Act）又将注意义务进一步明

确为"审慎投资人"规则,即要求受托人应当具有较高的专业技能,应当对投资目标进行调查,力求投资组合的安全性而非单个投资的安全性,具体而言,该规则要求受托人应当履行审慎公平、权衡成本、分散投资、判断投资组合的风险等义务。1974年,美国专门针对私人退休基金的《员工退休所得保障法》将判定注意义务的标准确定为"审慎专家"规则(Prudent Expert Rule),即要求受托人在技能、谨慎和勤勉方面应达到同等规模基金经理人在类似情况下应当具有的水平。并且,美国2000年《统一信托法典》进一步明确规定,"受托人应当像一位审慎人一样管理信托,考虑信托的目的、条款、分配要求和其他情况。为达到该标准,受托人应当给予合理的注意(care)、技能和谨慎(caution)"。[①] "在管理信托的过程中,受托人只能产生与信托财产、信托目的和受托人的技能合理相关的成本。"[②] "拥有专业技能或者专门技术(expertise)的受托人,或者因表明其拥有专业技能或者专门技术而被称为受托人的受托人,应当适用上述专业技能或者专门技术。"[③]

尽管受托人的注意义务经历了长期的发展已经显示了丰富的内容,但其还是比较概括。对于机构投资者而言,要想用这种概括性的注意义务去约束机构投资者,实在是很困难。因为,尽管机构投资者积极行使股东权利而参与公司的治理会给目标公司带来好处,同时也给自己带来好处,但是很难把这种股东权利的积极行使确定为机构投资者的一项法律义务,从而限制股东权的自由行使。并且,实践中也很难判定一个没有做出某种积极行为的机构投资者违反了注意义务,进而要求其承担法律责任。所以,对于机构投资者的注意义务,还应当有进一步具有可操作性的法律规定。

对于忠实义务而言,实际上就是要求受托人不得为了自己的利益而作出不利于受益人利益的行为。美国《统一信托法典》(2000年)第802条规定受托人负有"忠实义务"(duty of loyalty),并在总括规定"受托人应当只为受益人的利益管理信托"[④] 之后,进一步详细规定了受托人在不同

[①] 美国《统一信托法典》(2000年)第804条。
[②] 美国《统一信托法典》(2000年)第805条。
[③] 美国《统一信托法典》(2000年)第806条。
[④] 美国《统一信托法典》(2000年)第802条(a)款。

情况下应当如何履行其忠实义务。如：只要一项交易是由受托人与下列人员之一达成的，就可以推定该项交易违反了忠实义务：（1）受托人的配偶；（2）受托人的后代（descendants）、兄弟姐妹、父母或配偶；（3）受托人的代理人（agent 或 attorney）；或者（4）一家公司或者其他人或企业，其中受托人或受托人的主要权益持有人持有可能影响受托人最佳判断的权益。[①] 并且，即使受托人以个人名义参与的与信托财产无关的交易，但如果该交易涉及属于信托的机会，则该交易就涉及受托人个人利益与受托职责之间冲突。[②] 在这种情况下，受益人可以撤销该项交易，除非：（1）交易获得了信托条款的授权；（2）交易获得了法院的批准；（3）第1005条规定的时间内受益人提起了司法诉讼程序；（4）受益人同意受托人的行为，批准了该交易，或者免除受托人第1009条规定的责任；或者（5）交易涉及受托人订立的合同或者取得权利主张（claim），但是该交易发生在该人成为或者被认为（contemplated）是受托人之前。[③] 如果受托人与受益人之间达成的某项交易不涉及信托财产，但该交易发生在信托存续期间，或者受托人对受益人具有实质性影响力，而且受托人从中可以获得优势（advantage），则该交易可以由受益人撤销，除非受托人确定该交易对受益人是公平的。[④] 如果对受益人是公平的，则下列交易可以实施：（1）受托人与受益人之间有关受托人的指定和报酬问题的协议；（2）向受托人支付合理的报酬；（3）信托与其他信托、死者的遗产或其接管人之间的交易，其中受托人是其他信托、死者的遗产或者（接管人）的受信人（fiduciary），或者受益人拥有其权益；（4）受托人把信托资金存放在由受托人经营的、受监管的金融服务机构；或者（5）受托人为保护信托而垫付的资金。[⑤] 如果受托人对投资公司或者投资信托的证券进行的投资，其中受托人或其附属机构以非受托人的身份向该投资公司或投资信托提供服务，并且该投资行为遵守谨慎投资人规则，则该项投资不被认为受到个人利益与

---

① 美国《统一信托法典》(2000年) 第802条 (c) 款。
② 美国《统一信托法典》(2000年) 第802条 (e) 款。
③ 美国《统一信托法典》(2000年) 第802条 (b) 款。
④ 美国《统一信托法典》(2000年) 第802条 (d) 款。
⑤ 美国《统一信托法典》(2000年) 第802条 (h) 款。

受托职责之间冲突的影响。① 在行使股份投票权或行使对其他形式的企业的类似权益的控制权时，受托人必须为受益人的最大利益行事。②

除了信托法的有关规定外，美国机构投资者还受到一些关于公司治理的自律性文件的约束，这些自律性文件引导机构投资者如何公正地参与公司的治理。例如，在全世界具有广泛影响并于2004年修订的《OECD公司治理原则》在第二部分第F条中明确规定机构投资者"应当披露与其投资有关的全部公司治理及投票的政策，包括决定使用其投票权的现有程序；对于那些可能影响其行使与其投资相关的关键性的所有者权利的实质性的利益冲突，应该予以披露"。

二、美国机构投资者具体的信义义务

除了上述机构投资者所负的概括性的信义义务外，美国还另外专门立法对机构投资者的信义义务作出相关规定。这些规定主要体现在《雇员退休收入安全法》、《投资公司法》和《投资顾问法》中。

1974年美国劳工部制定的《雇员退休收入安全法》第四百〇四条规定了私人退休基金应当承担的信义义务，主要包括为受益人的利益行事、分散投资、谨慎行事、行为与计划文件相符合等规则要求。这些信义义务随着一些州立法的发展逐渐适用到公共退休基金上。也即美国的公共退休基金现在也要遵守《雇员退休收入安全法》所规定的信义义务。1988年以后，美国劳工部对《雇员退休收入安全法》所规定的信义义务进行解释，将退休基金行使表决权也作为信义义务的一种。劳工部认为养老基金所持有的上市公司股票的投票权也是其信托财产的一部分，养老基金在行使投票权的时候应当负有信义义务，在可能影响其投资价值的事项上谨慎、忠实地行使表决权，并考虑其投票的成本能否通过股票的价格得以补偿。并且，养老基金应当在投资计划说明书中明确说明其投票政策，并将具体的投票记录保存好。如果一项投资策略会影响目标公司的经营管理，养老基金如果认为其投资策略再除去成本后能够合理增加其投资价值，则该投资

---

① 美国《统一信托法典》(2000年) 第802条 (f) 款。
② 美国《统一信托法典》(2000年) 第802条 (g) 款。

策略就符合《雇员退休收入安全法》所规定的信义义务。

20世纪初，美国联邦证券管理委员会对1940年的《投资公司法》和《投资顾问法》进行了修订，将《雇员退休收入安全法》所规定的信义义务扩大适用到所有的共同基金，并要求所有的投资公司和投资顾问公司将其行使表决权的政策和程序进行披露，并保存好其投票记录。具体内容主要体现在增订的《投资公司法》30b1-4规则、《投资顾问法》206（4）-6规则和《投资顾问法》204-2规则。

《投资公司法》30b1-4规则主要规定以下两个方面的内容：一是要求共同基金披露行使表决权的政策和程序；二是要求共同基金披露表决权行使的记录。这样可以有效地防止基金经理违背投资人的利益而行使表决权，促进基金更加积极地参与目标公司的治理，从而使所有的股东共同获利。如果共同基金自己行使表决权，其应当在"补充资料说明"中披露其行使表决权的政策和程序。如果共同基金将表决权委托给投资顾问公司行使，其可以不必披露表决权行使的政策和程序，而采用投资顾问公司的表决权行使政策和程序。共同基金制的表决权行使政策和程序包括一般性政策、程序和特殊性政策、程序。一般性政策程序主要包括表决权向第三人授权的范围以及评估或支持目标公司意见的范围等。特殊性政策程序主要包括对目标公司的治理、资本结构的改变等具体事项的政策和程序。并且，这些程序都包括利益冲突情况下的基金表决权行使程序。此外，为了方便投资人对表决权行使的政策和程序的获知，基金应当采取网络公布、电话咨询等方式对其进行披露。对于具体表决权行使的记录而言，其应当包括投票议案摘要说明、提案人、基金是否参加表决、如何行使表决权等内容。基金必须每年通过申报N-PX表格[①]的方式对表决权行使记录在网站或应投资人的要求加以公开披露。

《投资顾问法》206（4）-6规则和204-2规则分别规定了投资顾问行使表决权的政策、程序和投资顾问应当保存的记录种类及内容。在通常

---

① N-PX表格中应揭露的事项包括：有价证券发行人的名称；证券交易所股票代码；Cusip号码（由统一有价证券识别委员会针对有价证券所制定的编号，主要用于辨识有价证券发行人的身份）；股东会日期；投票议案的摘要；议案的提出者；机构投资者（共同基金）是否参与表决；表决权行使方式；表决权的支持对象。

情况下,投资公司会将自己的表决权委托给投资顾问行使。被授予表决权行使的投资顾问必须制定其表决权行使的书面政策和程序,载明如何处理利益冲突事项,确保为委托人的最大利益行事。如遇有重大利益冲突的事情时,若已事先获得客户的同意,其行使表决权则视为已经尽到投资顾问法中所规定的受托义务;若没有事先获得客户同意,则投资顾问行使表决权的行为必须确保客户的最大利益。并且,投资顾问还应告知投资公司如何获取其表决权行使政策和程序的材料,并有义务作出进一步解释和说明。投资顾问应当将以下五项记录保存好:行使表决权的政策和程序、投资公司的委托书文件副本、投票记录、投票相关文件、投资公司索取资料以及投资顾问回复的记录。

第三节 我国机构投资者信义义务的立法状况及完善

我国相关法律法规对机构投资者信义义务的规定比较笼统,散见于众多相关的规范性法律文件中。我国《信托法》第二十五条规定"受托人管理信托财产,必须恪尽职守,履行诚实、信用、谨慎、有效管理的义务",并在第二十八条规定"受托人不得将其固有财产与信托财产进行交易或者将不同委托人的信托财产进行相互交易,但信托文件另有规定或者经委托人或者受益人同意,并以公平的市场价格进行交易的除外"。这是我国法律对受托人信义义务的概括规定。此外,我国《证券投资基金法》(2012年修订)第九条规定"基金管理人、基金托管人管理、运用基金财产,基金服务机构从事基金服务活动,应当恪尽职守,履行诚实信用、谨慎勤勉的义务。基金管理人运用基金财产进行证券投资,应当遵守审慎经营规则,制定科学合理的投资策略和风险管理制度,有效防范和控制风险。"《企业年金基金管理试行办法》第八条规定"受托人、账户管理人、托管人、投资管理人和其他为企业年金基金管理提供服务的自然人、法人或其他组织必须恪尽职守,履行诚实、信用、谨慎、勤勉的义务"。《保险资金运用管理暂行办法》第二十六条规定"保险资产管理机构应当根据合同约定,及时向有关当事人披露资金投向、投资管理、资金托管、风险管理和重大突发事件等信息,并保证披露信息的真实、准确和完整"。《信托公司治理指引》第三条第一款规定信托公司应当"认真履行受托职责,遵循诚实、信用、谨慎、有效管理的原则,恪尽职守,为受益人的最大利益处理信托事务"。《信托公司私人股权投资信托业务操作指引》第九条规定"信托公司运用私人股权投资计划项下资金进行股权投资时,应对拟投资对象的发展前景、公司治理、股权结构、管理团队、资产情况、经营情况、财务状况、法律风险等开展尽职调查"。第十条规定"信托公司应按照勤勉尽职的原则形成投资决策报告,按照决策流程通过后,方可正式实施"。《上市公司治理准则》第十九条直接规定"控股股东对上市公司及其他股东负有诚信义务"。等等。

所有上述这些规定至少可以向我们揭示这样一个事实,即我国相关的规范性法律文件已经要求机构投资者承担相应的信义义务,但由于较为概括而不完善,应当加以完善。具体而言包括以下几个方面:

第一,对于机构投资者的注意义务而言,我国的《信托投资基金法》、《企业年金基金管理试行办法》等都规定了机构投资者应当履行"谨慎、勤勉的义务",而《信托公司私人股权投资信托业务操作指引》对"谨慎、勤勉义务"作了进一步细致的规定,要求作为机构投资者的信托公司"对拟投资对象的发展前景、公司治理、股权结构、管理团队、资产情况、经营情况、财务状况、法律风险等开展尽职调查",以及《证券投资基金法》要求基金管理人遵守"审慎经营规则",等等。这些对机构投资者注意义务的实体性规定虽然可以在一定程度上明确机构投资者的注意义务,但在实践中,很难判定某一机构投资者的某一行为是因为其违反了注意义务而应当受到惩罚。并且,机构投资者的商业决策属于较为专业的领域,普通的司法机构一般难以凭借实体标准判定某一机构投资者的决策违反了其注意义务。所以,要想使机构投资者的注意义务能够落到实处,法律应当明确规定机构投资者履行注意义务的程序性要求,如机构投资者在作出决策的过程中是否存在关联关系、是否受他人操纵、是否与目标公司保持沟通、是否将特定的信息公开等。

第二,对于机构投资者的忠实义务而言,我国相关的法律都在不同的程度上规定"为了受益人的最大利益"处理事务,这也只是一种关注最终目的的概括性规定。对此，我们应当借鉴美国相关法律的规定，对机构投资者的忠实义务作出明确的法律规定，如除了有特殊的例外情况存在，否则应当：禁止机构投资者与公司的交易、禁止机构投资者篡夺公司的机会、禁止机构投资者的关系人与公司进行交易，等等。

第三，为了使机构投资者更好地履行其注意义务和忠实义务，法律应当规定机构投资者在积极参与公司治理的过程中应履行一系列的信息披露义务。我国《上市公司股东大会规则》第四十一条明确规定了股东大会会议记录的记载内容和保存要求，如"会议记录应记载以下内容：（一）会议时间、地点、议程和召集人姓名或名称；（二）会议主持人以及出席或列席会议的董事、监事、董事会秘书、经理和其他高级管理人员姓名；（三）出席会议的股东和代理人人数、所持有表决权的股份总数及占公司股份总数的比例；（四）对每一提案的审议经过、发言要点和表决结果；（五）股东的质询意见或建议以及相应的答复或说明；（六）律师及计票人、监票人姓名；（七）公司章程规定应当载入会议记录的其他内容。出席会议的董事、董事会秘书、召集人或其代表、会议主持人应当在会议记录上签名，并保证会议记录内容真实、准确和完整。会议记录应当与现场出席股东的签名册及代理出席的委托书、网络及其他方式表决情况的有效资料一并保存，保存期限不少于10年"。这一规定虽然为相关利害关系人对机构投资者在股东大会上的表决行为进行监督提供了一条途径，但该途径对于监督者而言成本过高。鉴于此，笔者认为，法律应当规定机构投资者直接披露其行使表决权的政策规定以及其行使表决权的具体记录。

此外，除了法律对机构投资者信义义务作出明确规定外，机构投资者还应当积极主动地进行自律，针对其参与公司治理制定相应的操作程序和政策、准则。机构投资者参与公司治理的行为应当符合该操作程序和准则的要求，否则应该作出明确的解释。只有这样，才能更好地使机构投资者在参与公司治理的过程中履行其信义义务。

参考文献

一、中文著作类

1. 贝政新、冯恂：《机构投资者发展研究》，复旦大学出版社 2005 年版。
2. 蔡立东：《公司自治论》，北京大学出版社 2006 年版。
3. 陈鸿清：《共同基金运行实务》，中国发展出版社 1995 年版。
4. 成晓霞：《新法人治理结构》，中国政法大学出版社 2000 年版。
5. 戴志敏：《证券市场机构投资者规范化发展研究》，浙江大学出版社 2008 年版。
6. 范海峰：《机构投资者持股与公司绩效——基于中国证券市场的理论与实证研究》，中国经济出版社 2010 年版。
7. 费方域：《企业的产权分析》，上海三联书店 1998 年版。
8. 甘培忠：《公司控制权的正当行使》，法律出版社 2006 年版。
9. 高丽：《基于投资者关系管理的机构股东积极治理研究》，中国财富出版社 2010 年版。
10. 耿志民：《中国机构投资者研究》，中国人民大学出版社 2002 年版。
11. 宫玉松：《投资与投机——机构投资者投资行为研究》，《金融博士论丛》（第 7 辑），中国金融出版社 2004 年版。
12. 顾功耘主编：《社会公众股股东权益保护》，北京大学出版社 2009 年版。
13. 何美欢：《公众公司及其股权证券》，北京大学出版社 1999 年版。
14. 何小锋、韩广智：《资本市场运作案例》，中国发展出版社 2006 年版。

15. 黄谦：《机构投资者与盈余管理关系研究》，中国社会科学出版社 2010 年版。

16. 黄佐钘：《机构投资者行为及政策引导研究——以证券投资基金为例的实证研究》，上海财经大学出版社 2012 年版。

17. 蒋大兴：《公司法的展开与批判——方法、判例、制度》，法律出版社 2001 年版。

18. 李海英：《机构投资者对中小投资者利益保护效应研究》，经济科学出版社 2012 年版。

19. 李维安：《公司治理学》，高等教育出版社 2009 年版。

20. 李勋：《对冲基金监管的法律问题研究》，厦门大学出版社 2010 年版。

21. 梁能：《公司治理结构——中国的实践与美国的经验》，中国人民大学出版社 2000 年版。

22. 梁能主编：《公司治理结构：中国的实践与美国的经验》，中国人民大学出版社 2000 年版。

23. 梁上上：《论股东表决权——以公司控制权争夺为中心展开》，法律出版社 2005 年版。

24. 刘俊海：《股份有限公司股东权的保护》（修订本），法律出版社 2004 年版。

25. 刘连煜：《公司法制的新展开》，中国政法大学出版社 2008 年版。

26. 刘连煜：《公司治理与公司社会责任》，中国政法大学出版社 2001 年版。

27. 刘连煜：《公司治理与公司社会责任·自序》，中国政法大学出版社 2001 年版。

28. 梅慎实：《现代法人治理结构规范运作论》，中国法制出版社 2001 年版。

29. 梅慎实：《现代公司机关权力构造论》，中国政法大学出版社 2004 年版。

30. 倪建林：《公司治理结构：法律与实践》，法律出版社 2001 年版。

31. 宁向东：《公司治理理论》，中国发展出版社 2006 年版。

32. 青木昌彦、钱颖一：《转轨经济中的公司治理结构》，中国经济出版社 1995 年版。

33. 邱进前：《所有权结构，公司治理和机构投资者：以中国上市公司为例》，法律出版社 2005 年版。

34. 沈四宝：《西方公司法原理》，法律出版社 2006 年版。

35. 施天涛：《商法学》，法律出版社 2004 年版。

36. 石少侠：《公司法教程》，中国政法大学出版社 2006 年版。

37. 史尚宽：《债法各论》，台湾荣泰印书馆 1981 年版。

38. 孙玲：《美国机构投资者发展的实证研究》，湖北人民出版社 2011 年版。

39. 田存志、赵萌：《机构投资者与股市波动——基于中国证券市场的经验研究》，中国社会科学出版社 2011 年版。

40. 王保树主编：《商事法论集》（1～12 卷），法律出版社。

41. 王广彬：《社会保障法》，中国政法大学出版社 2009 年版。

42. 王国刚：《中国资本市场的深层问题》，社会科学文献出版社 2004 年版。

43. 王秀华：《机构投资者持股的公司治理效应研究：基于股权制衡视角》，企业管理出版社 2011 年版。

44. 王秀华：《机构投资者持股的公司治理效应研究——基于股权制衡视角》，企业管理出版社 2011 年版。

45. 吴敬琏：《现代公司与企业改革》，天津人民出版社 1994 年版。

46. 徐菁：《公司法的边界》，对外经济贸易大学出版社 2006 年版。

47. 徐龙炳等：《中国机构投资者投资行为研究》，上海财经大学出版社 2011 年版。

48. 叶林：《公司法研究》，中国人民大学出版社 2008 年版。

49. 殷召良：《公司控制权法律问题研究》，法律出版社 2001 年版。

50. 于群：《上市公司治理的法学视角》，人民出版社 2008 年版。

51. 于潇：《美日公司治理结构比较研究》，中国社会科学出版社 2003 年版。

52. 余雪明：《证券交易法》，证券及期货市场发展基金会 2000 年版。

53. 张民安：《公司法上的利益平衡》，北京大学出版社 2003 年版。

54. 赵玲：《公司治理：理论与制度》，法律出版社 2009 年版。

55. 赵旭东主编：《新公司法制度设计》，法律出版社 2006 年版。

56. 赵志钢：《公司集团基本法律问题研究》，北京大学出版社 2006 年版。

57. 周友苏：《新证券法论》，法律出版社 2007 年版。

58. 朱一平：《风险资本治理机制研究》，中国经济出版社 2007 年版。

二、中文论文类

1. 董春华：《浅析机构投资者在改进公司治理结构中的作用》，《证券市场导报》2003 年第 6 期。

2. 董钰：《论控制股东滥用控制权的法律责任》，《价值工程》2004 年第 5 期。

3. 封丽萍：《机构投资者的积极股东行为分析——从希尔斯百货董事会之争看机构投资者的作用》，《商业经济与管理》2006 年第 4 期。

4. 冯果、李安安：《金融创新视阈下的公司治理——公司法制结构性变革的一个前瞻性分析》，《法学评论》2010 年第 6 期。

5. 冯果、李安安：《投资者革命、股东积极主义与公司法的结构性变革》，《法律科学》2012 年第 2 期。

6. 冯果：《"禁止篡夺公司机会"规则探究》，《中国法学》2010 年第 1 期。

7. 甘培忠、王冠宇：《公司治理若干问题述评》，载甘培忠、楼建波主编：《公司治理专论》，北京大学出版社 2009 年版。

8. 郭金林：《论美国机构股东的战略转变及其公司治理原则》，《世界经济》2002 年第 4 期。

9. 何德旭：《新世纪中国投资基金发展的若干选择》，《国际金融研究》2000 年第 9 期。

10. 何自力：《家族资本主义、经理资本主义与机构资本主义——对股份公司所有权与控制权关系演进和变化的分析》，《南开经济研究》2001 年第 1 期。

11. 何自力：《论机构投资者在美国公司治理中的作用》，《南开经济研究》1998 年第 3 期。

12. 贺显南、程晓敏：《中外机构投资者的比较与启示》，《国际经贸探索》2003 年第 2 期。

13. 金剑锋：《公司法人治理结构若干问题研究》，载甘培忠、楼建波主编：《公司治理专论》，北京大学出版社 2009 年版。

14. 雷兴虎：《论公司介入权》，《法学研究》1998 年第 4 期。

15. 李滨、李宝伟：《机构投资者参与公司治理的比较分析——以美、日、德机构投资者为例》，《中国行政管理》2007 年第 9 期。

16. 李传军：《利益相关者共同治理的理论基础与实践》，《管理科学》2003 年第 4 期。

17. 李东方、张俊娟：《机构投资者在公司治理中的角色定位及其法律规制》，载赵旭东主编：《国际视野下公司法改革》，中国政法大学出版社 2007 年版。

18. 李诗鸿：《从"美国证监会 14a－11 规则无效案"看董事提名权改革》，《法学》2013 年第 5 期。

19. 梁上上：《股东表决权——公司所有与公司控制的连接点》，《中国法学》2005 年第 3 期。

20. 廖斌、徐景和：《公司多边治理研究》，《政法论坛》2003 年第 1 期。

21. 刘纪鹏：《法人股的困惑与思考》，载厉以宁主编：《中国资本市场发展的理论与实践》，北京大学出版社 1998 年版。

22. 刘胜军：《股东行动主义与公司治理》，《证券市场导报》1999 年 8 月号。

23. 刘子兰、刘万：《养老金积极主义与公司治理》，《湖南师范大学社会科学学报》2005 年第 6 期。

24. 卢晖、肖婧、张伟：《机构投资者参与公司治理的传导途径研究》，《北京师范大学学报（哲学社会科学版）》2012 年第 3 期。

25. 罗栋梁：《机构投资者参与公司治理途径分析》，《徐州师范大学学报（哲学社会科学版）》2008 年第 5 期。

26. 马俊驹、聂德宗：《公司法人治理结构的比较与重构》，载王保树主编：《商事法论集》（第5卷），法律出版社2001年版。

27. 恰克·卢西尔（Chuck Lucier）、罗伯·斯奎特（Rob Schuyt）、谢祖墀（Edward Tse）：《股东行动主义在蔓延——全球CEO离任问题调查报告》，《中国企业家》2005年第12期。

28. 唐正清、顾慈阳：《机构投资者参与公司治理：理论分析、经验总结与对策建议》，《江淮论坛》2005年第3期。

29. 陶军：《股东派生诉讼法律制度研究》，《江汉大学学报（社会科学版）》2005年第3期。

30. 万解秋、陈洁：《投资机构介入公司治理的新视野》，《上海经济研究》2000年第12期。

31. 王保树、杨继：《论股份公司控制股东的义务与责任》，《法学》2002年第2期。

32. 王彩萍：《我国机构投资者发展现状分析》，《生产力研究》2008年第13期。

33. 王和仲、史学岗：《对机构投资者积极行为的法律分析》，《西北师大学报（社科版）》2003年第6期。

34. 王文宇：《控制股东与公司治理——我国台湾地区法制的分析》，甘培忠、楼建波主编：《公司治理专论》，北京大学出版社2009年版。

35. 王文宇：《台湾公司治理法制回顾与前瞻》，载滨田道代、吴志攀：《公司治理与资本市场监管》，北京大学出版社2002年版。

36. 王志强：《论机构投资者的法律特征和经济特征》，《投资与证券》2002年第4期。

37. 习龙生：《韩国和台湾地区"公司法"近年修改及其中国内地立法的比较研究》，载郭锋主编：《证券法律评论》（第4卷），法律出版社2005年版。

38. 于扬：《社保基金股票投资年化收益率18.61%》，《证券时报》2012年3月16日。

39. 袁蓉丽：《金融机构投资者的持股与公司业绩：基于股东积极主义的视角》，《中国软科学》2010年第11期。

40. 张民安：《公司少数股东的法律保护》，载梁慧星主编：《民商法论丛》（第 9 卷），法律出版社 1998 年版。

41. 赵小华、赵宝奇：《控制股东公司法框架下的责任重构》，《河北法学》2004 年第 5 期。

42. 周清杰、孙振华：《论利益相关者理论的五大疑点》，《北京工商大学学报（社会科学版）》2003 年第 5 期。

43. 周荃：《美国、日本、德国公司治理模式的比较研究》，《广州市经济管理干部学院学报》2006 年第 1 期。

44. 庄心一：《关于中国证券公司发展问题的若干思考》，《中国证券业研究》2003 年 4 月号。

三、国内翻译国外文献

1. ［德］西奥多·鲍姆、［美］肯·斯科特：《认真对待权力——公司治理在美国和德国》，李园园译，载赵旭东主编：《国际视野下公司法改革》，中国政法大学出版社 2007 年版。

2. ［美］阿道夫·A. 伯利、［美］加德纳·C. 米恩斯：《现代公司与私有财产》，甘华鸣等译，商务印书馆 2005 年版。

3. ［美］彼得·L. 伯恩斯坦：《投资者革命》，高小红译，机械工业出版社 2010 年版。

4. ［美］弗兰克·J. 法博齐、［美］弗朗哥·莫迪利亚尼：《资本市场：机构与工具》（第二版），唐旭译，经济科学出版社 1998 年版。

5. ［美］汉密尔顿：《公司法概要》，李存捧译，中国社会科学出版社 1999 年版。

6. ［美］亨利·汉斯曼：《企业所有权论》，于静译，中国政法大学出版社 2001 年版。

7. ［美］柯提斯·J. 米尔霍普、［德］卡塔琳娜·皮斯托：《法律与资本主义——全球公司危机揭示的法律制度与经济发展关系》，罗培新译，北京大学出版社 2010 年版。

8. ［美］莱纳·克拉克曼：《公司法剖析：比较与功能的视角》，刘俊海等译，北京大学出版社 2008 年版。

9. ［美］理查德·埃尔斯沃斯：《公司为谁而生存》，李旭大译，中国发展出版社 2005 年版。

10. ［美］罗伯特·C. 克拉克：《公司法则》，胡平等译，工商出版社 1999 年版。

11. ［美］马克·J. 洛：《强管理者弱所有者：美国公司财务的政治根源》，郑文通等译，上海远东出版社 199 年版。

12. ［美］美国法律研究院：《公司治理原则：分析与建议》（上卷），楼建波等译，法律出版社 2006 年版。

13. ［美］斯蒂芬·M. 贝恩布里奇：《理论与实践中的新公司治理模式》，赵渊译，法律出版社 2012 年版。

14. ［日］酒卷俊雄：《日本对企业治理问题所作的探索》，载王保树主编：《商事法论集》（第 4 卷），法律出版社 2001 年版。

15. ［日］末永敏和：《现代日本公司法》，金洪玉译，人民法院出版社 2000 年版。

16. ［日］青木昌彦、奥野正宽：《经济体制的比较制度分析》，中国发展出版社 1999 年版。

17. ［英］戴维斯、斯泰尔：《机构投资者》，唐巧琪、周为群译，中国人民大学出版社 2005 年版。

18. ［英］玛格丽特·M. 布莱尔：《所有权与控制权：面向 21 世纪的公司治理探索》，张荣刚译，中国社会科学出版社 1999 年版。

19. ［英］伊凡·亚历山大：《真正的资本主义》，杨新鹏等译，新华出版社 2000 年版。

20. 美国法律研究院：《公司治理原则：分析与建议》（上卷），楼建波等译，法律出版社 2006 年版。

21. 诺斯：《经济史中的结构与变迁》，上海三联书店 1994 年版。

22. 全球治理委员会：《我们的伙伴关系》（*Our Global Neighborhood*），牛津大学出版社 1995 年版。

四、外文原文文献

1. A. Bhide, Efficient Markets, Deficient Governance: U. S. Securities

Regulations Protect Investors and Enhance Markets Liquidity. *Harvard Business Review*, Vol. 72, 1994.

2. Anabtawi, Iman and Stout, Lynn A., Fiduciary Duties for Activist Shareholders, *Stanford Law Review*, Vol. 60, 2008.

3. Bernard Black, Keinier Kraakman, A Self — enforcing Model of Corporate Law, *Harvard Law Review*, Vol. 109, 1996.

4. Bernard Black, The Value of International Investor Voice, *UCLA Law Review*, 1992.

5. Bernard S. Black, Shareholder Passively Reexamined, *Michigan Law Review*, 1990.

6. Black, Bernard S., Agents Watching Agents: The Promies of Institutional Investor Voice, *UCLA Law Review*, Vol. 39, 1992.

7. Cadbury, A., What are the trends in corporate governance? How will they impact your company? *Long Range Planning*, 1999, Vol. 32.

8. Carolyn Kay Brancato, Stephan Rabimov, *The 2008 Institutional Investment Report: Trends in Institutional Investor Assets and Equity Ownership of U. S. Corporations*, 2008.

9. Clark, Robert C., The Four Stages of Capitalism, 94 *Harvard Law Review*, 1981.

10. Craig C. Martin, Matthew H. Metcalf, the Fiduciary Duties of Institutional Investors in Securities Litigation, 56 *Business Lawyer*, August, 2001.

11. David M. Kotz, *Bank Control of Large Corporations in the United States*, University of California Press, 1978.

12. Davis, E. P. Institutional investors, corporate governance of the corporate sector, *Economic Systems*, 2002, Vol. 26.

13. Diane Del Guercio and Jennifer Hawkins, *the Motivation and Impact of pension Fund Activism*, 52 J. FIN. ECON, 1999.

14. Frank H. Easterbrook, Daniel R. Fischel, *The Economic Structure of Corporate Law*, Harvard University Press, 1991.

15. G. P. Stapledon, *Institutional Shareholders and Corporate Governance*, Oxford Press, 1996.

16. Gillan S. L., Starks L. T., A Survey of shareholder Activism: Motivation and Empirical Evidence, *Forthcoming Contemporary Finance Digest*, Autumn 1998, Vol. 2.

17. Grun v. First Fla. Bank, Inc., 726 F. 2d. 682 (11th Cir. 1984).

18. Hu, Henry T. C. and Black, Bernard S., Empty Voting and Hidden Ownership: Taxonomy, Implications, and Reforms, 61 *Business Lawyer*, 2006.

19. International Broth. Of Teamsters General Fund v. Fleming Companies, Inc., 975 p. 2d 907 (Okla. 1999).

20. James A. Fanto, *The Transformation of French Corporate Governance and United States Institutional Investors*, 21 Brook. J. Jnt'l L., 1995.

21. Jeffers, E., Corporate governance: Toward converging models? *Global Finance* Journal, 2005, Vol. 16.

22. Jensen, MC., and Meckling, W. Theory of the firm: managerial behavior, agency costs, and ownership structure, *Journal of Financial Economics*, 1976, Vol. 11.

23. John C. Coffe, Jr., Liquidity versus Control: The Institutional Invester as Corporate Monitor, *Columbia Law Review*, October, 1991.

24. Kahan, Marcel and Rock, Edward B., Hedge Funds in Corporate Governance and Corporate Control, *University of Pennsylvania Law Review*, Vol. 155, 2007.

25. Lisa M. Fairfax, The Future of Shareholder Democracy, *India Law Journal*, Fall 2009.

26. Lucian Arye Bebchuk, The Case for Increasing Shareholder Power, 118 *Harvard Law Review*, 2005.

27. M. Reo, Legal Restraints on Ownership and Control of Public Companies, *Harvard Business School*, 1995.

28. Michael C. Jensen, Value Maximization, Stakeholder Theory, and the Corporate Objective Function, *Journal of Applied Corporate Finance*, Fall, 2001.

29. Nesbitt S. L., Long—term Rewards from Shareholder Activism: A Study of the "CalPERS Effect". *Journal of Applied Corporate Finance*, Vol. 6, 1994.

30. Patty M. Degaetane, *the Shareholder Director Access Teeter—totter: Will Increased Shareholder voice in the Director Nomination Process Protect Investor*? 41 Cal. W. L. Rev.

31. Randall S. Thomas and Kenneth J. Martin, Should Labor be Allowed to Make Shareholder Proposals? *Washington Law Review*, Vol. 73, 1998.

32. Roberta Romano, Less is More: Making Institutional Investor Activism a Valuable Mechanism of Corporate Governance, 18 Yale J. on Reg. Summer, 2001.

33. Robin Greenwood, Michael Schor, Hedge Fund Investor Activism and Takeovers, *Journals of Financial Economics*, 92 (3), 2009.

34. Romano R., Public Pension Fund Activism in Corporate Governance Reconsidered, *Columbia Law Review*, 1993 (4).

35. Rosenfeld v. Fairchild Engine & Airplane Corp., 128N. E. 2d 291 (1955).

36. Shleifer, A., and Vishny, R. W. A survey of corporate governance, *The Journal of Finance*, 1997, Vol. 52.

37. Smith M., Shareholder Activism by Institutional Investors: Evidence from CalPERS, *Journal of Finance*, Vol. 51, 1996.

38. Stapledon, G. P., *Institutional Shareholders and Corporate Governance*, Clarendon Press, 1996.

39. Usha Rodrigues, Let the Money Do the Governing: The Case for Reuniting Ownership and Control, Stanford Journal of Law, *Business and Finance*, Vol. 9, 2004.

40. W. Skowronski and J. Pound, Building Relationships with Major Shareholders: A Case Study of Lockheed, *Journal of Applied Corporate Finance*, Vol. 6, 1993.

五、学位论文

1. 车汉澍：《东亚公司治理模式研究》，吉林大学博士学位论文，2005年。

2. 陈琛韫：《论公司治理中控制股东的信义义务》，华东政法大学硕士论文，2008年。

3. 封芳：《论公司归入权的行使》，西南政法大学硕士学位论文，2012年。

4. 金莉娟：《上市公司董事提名规则之法律探析》，华东政法大学硕士学位论文，2008年。

5. 李涛：《股东派生诉讼问题研究》，沈阳师范大学硕士学位论文，2013年。

6. 卢瑞娟：《英国股东派生诉讼制度研究》，外交学院硕士学位论文，2012年。

7. 田丰：《美国机构投资者行为方式转变及其影响》，中国社会科学院研究生院硕士学位论文，2002年。

后　记

　　这本书是笔者在吉林大学读书期间所写博士论文《机构投资者参与公司治理法律问题研究》的基础上修改完成的,在内容和结构上都做了一定程度的调整,对其中存在的一些不足甚至是错误进行了修正。在注释和参考文献上,笔者也查阅了最新的中外文资料,并有所增删。

　　机构投资者参与公司治理肇始于西方,目前我国在这方面的理论和实践均落后于英、美、德、日等发达国家。不健全的公司管理模式和法律制度,导致了中小投资者不能发挥其在公司治理中的应有作用,权利和利益也得不到充分的保护,这对市场经济的发展无疑是一个巨大阻碍。本书主要对代表小投资者利益的机构投资者进行了研究与探索,对公司治理理论和实践进行了梳理和总结,在此基础上对我国公司理论与法律制度提出了一些意见和完善建议,以期对我国机构投资者参与公司治理能够提供某种规范与完善的途径,为其他研究者提供一些借鉴与参考。希望笔者的些许努力能够对公司治理的理论与实践有所助益。

　　本书能够顺利完成,要感谢我的导师于莹教授以及房绍坤教授,他们对我悉心指导,关怀备至,对我的工作、学习和生活均给予了莫大的帮助。没有他们的教导,我不可能顺利完成我的论文,取得博士学位。于老师和房老师一直是我心中仰慕和学习的榜样!感谢吉林大学法学院以及青岛大学法学院的所有老师,感谢王师兄洪平副教授,你们的指导、帮助、陪伴和讨论,让我受益良多。

　　此外,我还要感谢我的家人、朋友和同事,是你们的大力支持和无私帮助,才使得我能够专心于此书的写作,并顺利地完成这部书稿。感谢我的学生们,你们的活力与聪颖,也为本书中某些问题的思考打开了思路,可以说每一次上课的过程,也是我自己学习和提高的过程。

后 记

最后，我想对读者诸君预表歉意，尽管对于本书的写作我已倾尽心力，但其不足甚至是错漏之处肯定多多，还望诸君不吝赐教与指正。

孙 蕾

2014年6月10日于青岛

责任编辑:贺　畅
责任校对:吕　飞

图书在版编目(CIP)数据

机构投资者参与公司治理法律问题研究/孙蕾 著.
—北京:人民出版社,2014.9
ISBN 978-7-01-013723-0

Ⅰ.①机… Ⅱ.①孙… Ⅲ.①机构投资者-企业管理-公司法-研究
Ⅳ.①D912.290.4

中国版本图书馆 CIP 数据核字(2014)第 154802 号

机构投资者参与公司治理法律问题研究
JIGOU TOUZIZHE CANYU GONGSI ZHILI FALÜ WENTI YANJIU

孙蕾　著

人民出版社 出版发行
(100706　北京市东城区隆福寺街99号)

北京市文林印务有限公司印刷　新华书店经销
2014年9月第1版　2014年9月北京第1次印刷
开本:710毫米×1000毫米 1/16　印张:13.25
字数:200 千字

ISBN 978-7-01-013723-0　定价:39.00元

邮购地址 100706　北京市东城区隆福寺街99号
人民东方图书销售中心　电话 (010)65250042　65289539

版权所有·侵权必究
凡购买本社图书,如有印制质量问题,我社负责调换。
服务电话:(010)65250042